丛书主编：缪树权

刑法常见罪名立案追诉标准
与疑难指导
丛书

妨害社会管理秩序罪

立案追诉标准
与疑难指导

走私、贩卖、运输、制造毒品罪 · 制作、贩卖、传播淫秽物品罪

国家检察官学院职务犯罪研究所
—— 编 ——

缪树权　张洪江　著

中国法制出版社
CHINA LEGAL PUBLISHING HOUSE

“刑法常见罪名立案追诉标准与疑难指导”丛书

总　序

2020年11月16日至17日，中央全面依法治国工作会议在北京召开。这次会议的一个重要成果，就是首次提出了习近平法治思想。习近平法治思想内涵丰富、论述深刻、逻辑严密、系统完备，深刻回答了新时代为什么实行全面依法治国、怎样实行全面依法治国等一系列重大问题，是全面依法治国的根本遵循和行动指南。当前，国际形势发生了复杂深刻的变化，我国经济发展进入新常态，社会结构发生新变化，违法犯罪也表现出一些新形式、新特点，政法工作面临许多前所未有的新情况、新问题，给政法队伍提出新的时代课题、赋予新的历史使命。面对形势任务新变化、党和人民新要求，政法队伍建设面临许多亟待解决的问题。习近平总书记强调，全面推进依法治国，建设一支德才兼备的高素质法治队伍至关重要。[①] 坚持建设德才兼备的高素质法治队伍是习近平法治思想的重要内容。为深入学习贯彻习近平法治思想、引导司法实务人员正确理解《中华人民共和国刑法》（以下简称刑法）和相关规定的真实内涵、分析解答司法实务人员在适用刑法当中遇到的疑难问题、提升司法实务人员办案的能力和素质，同时为了激发专家学者及司法实务人员对刑法理论和实务的研究热情、为广大读者提供学习参考，我们组织了相关领域兼具理论造诣和实践经验的专家和学者编写了这套“刑法常见罪名立案追诉标准与疑难指导”丛书。

本套丛书的设计和撰写着力体现三个特点：

一是聚焦刑法常见罪名，重点解决疑难问题。根据司法办案实际，本丛书重

① 习近平：《加快建设社会主义法治国家》，载《求是》2015年第1期。

点选择了近些年来司法实践中多发、高发、新增的罪名为研究对象，使丛书的研究更具针对性和实用性。同时，丛书坚持以问题为导向，全面梳理刑事案件在司法认定中常见的争议和疑难问题，分析观点要义、解读办案依据、提出解决方案或倾向性意见，切实提升司法实务人员办理疑难案件的能力和水平、开拓刑法学理论研究的深度和广度。

二是反映刑事立法的新发展，全面梳理各罪办案依据。丛书紧跟新时代刑事立法和司法工作的发展，结合新颁布的刑法修正案、司法解释、最高人民法院指导性案例、最高人民检察院指导性案例和其他司法文件编写，并将这些办案依据按罪名进行了全面、集中的梳理和列举，方便司法实务人员和法学研究人员查询参考，是很实用的桌边工具书。

三是注重理论实践密切结合，呈现刑法研究新成果。本丛书既不同于一般的教材讲义，也不同于法律法规汇编。丛书在阐明各罪一般理论、梳理办案依据的同时，将解决司法疑难问题作为写作的重点和亮点；在强调解决司法实务问题的同时，又着力进行刑事政策、刑法理论的分析解读，从而全面提升办案人员的政治素养、理论素养、业务能力，也使刑法研究更加贴近实务、有的放矢。

我们希望通过编写、出版本丛书，与广大司法实务人员和法学研究人员一道，促进对习近平法治思想的学习理解和贯彻落实，不断提升办案和研究能力，助力高素质法治队伍的建设，切实履行好维护国家安全、社会安定、人民安宁的重大责任，让人民群众切实感受到公平正义就在身边，为建设更高水平的平安中国、法治中国做出积极贡献。

缪树权

2022 年 7 月

目 录

Contents

第一编 走私、贩卖、运输、制造毒品罪

第一编　走私、贩卖、运输、制造毒品罪

第一章　走私、贩卖、运输、制造毒品罪

【立案追诉标准】

走私、贩卖、运输、制造毒品案（刑法[①]第 347 条）

走私、贩卖、运输、制造毒品，无论数量多少，都应予立案追诉。

《最高人民检察院、公安部关于公安机关管辖的刑事案件立案追诉标准的规定（三）》[②]（2012 年 5 月 16 日，公通字〔2012〕26 号）

【犯罪构成及刑事责任】

走私、贩卖、运输、制造毒品罪，是指明知是毒品而故意实施走私、贩卖、运输、制造的行为。走私、贩卖、运输、制造毒品罪是毒品犯罪的核心罪名，也是当前刑事犯罪中发案较多、涉及面较广、危害较大的一种犯罪形式，是我国刑法重点打击的犯罪之一。本罪是选择性罪名，只要实施上述四种行为之一的，即构成犯罪。罪名不以行为实施的先后、毒品数量或者危害大小排列，一律以刑法条文规定的顺序表述。构成本罪需要具备以下四个要件：

1. 客体要件。走私、贩卖、运输、制造毒品罪侵犯的客体，是国家对毒品的

---

① 《中华人民共和国刑法》简称为刑法，以下不再标注。

② 此处列明作者梳理立案追诉标准的主要依据，所涉条文参见“办案依据”部分，以下不再标注。

管理制度[①]和人民的生命健康。[②]

鸦片、海洛因、甲基苯丙胺等麻醉药品和精神药品一方面具有医用价值，另一方面也能使人形成瘾癖，使人体产生依赖性，因而，被犯罪分子利用来牟取非法利润。近年来，国际上制毒、贩毒、走私毒品活动不断向我国渗透或假道我国向第三国运输。国内一些不法分子也进行制造、贩卖毒品的活动，使毒品流入社会，严重地损害了他人的身体健康。我国具有系统的毒品管理制度，具体体现在一系列系统的毒品管理管制办法。如《中华人民共和国禁毒法》《中华人民共和国药品管理法》《麻醉药品和精神药品管理条例》《麻醉药品和精神药品生产管理办法（试行）》《麻醉药品和精神药品经营管理办法（试行）》等法律、法规、规章都对麻醉药品和精神药品的生产、供应、运输等作出了具体而严格的规定，任何单位和个人违反上述法律规定，从事走私、贩卖、运输、制造毒品的行为，都直接侵犯了有关毒品管制法规。结合以上法律规定与打击毒品犯罪的实践，可以归纳出毒品的三个特征：成瘾性、毒害性、违法性。

本罪的对象是毒品。毒品是汉语中约定俗成的专有名词，顾名思义就是能使人产生“毒瘾”的药品，其正式的名称应该是由“鸦片烟毒”的称谓演变而来，是对能够使人形成瘾癖的麻醉药品和精神药品的统称。[③] 当然，也有学者认为，毒品的定义还应包括用于制造上述麻醉药品与精神药品的原料、配剂、原植物种子、幼苗。[④] 我国立法上对毒品的定义见于刑法第 357 条第 1 款“本法所称的毒品，是指鸦片、海洛因、甲基苯丙胺（冰毒）、吗啡、大麻、可卡因以及国家规定管制的其他能够使人形成瘾癖的麻醉药品和精神药品”之规定，目前，联合国于麻醉药品种类表中规定了 128 种麻醉药品，精神药品种类表中规定了 99 种精神药品。[⑤] 在我国的麻醉药品、精神药品种类表中，不仅规定了联合国规定的麻醉药品、精

---

① 高铭暄、马克昌：《刑法学》，北京大学出版社、高等教育出版社 2016 年版，第 219 页。

② 张明楷：《刑法学》，法律出版社 2016 年版，第 1141 页。

③ 张洪成：《毒品犯罪争议问题研究》，武汉大学 2010 年博士学位论文。

④ 徐宏、李春雷：《毒品犯罪研究》，知识产权出版社 2016 年版，第 4 页。

⑤ 《一九六一年麻醉品单一公约》，载联合国网站，https//www. org/zh/documents/treaty/files/INCB-1961. shtml，2021 年 10 月 23 日访问。

神药品，而且根据我国的情况，增加规定了一些公约中未规定的药品种类。原国家食品药品监督管理总局、公安部、原国家卫生和计划生育委员会根据上述规定，联合制定并发布了《麻醉药品品种目录（2013 年版）》和《精神药品品种目录（2013 年版）》。

根据刑法和 2016 年《最高人民法院关于审理毒品犯罪案件适用法律若干问题的解释》的规定，毒品种类包括：（1）鸦片；（2）海洛因；（3）甲基苯丙胺；（4）吗啡；（5）可卡因；（6）3，4-亚甲二氧基甲基苯丙胺（MDMA）等苯丙胺类毒品（甲基苯丙胺除外）；（7）芬太尼；（8）甲卡西酮；（9）二氢埃托啡；（10）哌替啶（度冷丁）；（11）氯胺酮；（12）美沙酮；（13）曲马多；（14）γ-羟丁酸；（15）大麻油；（16）大麻脂；（17）大麻叶；（18）大麻烟；（19）可待因；（20）丁丙诺啡；（21）三唑仑；（22）安眠酮；（23）阿普唑仑；（24）恰特草；（25）咖啡因；（26）罂粟壳；（27）巴比妥；（28）苯巴比妥；（29）安钠咖；（30）尼美西泮；（31）氯氮卓；（32）艾司唑仑；（33）地西泮；（34）溴西泮；（35）上述毒品以外的其他毒品（详见《麻醉药品品种目录（2013 年版）》与《精神药品品种目录（2013 年版）》）。

2. 客观要件。走私、贩卖、运输、制造毒品罪在客观方面表现为行为人进行走私、贩卖、运输、制造毒品的行为，且表现为作为。具体包括四个方面的行为。

（1）走私毒品。走私毒品是指非法运输、携带、邮寄毒品进出国（边）境的行为。行为方式主要是输入毒品与输出毒品，此外，对在领海、内海运输、收购、贩卖国家禁止进出口的毒品，以及直接向走私毒品的犯罪人购买毒品的，应视为走私毒品。根据刑法的相关规定，影响走私毒品行为的危害性因素，主要是走私毒品的数量、主体的情况（是否属于首要分子、是否参与国际贩毒组织）、方式（是否武装掩护）等，这些因素无疑影响走私毒品行为的危害性。输入毒品的行为，将直接危害我国公民的身心健康，破坏我国海关、边境、工商等行政部门以及社会管理秩序；而输出毒品的行为，则并不直接危害我国公民的身心健康。也就是说，输入毒品行为的直接危害结果发生在我国领域内，而输出毒品行为的直接结果发生在我国领域外。前者的危害显然重于后者。从国外的规定来看，许多国家（如德国、日本）都是将输入毒品与输出毒品分别规定为独立的犯罪，或者将输出毒品的行为纳入运输毒品罪中，而输入毒品的行为其法定刑则明显重于输出毒品的行为，其立法宗旨也主要在于保护本国及本国公民的利益。刑法虽然没有分别规定输入毒品与输出毒品的法定刑，但司法机关在量刑时，对输入与输出这两种行为应当区别对待。走私毒品犯罪的行为表现方式随着社会发展而不断翻新花样，在司法实践中，认定走私行为应不仅局限于直接走私型、间接走私型、通谋型走私、集体型走私等表现形式，凡是违反毒品管理法律、法规和海关管理法律、法规，逃避海关监管，破坏国家对毒品管制的行为，均应以走私毒品犯罪行为论处。

（2）贩卖毒品。贩卖毒品是指有偿转让毒品或者以贩卖为目的而非法收购毒品。有偿转让毒品，即行为人将毒品交付给对方，并从对方处获取物质利益。贩卖方式既可能是公开的，也可能是秘密的；既可以是行为人请求对方购买，也可能是对方请求行为人转让；既可能是直接交付给对方，也可能是间接交付给对方。在间接交付的场合，如果中间人认识到是毒品而帮助转交给买方的，则该中间人的行为也是贩卖毒品；如果中间人没有认识到是毒品，则不构成贩卖毒品罪。根据《全国法院毒品犯罪审判工作座谈会纪要》[①] 的规定，贩毒人员被抓获后，对于从其住所、车辆等处查获的毒品，一般均应认定为其贩卖的毒品。确有证据证明查获的毒品并非贩毒人员用于贩卖，其行为另构成非法持有毒品罪、窝藏毒品罪等其他犯罪的，依法定罪处罚。《武汉会议纪要》如此规定，其实是一种事实推定的证明方法，其目的是在司法实践中，减轻公安、检察机关的证明目的，从而更好地起到打击毒品犯罪的作用。[②]

贩卖毒品行为除典型贩卖行为之外，还包括代购行为、居间介绍等。

①代购行为。行为人为他人代购仅用于吸食的毒品，在交通、食宿等必要开销之外收取“介绍费”“劳务费”，或者以贩卖为目的收取部分毒品作为酬劳的，应视为从中牟利，属于变相加价贩卖毒品，以贩卖毒品罪定罪处罚。该项规定经

---

① 为行文简介，方便读者阅读，因该座谈会在武汉召开，故后文使用简称《武汉会议纪要》，以下不再特别说明。

② 高贵君等：《〈毒品犯罪武汉会议纪要〉的理解与适用》，载《人民司法》2015 年第 13 期。

《武汉会议纪要》对2008年《全国部分法院审理毒品犯罪案件工作座谈会纪要》[①]的规定作出了调整，《大连会议纪要》认为“代购者从中牟利，变相加价贩卖毒品的，对代购者应以贩卖毒品罪定罪”，即不对加价部分进行区分，只要存在加价即认为构成贩卖毒品。这种做法在实践中出现了部分案件代购者要求购毒者支付一定交通、食宿费用的情况，如果一律认为构成贩卖毒品罪显然过分加重了代购者的罪责。为了体现宽严相济的刑事政策，《武汉会议纪要》提出对加价部分进行区分，对于其中交通、食宿等必要费用不认为是牟利。行为人为他人代购仅用于吸食的毒品，在交通、食宿等必要开销之外收取“介绍费”“劳务费”，或者以贩卖为目的收取部分毒品作为酬劳的，应视为从中牟利，属于变相加价贩卖毒品，以贩卖毒品罪定罪处罚。

②居间介绍。居间介绍者受贩毒者委托，为其介绍联络购毒者的，与贩毒者构成贩卖毒品罪的共同犯罪；[②] 明知购毒者以贩卖为目的购买毒品，受委托为其介绍联络贩毒者的，与购毒者构成贩卖毒品罪的共同犯罪；同时与购毒者、贩毒者共谋，联络促成双方交易的，通常认定与贩毒者构成贩卖毒品罪的共同犯罪。

这里应当注意对居间介绍行为与居中倒卖行为加以区别。[③]《武汉会议纪要》规定，居间介绍者在毒品交易中处于中间人地位，发挥介绍联络作用，通常与交易一方构成共同犯罪，但不以牟利为要件；居中倒卖者属于毒品交易主体，与前后环节的交易对象是上下家关系，直接参与毒品交易并从中获利。

③以贩养吸。对于有吸毒情节的贩毒人员，一般应当按照其购买的毒品数量认定其贩卖毒品的数量，量刑时酌情考虑其吸食毒品的情节；购买的毒品数量无法查明的，按照能够证明的贩卖数量及查获的毒品数量认定其贩毒数量；确有证据证明其购买的部分毒品并非用于贩卖的，不应计入贩毒数量。对于以贩养吸的被告人，其被查获的毒品数量应认定为其犯罪的数量，但量刑时应考虑被告人吸

---

① 为行文简介，方便读者阅读，因该座谈会在大连召开，故后文使用简称《大连会议纪要》，以下不再特别说明。

② 张坤淑：《毒品犯罪居间介绍行为定性》，载《法制博览》2014年第6期。

③ 李静然：《居间介绍买卖毒品的认定与处罚》，载《人民司法》2016年第17期。

食毒品的情节，酌情处理；被告人购买了一定数量的毒品后，部分已被其吸食的，应当按能够证明的贩卖数量及查获的毒品数量认定其贩毒的数量，已被吸食部分不计入在内。

④“以毒易物”的贩卖行为。在司法实践中有一定的案件出现“以毒易物”的贩卖行为。[①] 因为在客观上这种“以毒易物”的行为侵犯了国家对毒品管控的法律制度，造成与贩卖毒品罪同样的法益侵害，故对于支付毒品的行为人应当以贩卖毒品罪论处。

⑤特定对象的贩卖行为。行为人向走私、贩卖毒品的犯罪分子或者吸食、注射毒品的人员贩卖国家规定管制的能够使人形成瘾癖的麻醉药品或者精神药品的，以贩卖毒品罪定罪处罚。

在司法实践中，贩卖毒品的行为方式多种多样，例如买入毒品后直接转手卖出或再加工后销售，或者以盗窃等非法手段获取及依法管理违禁药物的行为人将所得毒品有偿卖出的方式，等等。贩卖方式包括公开贩卖和秘密贩卖，交付的方式可以是直接交付也可以是间接交付。

（3）运输毒品。运输毒品是指采用携带、邮寄、利用他人或者使用交通工具等方法在我国领域内将毒品从此地转移到彼地。运输毒品的范围必须限制在国内，而且不是在领海、内海运输国家禁止进出口的毒品，否则便认定为走私毒品。运输毒品具体表现为转移毒品的所在地，如将毒品从甲地运往乙地。但应注意，从结局上看没有变更毒品所在地却使毒品的所在地发生了变化的行为，也是运输毒品。例如，行为人先将毒品从甲地运往乙地，由于某种原因，又将毒品运回甲地的，也属于运输毒品。

对于运输毒品犯罪，要注意重点打击指使、雇用他人运输毒品的犯罪分子和接应、接货的毒品所有者、买家或者卖家。对于运输毒品犯罪集团首要分子，组织、指使、雇用他人运输毒品的主犯、职业毒贩、毒品再犯，以及具有武装掩护、暴力抗拒检查、拘留或者逮捕、参与有组织的国际毒品犯罪，以运输毒品为业、多次运输毒品或者其他严重情节的行为人，应当按照刑法、有关司法

---

① 王园：《贩卖毒品行为界定中的若干疑难问题》，载《江苏警官学院学报》2014 年第 29 期。

解释和司法实践实际掌握的数量标准，从严惩处，依法应判处死刑的必须坚决判处死刑。

在毒品犯罪中，单纯的运输毒品行为具有从属性、辅助性的特点，且情况复杂多样。部分涉案人员系受指使、雇佣的贫民、边民或者无业人员，只是为了赚取少量运费而为他人运输毒品，他们不是毒品的所有者、买家或者卖家，与幕后的组织、指使、雇佣者相比，在整个毒品犯罪环节中处于从属、辅助和被支配的地位，所起作用和主观恶性相对较小，社会危害性也相对较小。因此，对于运输毒品犯罪中的这部分人员，在量刑标准的把握上，应当与走私、贩卖、制造毒品和前述具有严重情节的运输毒品犯罪分子有所区别，不应单纯以涉案毒品数量的大小决定刑罚适用的轻重。

对于有证据能够证明被告人确属受人指使、雇佣参与运输毒品犯罪，又系初犯、偶犯的，可以从轻处罚，即使毒品数量超过实际掌握的死刑数量标准，也可以不判处死刑立即执行。

毒品数量超过实际掌握的死刑数量标准，不能证明被告人系受人指使、雇佣参与运输毒品犯罪的，可以依法判处重刑直至死刑。

涉嫌为贩卖而自行运输毒品，由于认定贩卖毒品的证据不足，因而认定为运输毒品罪的，不同于单纯地受指使而为他人运输毒品的行为，其量刑标准应当与单纯的运输毒品行为有所区别。

关于运输毒品罪，学术界争议较大，部分学者主张取消刑法中关于运输毒品的规定，因其行为多数为走私、贩卖、制造毒品行为的前提或后续行为，可以认定为走私、制造、贩卖毒品的共犯、间接正犯或者帮助犯。也有学者主张保留运输毒品罪，因为毒品犯罪具有很强的隐蔽性且运输是走私、贩卖、制造毒品者将其推向毒品消费市场极为重要甚至是不可或缺的一个环节，大量的毒品犯罪都是在运输过程中被查获，在刑法中规定运输毒品罪有助于打击和遏制毒品犯罪也是大多数国家的共识。笔者认为应当保留运输毒品罪。理由是，虽然运输毒品罪概括起来主要有以下四方面特点：第一，运输毒品罪的运输方式多样，运输行为隐蔽且信息量较少；第二，运输毒品犯罪案件没有具体的受害人和证人；第三，运输毒品犯罪案件没有像其他刑事案件的发案现场；第四，运输毒品犯罪案件在行为方式、实施过程等因素上具有不确定性。[①] 这四方面特点也是支持取消刑法关于运输毒品罪的主要观点支撑。但是，笔者认为，毒品的运输行为在刑法第 347 条中处于中间地位，沟通了上游的制造行为与下游的走私、贩卖行为，发挥着桥梁作用，可见运输毒品罪在刑法中的地位是不言而喻的。如果将运输毒品罪的设置取消，则会使得毒品从生产到最终贩卖环节之间出现断裂，将严重影响刑法体系的构建，在司法适用上就会出现混乱，而将毒品运输行为归结到走私、制造、贩卖等行为中去，并不能完全地对运输行为进行吸收，进而会导致对运输行为进行评价时遇到实践障碍，无法对犯罪嫌疑人进行定罪处罚，纵容毒品运输行为的产生，影响司法权威。运输毒品罪的设置是顺应司法实践发展的客观需要，在完善刑法体系方面发挥着重要的作用，立法者将运输毒品罪写入刑法，也就是要力求在毒品流通的各个环节中对毒品进行规制，因此运输毒品罪有其存在的价值和合理性。

关于运输毒品罪的共同犯罪，《武汉会议纪要》规定，两人以上同行运输毒品的，应当从是否明知他人携带毒品，有无共同运输毒品的意思联络，有无实施配合、掩护他人运输毒品的行为等方面综合审查认定是否构成共同犯罪。根据上述规定可知，以下情形应认定为运输毒品的共犯：①行为人不以牟利为目的，为吸毒者代购毒品，没有证据证明托购者、代购者是为了实施贩卖毒品等其他犯罪，毒品数量达到较大以上的，对托购者、代购者以运输毒品罪的共犯论处。②雇用他人运输毒品的雇主，以及其他对受雇者起到一定组织、指挥作用的人员，与各受雇者分别构成运输毒品罪的共同犯罪，对运输的全部毒品数量承担刑事责任。以下情形构成运输毒品罪，但不属于共同犯罪：①受雇于同一雇主同行运输毒品，但受雇者之间没有共同犯罪故意，或者虽然明知他人受雇运输毒品，但各自的运输行为相对独立，既没有实施配合、掩护他人运输毒品的行为，又分别按照各自运输的毒品数量领取报酬的，不应认定为共同犯罪。②受雇于同一雇主分段运输同一宗毒品，但受雇者之间没有犯罪共谋的，也不应认定为共同犯罪。

（4）制造毒品。制造毒品，是指非法利用毒品原植物直接提炼或者用化学方

---

① 任立国：《运输毒品罪司法适用疑难问题研究》，延边大学 2019 年硕士学位论文。

法加工、配制毒品，或者以改变毒品成分和效用为目的，用混合等物理方法加工、配制毒品的行为。为了便于隐藏运输、销售、使用、欺骗购买者，或者为了增重，对毒品掺杂使假，添加或者去除其他非毒品物质，不属于制造毒品的行为。明知他人制造毒品而为其提供前款规定的物品的（制毒物品），以制造毒品罪的共犯论处。

鉴于毒品犯罪分子制造毒品的手段复杂多样且不断翻新，采用物理方法加工和配制毒品的情况大量出现，有必要进一步准确界定制造毒品的行为和方法。制造毒品主要包括以下几种情况：①将毒品以外的物作为原料，提取或制作成毒品，如将罂粟制成鸦片；②毒品的精制，即去掉毒品中的不纯物，使之成为纯毒品或纯度更高的毒品，如去除海洛因中所含的不纯物；③用化学方法使一种毒品变为另一种毒品，如使用化学方法将吗啡制作成海洛因；④使用化学方法以外的方法使一种毒品变为另一种毒品，如将盐酸吗啡加入蒸馏水，使之成为注射液；⑤非法按照一定的处理方法针对特定人的特定情况调制毒品。

《大连会议纪要》规定，已经制造出粗制毒品或者半成品的，以制造毒品罪的既遂论处。购进制造毒品的设备和原材料，开始着手制造毒品，但尚未制造出粗制毒品或者半成品的，以制造毒品罪的未遂论处。

《武汉会议纪要》规定，在制造毒品案件中，毒品成品、半成品的数量应当全部认定为制造毒品的数量，对于无法再加工出成品、半成品的废液、废料则不应计入制造毒品的数量。对于废液、废料的认定，可以根据其毒品成分的含量、外观形态，结合被告人对制毒过程的供述等证据进行综合分析判断，必要时可以听取鉴定机构的意见。

3. 主体要件。走私、贩卖、运输、制造毒品罪的行为主体为一般主体，可以是自然人，也可以是单位，即达到刑事责任年龄且具有刑事责任能力的自然人均可成为本罪主体。根据刑法第 17 条第 2 款“已满十四周岁不满十六周岁的人，犯故意杀人、故意伤害致人重伤或者死亡、强奸、抢劫、贩卖毒品、放火、爆炸、投放危险物质罪的，应当负刑事责任”之规定可知，已满十四周岁未满十六周岁的人贩卖毒品的，应当负刑事责任。因此，对于走私、运输、制造毒品犯罪，只有达到十六周岁才负刑事责任。对于被利用、教唆、胁迫参加贩卖毒品犯罪活动的已满十四周岁不满十六周岁的人，一般可以不追究其刑事责任。

在各种犯罪主体中，刑法要求严厉打击职业毒贩、累犯、毒品再犯等主观恶性深、人身危险性大的毒品犯罪分子。严惩国家工作人员实施的毒品犯罪。

依照《大连会议纪要》规定，近年来，部分毒品犯罪分子为了逃避打击，雇用孕妇、哺乳期妇女、急性传染病人、残疾人或者未成年人等特定人员从事毒品犯罪活动，成为影响我国禁毒工作成效的突出问题。对利用、教唆特定人员从事毒品犯罪活动的组织、策划、指挥和教唆者，要依法严厉打击，该判处重刑直至死刑的，坚决依法判处重刑直至死刑。对于被利用、被诱骗参与毒品犯罪的特定人员，可以依法从宽处理。要积极与检察机关、公安机关沟通协调，妥善解决涉及特定人员的案件管辖、强制措施、刑罚执行等问题。对因特殊情况依法不予羁押的，可以依法采取取保候审、监视居住等强制措施，并根据被告人具体情况和案情变化及时变更强制措施；对于被判决有期徒刑或者拘役的罪犯，符合《中华人民共和国刑事诉讼法》（2018 年修正）第 265 条规定情形的，可以暂予监外执行。

单位犯走私、贩卖、运输、制造毒品罪的，除了对单位判处罚金外，同时对其直接负责的主管人员和其他直接责任人员，依照该款的规定定罪处罚。

4. 主观要件。走私、贩卖、运输、制造毒品罪的主观方面表现为故意，而且是直接故意，即明知是毒品而走私、贩卖、运输、制造的，过失不构成本罪。如果行为人主观上不知物品为毒品，受他人之托而帮助其携带的，毒品所有人才构成本罪。法律没有要求构成本罪必须以营利为目的，一般是以营利为目的，但也不能排除其他目的，如为了自己吸食或免费提供给青少年吸食而走私、运输、制造毒品的，也应当认定为本罪。

《大连会议纪要》对毒品犯罪主观明知的认定作出了具体规定，在此基础上，2012 年《最高人民检察院、公安部关于公安机关管辖的刑事案件立案追诉标准的规定（三）》进一步细化了具体罪名在主观明知认定上的区别，对走私、贩卖、运输毒品的主观明知与制造毒品的主观明知进行了区分，并对认定条件进行了细化。第 1 条第 8 款、第 9 款具体规定如下：

“走私、贩卖、运输毒品主观故意中的‘明知’，是指行为人知道或者应当知道所实施的是走私、贩卖、运输毒品行为。具有下列情形之一，结合行为人的供述和其他证据综合审查判断，可以认定其‘应当知道’，但有证据证明确属被蒙骗的除外：

“（一）执法人员在口岸、机场、车站、港口、邮局和其他检查站点检查时，要求行为人申报携带、运输、寄递的物品和其他疑似毒品物，并告知其法律责任，而行为人未如实申报，在其携带、运输、寄递的物品中查获毒品的；

“（二）以伪报、藏匿、伪装等蒙蔽手段逃避海关、边防等检查，在其携带、运输、寄递的物品中查获毒品的；

“（三）执法人员检查时，有逃跑、丢弃携带物品或者逃避、抗拒检查等行为，在其携带、藏匿或者丢弃的物品中查获毒品的；

“（四）体内或者贴身隐秘处藏匿毒品的；

“（五）为获取不同寻常的高额或者不等值的报酬为他人携带、运输、寄递、收取物品，从中查获毒品的；

“（六）采用高度隐蔽的方式携带、运输物品，从中查获毒品的；

“（七）采用高度隐蔽的方式交接物品，明显违背合法物品惯常交接方式，从中查获毒品的；

“（八）行程路线故意绕开检查站点，在其携带、运输的物品中查获毒品的；

“（九）以虚假身份、地址或者其他虚假方式办理托运、寄递手续，在托运、寄递的物品中查获毒品的；

“（十）有其他证据足以证明行为人应当知道的。

“制造毒品主观故意中的‘明知’，是指行为人知道或者应当知道所实施的是制造毒品行为。有下列情形之一，结合行为人的供述和其他证据综合审查判断，可以认定其‘应当知道’，但有证据证明确属被蒙骗的除外：

“（一）购置了专门用于制造毒品的设备、工具、制毒物品或者配制方案的；

“（二）为获取不同寻常的高额或者不等值的报酬为他人制造物品，经检验是毒品的；

“（三）在偏远、隐蔽场所制造，或者采取对制造设备进行伪装等方式制造物品，经检验是毒品的；

“（四）制造人员在执法人员检查时，有逃跑、抗拒检查等行为，在现场查获制造出的物品，经检验是毒品的；

“（五）有其他证据足以证明行为人应当知道的。”

根据刑法第347条规定，走私、贩卖、运输、制造毒品，无论数量多少，都应当追究刑事责任，予以刑事处罚。

走私、贩卖、运输、制造毒品，有下列情形之一的，处十五年有期徒刑、无期徒刑或者死刑，并处没收财产：

（一）走私、贩卖、运输、制造鸦片一千克以上、海洛因或者甲基苯丙胺五十克以上或者其他毒品数量大的；

（二）走私、贩卖、运输、制造毒品集团的首要分子；

（三）武装掩护走私、贩卖、运输、制造毒品的；

（四）以暴力抗拒检查、拘留、逮捕，情节严重的；

（五）参与有组织的国际贩毒活动的。

走私、贩卖、运输、制造鸦片二百克以上不满一千克、海洛因或者甲基苯丙胺十克以上不满五十克或者其他毒品数量较大的，处七年以上有期徒刑，并处罚金。

走私、贩卖、运输、制造鸦片不满二百克、海洛因或者甲基苯丙胺不满十克或者其他少量毒品的，处三年以下有期徒刑、拘役或者管制，并处罚金；情节严重的，处三年以上七年以下有期徒刑，并处罚金。

单位犯第二款、第三款、第四款罪的，对单位判处罚金，并对其直接负责的主管人员和其他直接责任人员，依照各该款的规定处罚。

利用、教唆未成年人走私、贩卖、运输、制造毒品，或者向未成年人出售毒品的，从重处罚。

对多次走私、贩卖、运输、制造毒品，未经处理的，毒品数量累计计算。

【疑难指导】

一、走私、贩卖、运输、制造毒品罪的罪数形态

走私、贩卖、运输、制造毒品罪是选择性罪名，对同一宗毒品实施了两种以上犯罪行为并有相应确凿证据的，应当按照所实施的犯罪行为的性质并列确定罪

名，毒品数量不重复计算，不实行数罪并罚。对同一宗毒品可能实施了两种以上犯罪行为，但相应证据只能认定其中一种或者几种行为，认定其他行为的证据不够确实充分的，则只按照依法能够认定的行为的性质定罪。如涉嫌为贩卖而运输毒品，认定贩卖的证据不够确实充分的，则只定运输毒品罪。对不同宗毒品分别实施了不同种犯罪行为的，应对不同行为并列确定罪名，累计毒品数量，不实行数罪并罚。对被告人一人走私、贩卖、运输、制造两种以上毒品的，不实行数罪并罚，量刑时可综合考虑毒品的种类、数量及危害，依法处理。

罪名不以行为实施的先后、毒品数量或者危害大小排列，一律以刑法条文规定的顺序表述。如对同一宗毒品制造后又走私的，以走私、制造毒品罪定罪。下级法院在判决中确定罪名不准确的，上级法院可以减少选择性罪名中的部分罪名或者改动罪名顺序，在不加重原判刑罚的情况下，也可以改变罪名，但不得增加罪名。

对于多次走私、贩卖、运输、制造毒品，未经处理的，毒品数量累计计算。所谓“未经处理”，既包括未经刑罚处理，也包括未作行政处理。但对于犯罪已过追诉时效的，则毒品数额不再累计计算，已作过处理的，应视为已经结案。

二、走私、贩卖、运输、制造毒品罪的既遂与未遂

毒品犯罪的既遂与未遂问题，尤其是毒品犯罪核心罪名的走私、贩卖、运输、制造毒品罪的既遂、未遂问题，是司法实务中经常遇到但又争议大、解决难度大的复杂问题。为了严惩毒品犯罪，多年来司法实践中一般对毒品犯罪的既遂与未遂不加以区分。但是，理论与实务界也曾尝试提出一些区分既遂与未遂的标准。

（一）走私毒品罪的既遂与未遂

走私毒品罪的既遂、未遂划分总体上以是否跨越国（边）境线为标准，这一点在理论界与司法实务界基本达成共识。走私毒品主要分为输入毒品与输出毒品，输入毒品分为陆路输入、海路输入与空路输入。陆路输入应当以越过国境线、使毒品进入国内领域内的时刻为既遂标准。海路、空路输入毒品的情形，其既遂、未遂标准的认定在学术界则有所不同，即有的采用“到达说”，有的采用“装载完毕说”，而有的则采用“领海说”及“着陆说”，司法实务界则大多认同以装载毒品的船舶到达本国港口或航空器到达本国领土内时为既遂，否则为未遂。

（二）贩卖毒品罪的既遂与未遂

1. 一般情形下贩卖毒品罪的既遂与未遂

在司法实践中，认定贩卖毒品罪的既遂与未遂的标准不统一，理论界对此有两种不同观点：

第一种观点是实际交付说。这种观点认为贩卖毒品罪应以毒品实际转移给买方作为既遂的判断标准，如果行为人没有实际交付毒品，而仅仅与他人达成买卖毒品的合意，则不能认定为贩卖毒品罪的既遂。具有代表性的观点如下：张明楷教授在《刑法学》中提到，贩卖毒品罪以毒品实际转移给买方，买方实际收到毒品时认定为犯罪既遂。①

第二种观点是进入交易说。这种观点认为贩卖毒品罪的既遂应以毒品是否进入交易环节为准，至于是否成交，是否因为察觉到有异常而中止，均不影响既遂的认定。具有代表性的观点如下：梅传强、徐艳在《毒品犯罪司法实践中的疑难问题探究》中提到，贩卖毒品罪是行为犯，在毒品贩卖的过程中，只要犯罪分子实施了贩卖行为，毒品就进入了交易的过程，无论他们是否真的现实交付，是否违反毒品管制的社会管理秩序，都成立犯罪既遂。②

我们同意第二种观点，因为交易双方仅在交易磋商，或者达成了毒品交易的合意而尚未将毒品带到交易现场，应属于毒品犯罪的着手准备阶段。而实际交付说无疑提高了贩卖毒品罪的既遂认定标准。在司法实践中，存在大量被抓获的被告人系人赃俱获的情形，即正在进行毒品交易但尚未实际交付转移毒品，采用该标准势必导致该类案件作未遂处理，不利于毒品犯罪的打击，不具有实践可行性。另外，毒品犯罪侵害的是国家对毒品的管理秩序，只要毒品进入交易环节就对这种秩序造成了实质性的侵害，就已经使公众健康面临现实的危险，符合行为犯法益侵害结果的要求。

目前，在司法实践中，理论界和实务界多数人普遍也是主张进入交易说，即只要进入交易环节即被认定为既遂，而无论是否卖出毒品获利，也无论毒品是否

---

① 张明楷：《刑法学》，法律出版社 2016 年版，第 830~831 页。

② 梅传强、徐艳：《毒品犯罪司法实践中的疑难问题探究》，载《河南司法警官职业学院学报》2005 年第 2 期。

交付。然而，对贩卖毒品犯罪中已经谈好交易，尚未进入交易现场的买方，可认定为未遂，而对其中的卖方则应认定为既遂。

2. 特殊情况下贩卖毒品罪的既遂与未遂

（1）以贩卖为目的购买毒品

2012 年最高人民检察院、公安部联合颁布的《关于公安机关管辖的刑事案件立案追诉标准的规定（三）》第 1 条第 3 款规定："本条规定的'贩卖'是指明知是毒品而非法销售或者以贩卖为目的而非法收买的行为。"《大连会议纪要》与《武汉会议纪要》都提到了对于以贩养吸的犯罪人，一般按照其购买的毒品数量认定其贩卖的数量，只是在量刑时酌情考察犯罪人的吸毒情形。这就说明犯罪人已经购买而持有的毒品，被纳入贩卖毒品罪的毒品数量之中，并且这些司法规范或明确或隐晦地传达了"为了贩卖而购买"毒品已经达到了"着手"的可罚程度，仅适用犯罪预备的处罚已经不能满足其危害性。虽然在理论上有诸多争论，但司法实践中一般将以贩卖为目的的购买毒品的实行行为，结合从严打击的刑事政策，认定为贩卖毒品罪的既遂。

（2）误将假毒品当作毒品贩卖

误将假毒品（无毒品成分）当成毒品贩卖的，是不构成犯罪，还是贩卖毒品罪未遂？对此问题理论界存有争议，有学者认为这种情形属对象不能犯，不构成犯罪；很早之前的司法实务认为是未遂，即 1994 年《最高人民法院关于适用〈全国人民代表大会常务委员会关于禁毒的决定〉的若干问题的解释》第 17 条规定"明知是假毒品而冒充毒品贩卖的，以诈骗罪定罪处罚。不知道是假毒品而当作毒品走私、贩卖、运输、窝藏的，应当以走私、贩卖、运输、窝藏毒品犯罪（未遂）定罪处罚。如果行为人将精制毒品稀释后贩卖，或者是土法加工毒品因提炼不纯而含有较多杂质的，不论其中有多少其他成分，只要含有毒品，就应当以毒品犯罪认定"。虽然该司法解释于 2013 年被最高人民法院废止，但其废止理由为"《全国人民代表大会常务委员会关于禁毒的决定》已被刑法代替，通知不再适用"，故该司法解释条文内容的"含义"依然是"有效"的，并且就法律效力而言，由司法解释上升为刑事法律。

从司法实践来看，对贩卖假毒品的犯罪案件，应根据不同情况区别处理：明知是假毒品而以毒品进行贩卖的，达到相应犯罪数额标准的，应当以诈骗罪追究被告人的刑事责任；不知是假毒品而以毒品进行贩卖的，应当以贩卖毒品罪（未遂）追究被告人的刑事责任，对其所贩卖的是假毒品的事实，可以作为从轻或者减轻情节，在处理时予以考虑。

（3）因分歧而未完成交易

在司法实践中，因为贩毒人员与购毒人员之间产生分歧，造成毒品交易未能完成的现象是非常普遍的。这之中的原因多种多样，一种情形是毒贩与购毒人员约定好了交易价格，也约定好了交易地点，但是双方实际到达交易地点后，毒贩临时抬高毒品价格，或者是购毒人员在查验毒品后认为毒品品质不佳，还有可能是一方临时改变了对接人员，另一方因为缺乏信任而不愿意完成交易。另一种情形是贩毒人员与购毒人员仅仅在毒品交易的磋商阶段就产生了分歧，贩卖毒品的行为实际并未进入实行阶段。如果按照理论界的实际交付说作为贩卖毒品罪既遂的认定标准，那么对于上述因各种分歧而未能完成交易的情况，当然无法认定为贩卖毒品罪的既遂。但是目前司法实务界大多采用进入交易说作为贩卖毒品罪既遂的标准，对于上述因各种分歧而未能完成交易的情况，显然大多数都已经进入交易环节，所以，依然是可以认定为贩卖毒品罪的既遂的。

（三）运输毒品罪的既遂与未遂

关于运输毒品罪的既遂、未遂标准理论上存在较大争议。总结起来共有三种主要观点：

一是起运说。将运输毒品罪看作举动犯，认为毒品只要正式进入运输工具即为既遂。[①] 或者说运输毒品行为使毒品离开原处或者转移了存放地的，则为既遂。[②] 起运说将运输毒品罪的既遂标准过于前提，在一定程度上迎合了打击毒品犯罪的需要，但是与传统的刑法理论存在一定的冲突和矛盾。

二是目的地说。将运输毒品罪视为结果犯，认为毒品到达目的地才是运输行

---

① 曹坚：《贩卖、运输毒品罪的罪名、罪数及既未遂形态研究》，载《江苏警官学院学报》2003 年第 1 期。

② 张明楷：《刑法学》，法律出版社 2016 年版，第 1147 页。

为之完成，才能认定为犯罪既遂。[①] 目的地说能够很好地与犯罪未遂的概念相联系，将运输毒品罪的得逞与行为人主观上的目的相结合，认为运输毒品罪的既遂即行为人的得逞，是将毒品成功运送至目的地。如果在路途中被查获，那么就是运输毒品罪的“未得逞”即为未遂。但是这种观点会导致司法实务中产生某些疑难问题，毒品犯罪的隐匿性使得对毒品犯罪的查获异常困难，尤其是在行为人已经将毒品运送至目的地后，再将其查获更是难上加难。一般而言，都是在运输毒品的路途中，通过设关卡和临检等形式查获运输毒品的犯罪行为，这样一来，就会导致实践中很难对运输毒品罪认定为既遂。

三是合理位移说。已经起运并经过一段距离，可以认定为犯罪既遂，既遂的标准应当根据具体的运输方式、运输路程的长短并综合法益侵害的程度进行考虑。[②] 但是理论上对该观点的批判以及实践中运用的难点，都是体现在对“合理位移”的判断之上，因此需通过对运输距离的辨析，对“合理位移”的判断作出具体的分析。惩罚运输毒品罪最主要的目的就是惩罚毒品的流通行为，对于运输毒品罪既遂的确定，也应当考虑到运输行为所造成的毒品的流通性。（1）对于人货同行的情形。开始搬运毒品时即为运输毒品罪的着手。当毒品达到合理位移时形成运输毒品罪的既遂。合理位移的判断应考虑到路程的远近和运输的难易程度，当行为人携带毒品自己驾车运输毒品时，在行驶到合理距离时即为既遂，其中的合理距离无法进行量化的，根据案件的具体事实作出判断，在进行判断时还要考虑到运输行为导致毒品流通的可能性大小和被查处的难易程度。当行为人携带毒品乘坐需要安检的交通工具时，应当以行为人到达安检处为既遂，此时的既遂标准不要求行为人成功通过安检，行为人携带毒品前往安检处时，事实上已经进行了运输毒品的行为，如果以通过安检为既遂，难以评价之前的运输行为。另外，通常情况下安检较为严格，如果以通过安检为既遂，会导致实践中出现大量的运输毒品罪的未遂，不利于对毒品犯罪的打击和对法益的保护。当然，如果行为人

---

① 曾粤兴、贾凌：《走私、贩卖、运输、制造毒品罪形态研究》，载《公安大学学报》2002年第2期。

② 蔺剑：《毒品犯罪的定罪与量刑》，人民法院出版社2000年版，第174页。

在运输毒品过程中自动放弃运输行为或者在安检之前自动放弃，是有成立运输毒品中止的可能性的。（2）对于人货分离的情形。开始将毒品运至邮局或者运输部门工作人员上门取件时认定为运输毒品罪的着手。有观点认为应以行为人成功将毒品交邮作为运输毒品罪的既遂①，这种观点将运输毒品罪的既遂过于前提，运输部门会对交付邮寄的物品进行严格检查，行为人将毒品付邮的行为还未产生毒品流入社会的现实危险程度。根据人货分离情形的特殊性，当行为人将毒品交至实际运输者或单位时，其犯罪行为完成，行为的完成不意味着构成既遂。当邮局或者运输部门通过安全检查，投入运输时成立运输毒品罪的既遂。

对于运输毒品犯罪，审判实务中最高人民法院提出了只要起运即认定为既遂的判定标准。同时，在运输毒品犯罪中已经谈好运价，尚未拿到毒品的，可以认定为未遂。

（四）制造毒品罪的既遂与未遂

制造毒品罪应以实际上制造出毒品（粗制毒品或半成品即可）为既遂标准，至于所制造出来的毒品数量多少、纯度高低等，都不影响既遂的成立。对购进制毒设备、原料，开始着手制造毒品，但尚未制造出粗制毒品或者半成品的，以制造毒品罪未遂论处。

我们认为，毒品犯罪是一种特殊而复杂的犯罪，实践中抓获的毒品犯罪分子一般都处于犯罪未遂状态。如果其实施的犯罪已经既遂，则很难抓获，或者抓获了，但证据不够充分。对此情况，若严格按照刑法规定的标准来区分，就可能使得多数的毒品犯罪无法认定为既遂，轻纵犯罪。相反，如果按照司法实践中现行的做法，将多数毒品犯罪认定为既遂，不排除存在又不完全符合刑法规定的要求的情况。为了及时有效打击毒品犯罪，目前实务界还是继续沿用多年来的做法，对毒品犯罪一般不区分既遂、未遂。

总之，在毒品犯罪既遂与未遂的司法实务认定上，应当以有利于依法严厉处罚犯罪为原则，具体认定时如产生争议、把握不准的，应当按照依法从严打击犯

---

① 张栩宁：《论贩卖、运输、制造毒品罪的“未得逞”形态》，西南政法大学2019年硕士学位论文。

罪的要求，认定为既遂。

三、走私、贩卖、运输、制造毒品罪与其他犯罪的区分

对于走私其他货物、物品的，以实际走私的货物、物品的性质认定犯罪，不能认定为走私毒品罪。行为人在一次走私活动中，既走私毒品又走私其他货物、物品的，一般应按走私毒品罪和构成的其他走私罪，实行数罪并罚。

刑法第191条对洗钱罪进行了规定，洗钱罪中涉及的“上游犯罪”较多，我国洗钱罪之“上游犯罪”的成立条件一是应当属于法定的七类犯罪，即毒品犯罪、走私犯罪、贪污贿赂犯罪、破坏金融管理秩序犯罪、金融诈骗犯罪等；二是还应产生犯罪收益。[①] 在走私毒品犯罪中结合洗钱行为实属常见，但二罪之间的联系是如何在法律框架下达成一致并应当如何进行定罪量刑值得探讨。笔者认为走私毒品的根本目的在于其巨大的经济利益，而后续的自我洗钱行为是从旁辅助走私毒品行为，将走私毒品所获得的非法经济价值转化为可能合法使用的金融财产，根本上说是走私毒品行为的延续，属于事后不可罚行为，不应当重复定罪，但对于其从犯、教唆犯行为应当分别定罪，这些犯罪嫌疑人的洗钱行为才是对金融管理秩序法益的新的侵犯。

直接向走私人非法收购进口的毒品，即明知出卖方为走私毒品的人而在境内向其非法收购走私进口的毒品的行为，应以走私毒品罪论处，而不是以贩卖毒品罪论处。

行为人故意以非毒品冒充真毒品或者明知是假毒品而贩卖牟利的，应认定为诈骗罪，而非贩卖毒品罪；但行为人不明知是毒品而贩卖，事实上具有贩卖毒品的可能性的，应认定为贩卖毒品罪（未遂）。行为人在生产、销售的食品中掺入微量毒品的，应认定为生产、销售有毒、有害食品罪，不宜认定为贩卖毒品罪。

盗窃、抢夺、抢劫毒品的，应当分别以盗窃罪、抢夺罪或者抢劫罪定罪，但不计犯罪数额，根据情节轻重予以定罪量刑。盗窃、抢夺、抢劫毒品后又实施其他毒品犯罪的，对盗窃罪、抢夺罪、抢劫罪和所犯的具体毒品犯罪分别定罪，依法数罪并罚。

---

① 赵远：《洗钱罪之“上游犯罪”的范围》，载《法学》2017年第11期。

根据《武汉会议纪要》的规定，贩毒人员被抓获后，对于从其住所、车辆等处查获的毒品，一般均应认定为其贩卖的毒品。确有证据证明查获的毒品并非贩毒人员用于贩卖，其行为另构成非法持有毒品罪、窝藏毒品罪等其他犯罪的，依法定罪处罚。吸毒者在购买、存储毒品过程中被查获，没有证据证明其是为了实施贩卖毒品等其他犯罪，毒品数量达到刑法第 348 条规定的最低数量标准的，以非法持有毒品罪定罪处罚。吸毒者在运输毒品过程中被查获，没有证据证明其是为了实施贩卖毒品等其他犯罪，毒品数量达到较大以上的，以运输毒品罪定罪处罚。

根据《武汉会议纪要》的规定，行为人为吸毒者代购毒品，在运输过程中被查获，没有证据证明托购者、代购者是为了实施贩卖毒品等其他犯罪，毒品数量达到较大以上的，对托购者、代购者以运输毒品罪的共犯论处。行为人为他人代购仅用于吸食的毒品，在交通、食宿等必要开销之外收取"介绍费""劳务费"，或者以贩卖为目的收取部分毒品作为酬劳的，应视为从中牟利，属于变相加价贩卖毒品，以贩卖毒品罪定罪处罚。购毒者接收贩毒者通过物流寄递方式交付的毒品，没有证据证明其是为了实施贩卖毒品等其他犯罪，毒品数量达到刑法第 348 条规定的最低数量标准的，一般以非法持有毒品罪定罪处罚。代收者明知是物流寄递的毒品而代购毒者接收，没有证据证明其与购毒者有实施贩卖、运输毒品等犯罪的共同故意，毒品数量达到刑法第 348 条规定的最低数量标准的，对代收者以非法持有毒品罪定罪处罚。

根据《武汉会议纪要》的规定，行为人利用信息网络贩卖毒品、在境内非法买卖用于制造毒品的原料或者配剂、传授制造毒品等犯罪的方法，构成贩卖毒品罪、非法买卖制毒物品罪、传授犯罪方法罪等犯罪的，依法定罪处罚。行为人开设网站、利用网络聊天室等组织他人共同吸毒，构成引诱、教唆、欺骗他人吸毒罪等犯罪的，依法定罪处罚。

行为人出于医疗目的，违反有关药品管理的国家规定，非法贩卖上述麻醉药品或者精神药品，扰乱市场秩序，情节严重的，以非法经营罪定罪处罚。

四、走私、贩卖、运输、制造毒品罪的共同犯罪

走私、贩卖、运输、制造毒品犯罪常常以共同犯罪的形式出现。两个或两个以上的行为人，基于共同的走私、贩卖、运输、制造毒品的故意，共同实施前述行为的，应当认定为走私、贩卖、运输、制造毒品罪的共犯。若犯罪一方是单位的，则关于自然人的规定不变，而单位则需要根据法律条文有无明文规定其是否可以成为犯罪主体来确定。按照刑法的规定，单位与自然人共同走私、贩卖、运输、制造毒品的，以共同犯罪论处。

在审理毒品共同犯罪案件时，应注意区分主犯、从犯、胁从犯。

（一）要正确区分主犯和从犯

区分主犯和从犯，应当以各共同犯罪人在毒品共同犯罪中的地位和作用为根据。要从犯意提起、具体行为分工、出资和实际分得毒赃多少以及共犯之间相互关系等方面，比较各个共同犯罪人在共同犯罪中的地位和作用。在毒品共同犯罪中，为主要出资者、毒品所有者或者起意、策划、纠集、组织、雇用、指使他人参与犯罪以及其他起主要作用的是主犯；起次要或者辅助作用的是从犯。受雇用、受指使实施毒品犯罪的，应根据其在犯罪中实际发挥的作用具体认定为主犯或者从犯。对于确有证据证明在共同犯罪中起次要或者辅助作用的，不能因为其他共同犯罪人未到案而不认定为从犯，甚至将其认定为主犯或者按主犯处罚。只要认定为从犯，无论主犯是否到案，均应依照刑法关于从犯的规定从轻、减轻或者免除处罚。

（二）要正确认定毒品共同犯罪案件中主犯和从犯的毒品犯罪数量

对于毒品犯罪集团的首要分子，应按集团毒品犯罪的总数量处罚；对一般共同犯罪的主犯，应按其所参与的或者组织、指挥的毒品犯罪数量处罚；对于从犯，应按其所参与的毒品犯罪的数量处罚。

（三）要根据行为人在共同犯罪中的作用和罪责大小确定刑罚

不同案件不能进行简单的类比，一个案件的从犯参与犯罪的毒品数量可能比另一个案件的主犯参与犯罪的毒品数量大，但对这一案件从犯的处罚不是必然重于另一案件的主犯。共同犯罪中能分清主从犯的，不能因为涉案的毒品数量特别巨大，就不分主从犯而一律将被告人认定为主犯或者实际上都按主犯处罚，一律判处重刑或者死刑。对于共同犯罪中有多个主犯或者有多个共同犯罪人的，处罚上也应做到区别对待。应当全面考察各主犯或者共同犯罪人在共同犯罪中实际发挥作用的差别、主观恶性和人身危险性方面的差异，对罪责或者人身危险性更大的主犯或者共同犯罪人依法判处更重的刑罚。

根据刑法第 349 条第 3 款的规定，包庇毒品犯罪分子和窝藏、转移、隐瞒毒品、毒赃，事先通谋的，以走私、贩卖、运输、制造毒品罪的共犯论处。

根据刑法第 350 条第 2 款的规定，明知他人制造毒品而为其提供制毒物品的，以制造毒品罪的共犯论处。

根据《大连会议纪要》的规定，明知他人实施毒品犯罪而为其居间介绍、代购代卖的，无论是否牟利，都应以相关毒品犯罪的共犯论处。

根据《武汉会议纪要》的规定，办理贩卖毒品案件，应当准确认定居间介绍买卖毒品行为，并与居中倒卖毒品行为加以区别。居间介绍者在毒品交易中处于中间人地位，发挥介绍联络作用，通常与交易一方构成共同犯罪，但不以牟利为要件；居中倒卖者属于毒品交易主体，与前后环节的交易对象是上下家关系，直接参与毒品交易并从中获利。居间介绍者受贩毒者委托，为其介绍联络购毒者的，与贩毒者构成贩卖毒品罪的共同犯罪；明知购毒者以贩卖为目的购买毒品，受委托为其介绍联络贩毒者的，与购毒者构成贩卖毒品罪的共同犯罪；受以吸食为目的的购毒者委托，为其介绍联络贩毒者，毒品数量达到刑法第 348 条规定的最低数量标准的，一般与购毒者构成非法持有毒品罪的共同犯罪；同时与贩毒者、购毒者共谋，联络促成双方交易的，通常认定与贩毒者构成贩卖毒品罪的共同犯罪。居间介绍者实施为毒品交易主体提供交易信息、介绍交易对象等帮助行为，对促成交易起次要、辅助作用的，应当认定为从犯；对于以居间介绍者的身份介入毒品交易，但在交易中超出居间介绍者的地位，对交易的发起和达成起重要作用的被告人，可以认定为主犯。

五、走私、贩卖、运输、制造毒品罪的毒品数量认定

关于走私、贩卖、运输、制造毒品罪的毒品数量认定问题，刑法第 347 条第 1 款规定："走私、贩卖、运输、制造毒品，无论数量多少，都应当追究刑事责任，予以刑事处罚。"毒品数量并不影响刑事责任的成立，但是会影响量刑，不同毒品的数量标准也不尽相同。根据 2016 年《最高人民法院关于审理毒品犯罪案件适用法律若干问题的解释》的规定，国家定点生产企业按照标准规格生产的麻醉药品或者精神药品被用于毒品犯罪的，根据药品中毒品成分的含量认定涉案毒品的数量。根据《大连会议纪要》和《武汉会议纪要》，走私、贩卖、运输、制造、非法持有两种以上毒品的，可以将不同种类的毒品分别折算为海洛因的数量，以折算后累加的毒品总量作为量刑的根据。对于刑法、司法解释或者其他规范性文件明确规定了定罪量刑数量标准的毒品，应当按照该毒品与海洛因定罪量刑数量标准的比例进行折算后累加。对于刑法、司法解释及其他规范性文件没有规定定罪量刑数量标准，但《非法药物折算表》规定了与海洛因的折算比例的毒品，可以按照《非法药物折算表》折算为海洛因后进行累加。对于既未规定定罪量刑数量标准，又不具备折算条件的毒品，综合考虑其致瘾癖性、社会危害性、数量和纯度等因素依法量刑。在裁判文书中，应当客观表述涉案毒品的种类和数量，并综合认定为数量大、数量较大或者少量毒品等，不明确表述将不同种类毒品进行折算后累加的毒品总量。

对于未查获实物的甲基苯丙胺片剂、MDMA 片剂（俗称“摇头丸”）等混合型毒品，可以根据在案证据证明的毒品粒数，参考本案或者本地区查获的同类毒品的平均重量计算出毒品数量。在裁判文书中，应当客观表述根据在案证据认定的毒品粒数。

对于吸毒者实施的毒品犯罪，在认定犯罪事实和确定罪名时要慎重。吸毒者在购买、运输、存储毒品过程中被查获的，如没有证据证明其是为了实施贩卖等其他毒品犯罪行为，毒品数量未超过刑法第 348 条规定的最低数量标准的，一般不予定罪处罚；查获毒品数量达到较大以上的，应以其实际实施的毒品犯罪行为定罪处罚。对于有吸毒情节的贩毒人员，一般应当按照其购买的毒品数量认定其贩卖毒品的数量，量刑时酌情考虑其吸食毒品的情节；购买的毒品数量无法查明的，按照能够证明的贩卖数量及查获的毒品数量认定其贩毒数量；确有证据证明其购买的部分毒品并非用于贩卖的，不应计入其贩毒数量。对于以贩养吸的被告人，其被查获的毒品数量应认定为其犯罪的数量，但量刑时应考虑被告人吸食毒品的情节，酌情处理；被告人购买了一定数量的毒品后，部分已被吸食的，应当按照能够证明的贩卖数量及查获的毒品数量认定其贩毒的数量，已被吸食部分不计入在内。

办理毒品犯罪案件，无论毒品纯度高低，一般均应将查证属实的毒品数量认定为毒品犯罪的数量，并据此确定适用的法定刑幅度，但司法解释另有规定或者为了隐蔽运输而临时改变毒品常规形态的除外。涉案毒品纯度明显低于同类毒品的正常纯度的，量刑时可以酌情考虑。

制造毒品案件中，毒品成品、半成品的数量应当全部认定为制造毒品的数量，对于无法再加工出成品、半成品的废液、废料则不应计入制造毒品的数量。对于废液、废料的认定，可以根据其毒品成分的含量、外观形态，结合被告人对制毒过程的供述等证据进行分析判断，必要时可以听取鉴定机构的意见。

六、走私、贩卖、运输、制造毒品罪的量刑标准

依照刑法为走私、贩卖、运输、制造毒品罪设定的四个量刑档，每个量刑格所对应的量刑标准、情形分别为：

（一）十五年有期徒刑、无期徒刑或者死刑，并处没收财产

根据刑法第347条第2款和2016年《最高人民法院关于审理毒品犯罪案件适用法律若干问题的解释》，犯本罪而有下列情形之一的，处十五年有期徒刑、无期徒刑或者死刑，并处没收财产，包括：

1. 走私、贩卖、运输、制造鸦片一千克以上、海洛因或者甲基苯丙胺五十克以上或者其他毒品数量大的；其中，“其他毒品数量大”是指：

（1）可卡因五十克以上；

（2）3，4-亚甲二氧基甲基苯丙胺（MDMA）等苯丙胺类毒品（甲基苯丙胺除外）、吗啡一百克以上；

（3）芬太尼一百二十五克以上；

（4）甲卡西酮二百克以上；

（5）二氢埃托啡十毫克以上；

（6）哌替啶（度冷丁）二百五十克以上；

（7）氯胺酮五百克以上；

（8）美沙酮一千克以上；

（9）曲马多、γ-羟丁酸二千克以上；

（10）大麻油五千克、大麻脂十千克、大麻叶及大麻烟一百五十千克以上；

（11）可待因、丁丙诺啡五千克以上；

（12）三唑仑、安眠酮五十千克以上；

（13）阿普唑仑、恰特草一百千克以上；

（14）咖啡因、罂粟壳二百千克以上；

（15）巴比妥、苯巴比妥、安钠咖、尼美西泮二百五十千克以上；

（16）氯氮卓、艾司唑仑、地西泮、溴西泮五百千克以上；

（17）上述毒品以外的其他毒品数量大的。

国家定点生产企业按照标准规格生产的麻醉药品或者精神药品被用于毒品犯罪的，根据药品中毒品成分的含量认定涉案毒品数量。

2. 走私、贩卖、运输、制造毒品集团的首要分子。

3. 武装掩护走私、贩卖、运输、制造毒品的。根据相关司法解释的规定，武装掩护走私、贩卖、运输、制造毒品包括携带枪支、弹药或者爆炸物用于掩护的。枪支、弹药、爆炸物种类的认定，依照相关司法解释的规定执行。

4. 以暴力抗拒检查、拘留、逮捕，情节严重的。在实施走私、贩卖、运输、制造毒品犯罪过程中，以暴力抗拒检查、拘留、逮捕，造成执法人员死亡、重伤、多人轻伤或者具有其他严重情节的。

5. 参与有组织的国际贩毒活动的。

6. 死刑量刑情节（详见下文）。

（二）七年以上有期徒刑，并处罚金

根据刑法第347条第3款和2016年《最高人民法院关于审理毒品犯罪案件适用法律若干问题的解释》的规定，走私、贩卖、运输、制造鸦片二百克以上不满一千克、海洛因或者甲基苯丙胺十克以上不满五十克或者其他毒品数量较大的。“数量较大”是指：

1. 可卡因十克以上不满五十克；

2. 3，4-亚甲二氧基甲基苯丙胺（MDMA）等苯丙胺类毒品（甲基苯丙胺除外）、吗啡二十克以上不满一百克；

3. 芬太尼二十五克以上不满一百二十五克；

4. 甲卡西酮四十克以上不满二百克；

5. 二氢埃托啡二毫克以上不满十毫克；

6. 哌替啶（度冷丁）五十克以上不满二百五十克；

7. 氯胺酮一百克以上不满五百克；

8. 美沙酮二百克以上不满一千克；

9. 曲马多、γ-羟丁酸四百克以上不满二千克；

10. 大麻油一千克以上不满五千克、大麻脂二千克以上不满十千克、大麻叶及大麻烟三十千克以上不满一百五十千克；

11. 可待因、丁丙诺啡一千克以上不满五千克；

12. 三唑仑、安眠酮十千克以上不满五十千克；

13. 阿普唑仑、恰特草二十千克以上不满一百千克；

14. 咖啡因、罂粟壳四十千克以上不满二百千克；

15. 巴比妥、苯巴比妥、安钠咖、尼美西泮五十千克以上不满二百五十千克；

16. 氯氮卓、艾司唑仑、地西泮、溴西泮一百千克以上不满五百千克；

17. 上述毒品以外的其他毒品数量较大的。

（三）三年以上七年以下有期徒刑，并处罚金

根据刑法第 347 条第 4 款和 2016 年《最高人民法院关于审理毒品犯罪案件适用法律若干问题的解释》的规定，走私、贩卖、运输、制造鸦片不满二百克、海洛因或者甲基苯丙胺不满十克或者其他少量毒品，情节严重的。根据规定可以看出，该条包含两类要求：一类是数量要求，一类是情节严重。

1. 数量要求：走私、贩卖、运输、制造鸦片不满二百克、海洛因或者甲基苯丙胺不满十克或者其他少量毒品。笔者认为，“其他少量毒品”包括：

（1）可卡因十克以下；

（2）3，4-亚甲二氧基甲基苯丙胺（MDMA）等苯丙胺类毒品（甲基苯丙胺除外）、吗啡二十克以下；

（3）芬太尼二十五克以下；

（4）甲卡西酮四十克以下；

（5）二氢埃托啡二毫克以下；

（6）哌替啶（度冷丁）五十克以下；

（7）氯胺酮一百克以下；

（8）美沙酮二百克以下；

（9）曲马多、γ-羟丁酸四百克以下；

（10）大麻油一千克以下、大麻脂二千克以下、大麻叶及大麻烟三十千克以下；

（11）可待因、丁丙诺啡一千克以下；

（12）三唑仑、安眠酮十千克以下；

（13）阿普唑仑、恰特草二十千克以下；

（14）咖啡因、罂粟壳四十千克以下；

（15）巴比妥、苯巴比妥、安钠咖、尼美西泮五十千克以下；

（16）氯氮卓、艾司唑仑、地西泮、溴西泮一百千克以下；

（17）上述毒品以外的其他毒品数量相当的。

2. 情节严重：关于“情节严重”的解释，2016年《最高人民法院关于审理毒品犯罪案件适用法律若干问题的解释》对2000年《最高人民法院关于审理毒品案件定罪量刑标准有关问题的解释》的规定有所修订。修订后的“情节严重”是指下列情形之一：

（1）向多人贩卖毒品或者多次走私、贩卖、运输、制造毒品的；

（2）在戒毒场所、监管场所贩卖毒品的；

（3）向在校学生贩卖毒品的；

（4）组织、利用残疾人、严重疾病患者、怀孕或者正在哺乳自己婴儿的妇女走私、贩卖、运输、制造毒品的；

（5）国家工作人员走私、贩卖、运输、制造毒品的；

（6）其他情节严重的情形。

（四）三年以下有期徒刑、拘役或者管制，并处罚金

根据刑法第347条第4款和2016年《最高人民法院关于审理毒品犯罪案件适用法律若干问题的解释》的规定，走私、贩卖、运输、制造鸦片不满二百克、海洛因或者甲基苯丙胺不满十克或者其他少量毒品的，处三年以下有期徒刑、拘役或者管制，并处罚金。笔者认为，“其他少量毒品”是指：

1. 可卡因十克以下；

2. 3，4-亚甲二氧基甲基苯丙胺（MDMA）等苯丙胺类毒品（甲基苯丙胺除外）、吗啡二十克以下；

3. 芬太尼二十五克以下；

4. 甲卡西酮四十克以下；

5. 二氢埃托啡二毫克以下；

6. 哌替啶（度冷丁）五十克以下；

7. 氯胺酮一百克以下；

8. 美沙酮二百克以下；

9. 曲马多、γ-羟丁酸四百克以下；

10. 大麻油一千克以下、大麻脂二千克以下、大麻叶及大麻烟三十千克以下；

11. 可待因、丁丙诺啡一千克以下；

12. 三唑仑、安眠酮十千克以下；

13. 阿普唑仑、恰特草二十千克以下；

14. 咖啡因、罂粟壳四十千克以下；

15. 巴比妥、苯巴比妥、安钠咖、尼美西泮五十千克以下；

16. 氯氮卓、艾司唑仑、地西泮、溴西泮一百千克以下；

17. 上述毒品以外的其他毒品数量相当的。

七、走私、贩卖、运输、制造毒品罪缓刑、财产刑适用及减刑、假释

对于毒品犯罪应当从严掌握缓刑适用条件。对于毒品再犯，一般不得适用缓刑。对于不能排除多次贩毒嫌疑的零包贩毒被告人，因认定构成贩卖毒品等犯罪的证据不足而认定为非法持有毒品罪的被告人，实施引诱、教唆、欺骗、强迫他人吸毒犯罪及制毒物品犯罪的被告人，应当严格限制缓刑适用。

办理毒品犯罪案件，应当依法追缴犯罪分子的违法所得，充分发挥财产刑的作用，切实加大对犯罪分子的经济制裁力度。对查封、扣押、冻结的涉案财物及其孳息，经查确属违法所得或者依法应当追缴的其他涉案财物的，如购毒款、供犯罪所用的本人财物、毒品犯罪所得的财物及其收益等，应当判决没收，但法律另有规定的除外。判处罚金刑时，应当结合毒品犯罪的性质、情节、危害后果及被告人的获利情况、经济状况等因素合理确定罚金数额。对于决定并处没收财产的毒品犯罪，判处被告人有期徒刑的，应当按照上述确定罚金数额的原则确定没收个人部分财产的数额；判处无期徒刑的，可以并处没收个人全部财产；判处死缓或者死刑的，应当并处没收个人全部财产。

对于具有职业毒犯、累犯、毒品再犯等情节的毒品罪犯，应当从严掌握减刑条件，适当延长减刑起始时间、间隔时间，严格控制减刑幅度，延长实际执行刑期。对于刑法未禁止假释的前述毒品罪犯，应当严格掌握假释条件。

八、走私、贩卖、运输、制造毒品罪累犯、毒品再犯

累犯、毒品再犯是法定从重处罚情节，即使本次毒品犯罪情节较轻，也要体现从严惩处的精神。尤其对于曾因实施严重暴力犯罪被判刑的累犯、刑满释放后短期内又实施毒品犯罪的再犯，以及在缓刑、假释、暂予监外执行期间又实施毒品犯罪的再犯，应当严格体现从重处罚。

对于因同一毒品犯罪前科同时构成累犯和毒品再犯的被告人，在裁判文书中应当同时引用刑法关于累犯和毒品再犯的条款，但在量刑时不得重复予以从重处罚。对于因不同犯罪前科同时构成累犯和毒品再犯的被告人，量刑时的从重处罚幅度一般应大于前述情形。

九、非法贩卖麻醉药品、精神药品行为的定性

行为人向走私、贩卖毒品的犯罪分子或者吸食、注射毒品的人员贩卖国家规定管制的能够使人形成瘾癖的麻醉药品或者精神药品的，以贩卖毒品罪定罪处罚。

行为人出于医疗目的，违反有关药品管理的国家规定，非法贩卖上述麻醉药品或者精神药品，扰乱市场秩序，情节严重的，以非法经营罪定罪处罚。

【办案依据】

一、刑法规定

第三百四十七条　走私、贩卖、运输、制造毒品，无论数量多少，都应当追究刑事责任，予以刑事处罚。

走私、贩卖、运输、制造毒品，有下列情形之一的，处十五年有期徒刑、无期徒刑或者死刑，并处没收财产：

（一）走私、贩卖、运输、制造鸦片一千克以上、海洛因或者甲基苯丙胺五十克以上或者其他毒品数量大的；

（二）走私、贩卖、运输、制造毒品集团的首要分子；

（三）武装掩护走私、贩卖、运输、制造毒品的；

（四）以暴力抗拒检查、拘留、逮捕，情节严重的；

（五）参与有组织的国际贩毒活动的。

走私、贩卖、运输、制造鸦片二百克以上不满一千克、海洛因或者甲基苯丙胺十克以上不满五十克或者其他毒品数量较大的，处七年以上有期徒刑，并处罚金。

走私、贩卖、运输、制造鸦片不满二百克、海洛因或者甲基苯丙胺不满十克或者其他少量毒品的，处三年以下有期徒刑、拘役或者管制，并处罚金；情节严重的，处三年以上七年以下有期徒刑，并处罚金。

单位犯第二款、第三款、第四款罪的，对单位判处罚金，并对其直接负责的主管人员和其他直接责任人员，依照各该款的规定处罚。

利用、教唆未成年人走私、贩卖、运输、制造毒品，或者向未成年人出售毒品的，从重处罚。

对多次走私、贩卖、运输、制造毒品，未经处理的，毒品数量累计计算。

二、司法解释

（一）《最高人民检察院关于〈非药用类麻醉药品和精神药品管制品种增补目录〉能否作为认定毒品依据的批复》（2019年4月30日，高检发释字〔2019〕2号）[①]

河南省人民检察院：

你院《关于〈非药用类麻醉药品和精神药品管制品种增补目录〉能否作为认定毒品的依据的请示》收悉。经研究，批复如下：

根据《中华人民共和国刑法》第三百五十七条和《中华人民共和国禁毒法》第二条的规定，毒品是指鸦片、海洛因、甲基苯丙胺（冰毒）、吗啡、大麻、可卡因以及国家规定管制的其他能够使人形成瘾癖的麻醉药品和精神药品。

① 本书所标规范性文件的日期为该文件的通过、发布、修订后公布、实施日期之一。以下不再标注。

2015 年 10 月 1 日起施行的公安部、国家食品药品监督管理总局、国家卫生和计划生育委员会、国家禁毒委员会办公室《非药用类麻醉药品和精神药品列管办法》及其附表《非药用类麻醉药品和精神药品管制品种增补目录》，是根据国务院《麻醉药品和精神药品管理条例》第三条第二款授权制定的，《非药用类麻醉药品和精神药品管制品种增补目录》可以作为认定毒品的依据。

(二)《最高人民法院关于审理毒品犯罪案件适用法律若干问题的解释》(2016 年 4 月 11 日，法释〔2016〕8 号)(节选)

第一条　走私、贩卖、运输、制造、非法持有下列毒品，应当认定为刑法第三百四十七条第二款第一项、第三百四十八条规定的“其他毒品数量大”：

（一）可卡因五十克以上；

（二）3，4-亚甲二氧基甲基苯丙胺（MDMA）等苯丙胺类毒品（甲基苯丙胺除外）、吗啡一百克以上；

（三）芬太尼一百二十五克以上；

（四）甲卡西酮二百克以上；

（五）二氢埃托啡十毫克以上；

（六）哌替啶（度冷丁）二百五十克以上；

（七）氯胺酮五百克以上；

（八）美沙酮一千克以上；

（九）曲马多、γ-羟丁酸二千克以上；

（十）大麻油五千克、大麻脂十千克、大麻叶及大麻烟一百五十千克以上；

（十一）可待因、丁丙诺啡五千克以上；

（十二）三唑仑、安眠酮五十千克以上；

（十三）阿普唑仑、恰特草一百千克以上；

（十四）咖啡因、罂粟壳二百千克以上；

（十五）巴比妥、苯巴比妥、安钠咖、尼美西泮二百五十千克以上；

（十六）氯氮卓、艾司唑仑、地西泮、溴西泮五百千克以上；

（十七）上述毒品以外的其他毒品数量大的。

国家定点生产企业按照标准规格生产的麻醉药品或者精神药品被用于毒品犯

罪的，根据药品中毒品成分的含量认定涉案毒品数量。

第二条 走私、贩卖、运输、制造、非法持有下列毒品，应当认定为刑法第三百四十七条第三款、第三百四十八条规定的“其他毒品数量较大”：

（一）可卡因十克以上不满五十克；

（二）3，4-亚甲二氧基甲基苯丙胺（MDMA）等苯丙胺类毒品（甲基苯丙胺除外）、吗啡二十克以上不满一百克；

（三）芬太尼二十五克以上不满一百二十五克；

（四）甲卡西酮四十克以上不满二百克；

（五）二氢埃托啡二毫克以上不满十毫克；

（六）哌替啶（度冷丁）五十克以上不满二百五十克；

（七）氯胺酮一百克以上不满五百克；

（八）美沙酮二百克以上不满一千克；

（九）曲马多、γ-羟丁酸四百克以上不满二千克；

（十）大麻油一千克以上不满五千克、大麻脂二千克以上不满十千克、大麻叶及大麻烟三十千克以上不满一百五十千克；

（十一）可待因、丁丙诺啡一千克以上不满五千克；

（十二）三唑仑、安眠酮十千克以上不满五十千克；

（十三）阿普唑仑、恰特草二十千克以上不满一百千克；

（十四）咖啡因、罂粟壳四十千克以上不满二百千克；

（十五）巴比妥、苯巴比妥、安钠咖、尼美西泮五十千克以上不满二百五十千克；

（十六）氯氮卓、艾司唑仑、地西泮、溴西泮一百千克以上不满五百千克；

（十七）上述毒品以外的其他毒品数量较大的。

第三条 在实施走私、贩卖、运输、制造毒品犯罪的过程中，携带枪支、弹药或者爆炸物用于掩护的，应当认定为刑法第三百四十七条第二款第三项规定的“武装掩护走私、贩卖、运输、制造毒品”。枪支、弹药、爆炸物种类的认定，依照相关司法解释的规定执行。

在实施走私、贩卖、运输、制造毒品犯罪的过程中，以暴力抗拒检查、拘留、逮捕，造成执法人员死亡、重伤、多人轻伤或者具有其他严重情节的，应当认定为刑法第三百四十七条第二款第四项规定的“以暴力抗拒检查、拘留、逮捕，情节严重”。

第四条 走私、贩卖、运输、制造毒品，具有下列情形之一的，应当认定为刑法第三百四十七条第四款规定的“情节严重”：

（一）向多人贩卖毒品或者多次走私、贩卖、运输、制造毒品的；

（二）在戒毒场所、监管场所贩卖毒品的；

（三）向在校学生贩卖毒品的；

（四）组织、利用残疾人、严重疾病患者、怀孕或者正在哺乳自己婴儿的妇女走私、贩卖、运输、制造毒品的；

（五）国家工作人员走私、贩卖、运输、制造毒品的；

（六）其他情节严重的情形。

三、司法文件

（一）《办理毒品犯罪案件毒品提取、扣押、称量、取样和送检程序若干问题的规定》（2016年5月24日，公禁毒〔2016〕511号）（节选）

第二条 公安机关对于毒品的提取、扣押、称量、取样和送检工作，应当遵循依法、客观、准确、公正、科学和安全的原则，确保毒品实物证据的收集、固定和保管工作严格依法进行。

第三条 人民检察院、人民法院办理毒品犯罪案件，应当审查公安机关对毒品的提取、扣押、称量、取样、送检程序以及相关证据的合法性。

毒品的提取、扣押、称量、取样、送检程序存在瑕疵，可能严重影响司法公正的，人民检察院、人民法院应当要求公安机关予以补正或者作出合理解释。经公安机关补正或者作出合理解释的，可以采用相关证据；不能补正或者作出合理解释的，对相关证据应当依法予以排除，不得作为批准逮捕、提起公诉或者判决的依据。

第二章 提取、扣押

第四条 侦查人员应当对毒品犯罪案件有关的场所、物品、人身进行勘验、检查或者搜查，及时准确地发现、固定、提取、采集毒品及内外包装物上的痕迹、生物样本等物证，依法予以扣押。必要时，可以指派或者聘请具有专门知识的人，在侦查人员的主持下进行勘验、检查。

侦查人员对制造毒品、非法生产制毒物品犯罪案件的现场进行勘验、检查或者搜查时，应当提取并当场扣押制造毒品、非法生产制毒物品的原料、配剂、成品、半成品和工具、容器、包装物以及上述物品附着的痕迹、生物样本等物证。

提取、扣押时，不得将不同包装物内的毒品混合。

现场勘验、检查或者搜查时，应当对查获毒品的原始状态拍照或者录像，采取措施防止犯罪嫌疑人及其他无关人员接触毒品及包装物。

第五条 毒品的扣押应当在有犯罪嫌疑人在场并有见证人的情况下，由两名以上侦查人员执行。

毒品的提取、扣押情况应当制作笔录，并当场开具扣押清单。

笔录和扣押清单应当由侦查人员、犯罪嫌疑人和见证人签名。犯罪嫌疑人拒绝签名的，应当在笔录和扣押清单中注明。

第六条 对同一案件在不同位置查获的两个以上包装的毒品，应当根据不同的查获位置进行分组。

对同一位置查获的两个以上包装的毒品，应当按照以下方法进行分组：

（一）毒品或者包装物的外观特征不一致的，根据毒品及包装物的外观特征进行分组；

（二）毒品及包装物的外观特征一致，但犯罪嫌疑人供述非同一批次毒品的，根据犯罪嫌疑人供述的不同批次进行分组；

（三）毒品及包装物的外观特征一致，但犯罪嫌疑人辩称其中部分不是毒品或者不知是否为毒品的，对犯罪嫌疑人辩解的部分疑似毒品单独分组。

第七条 对查获的毒品应当按其独立最小包装逐一编号或者命名，并将毒品的编号、名称、数量、查获位置以及包装、颜色、形态等外观特征记录在笔录或者扣押清单中。

在毒品的称量、取样、送检等环节，毒品的编号、名称以及对毒品外观特征的描述应当与笔录和扣押清单保持一致；不一致的，应当作出书面说明。

第八条 对体内藏毒的案件，公安机关应当监控犯罪嫌疑人排出体内的毒品，及时提取、扣押并制作笔录。笔录应当由侦查人员和犯罪嫌疑人签名；犯罪嫌疑人拒绝签名的，应当在笔录中注明。在保障犯罪嫌疑人隐私权和人格尊严的情况下，可以对排毒的主要过程进行拍照或者录像。

必要时，可以在排毒前对犯罪嫌疑人体内藏毒情况进行透视检验并以透视影像的形式固定证据。

体内藏毒的犯罪嫌疑人为女性的，应当由女性工作人员或者医师检查其身体，并由女性工作人员监控其排毒。

第九条 现场提取、扣押等工作完成后，一般应当由两名以上侦查人员对提取、扣押的毒品及包装物进行现场封装，并记录在笔录中。

封装应当在有犯罪嫌疑人在场并有见证人的情况下进行；应当使用封装袋封装毒品并加密封口，或者使用封条贴封包装，作好标记和编号，由侦查人员、犯罪嫌疑人和见证人在封口处、贴封处或者指定位置签名并签署封装日期。犯罪嫌疑人拒绝签名的，侦查人员应当注明。

确因情况紧急、现场环境复杂等客观原因无法在现场实施封装的，经公安机关办案部门负责人批准，可以及时将毒品带至公安机关办案场所或者其他适当的场所进行封装，并对毒品移动前后的状态进行拍照固定，作出书面说明。

封装时，不得将不同包装内的毒品混合。对不同组的毒品，应当分别独立封装，封装后可以统一签名。

第十条 必要时，侦查人员应当对提取、扣押和封装的主要过程进行拍照或者录像。

照片和录像资料应当反映提取、扣押和封装活动的主要过程以及毒品的原始位置、存放状态和变动情况。照片应当附有相应的文字说明，文字说明应当与照片反映的情况相对应。

第十一条 公安机关应当设置专门的毒品保管场所或者涉案财物管理场所，指定专人保管封装后的毒品及包装物，并采取措施防止毒品发生变质、泄漏、遗失、损毁或者受到污染等。

对易燃、易爆、具有毒害性以及对保管条件、保管场所有特殊要求的毒品，在处理前应当存放在符合条件的专门场所。公安机关没有具备保管条件的场所的，可以借用其他单位符合条件的场所进行保管。

第三章　称　　量

第十二条　毒品的称量一般应当由两名以上侦查人员在查获毒品的现场完成。

不具备现场称量条件的，应当按照本规定第九条的规定对毒品及包装物封装后，带至公安机关办案场所或者其他适当的场所进行称量。

第十三条　称量应当在有犯罪嫌疑人在场并有见证人的情况下进行，并制作称量笔录。

对已经封装的毒品进行称量前，应当在有犯罪嫌疑人在场并有见证人的情况下拆封，并记录在称量笔录中。

称量笔录应当由称量人、犯罪嫌疑人和见证人签名。犯罪嫌疑人拒绝签名的，应当在称量笔录中注明。

第十四条　称量应当使用适当精度和称量范围的衡器。称量的毒品质量不足一百克的，衡器的分度值应当达到零点零一克；一百克以上且不足一千克的，分度值应当达到零点一克；一千克以上且不足十千克的，分度值应当达到一克；十千克以上且不足一百千克的，分度值应当达到十克；一百千克以上且不足一吨的，分度值应当达到一百克；一吨以上的，分度值应当达到一千克。

称量前，称量人应当将衡器示数归零，并确保其处于正常的工作状态。

称量所使用的衡器应当经过法定计量检定机构检定并在有效期内，一般不得随意搬动。

法定计量检定机构出具的计量检定证书复印件应当归入证据材料卷，并随案移送。

第十五条　对两个以上包装的毒品，应当分别称量，并统一制作称量笔录，不得混合后称量。

对同一组内的多个包装的毒品，可以采取全部毒品及包装物总质量减去包装物质量的方式确定毒品的净质量；称量时，不同包装物内的毒品不得混合。

第十六条　多个包装的毒品系包装完好、标识清晰完整的麻醉药品、精神药品制剂的，可以按照其包装、标识或者说明书上标注的麻醉药品、精神药品成分的含量计算全部毒品的质量，或者从相同批号的药品制剂中随机抽取三个包装进行称量后，根据麻醉药品、精神药品成分的含量计算全部毒品的质量。

第十七条 对体内藏毒的案件，应当将犯罪嫌疑人排出体外的毒品逐一称量，统一制作称量笔录。

犯罪嫌疑人供述所排出的毒品系同一批次或者毒品及包装物的外观特征相似的，可以按照本规定第十五条第二款规定的方法进行称量。

第十八条 对同一容器内的液态毒品或者固液混合状态毒品，应当采用拍照或者录像等方式对其原始状态进行固定，再统一称量。必要时，可以对其原始状态固定后，再进行固液分离并分别称量。

第十九条 现场称量后将毒品带回公安机关办案场所或者送至鉴定机构取样的，应当按照本规定第九条的规定对毒品及包装物进行封装。

第二十条 侦查人员应当对称量的主要过程进行拍照或者录像。

照片和录像资料应当清晰显示毒品的外观特征、衡器示数和犯罪嫌疑人对称量结果的指认情况。

第四章 取 样

第二十一条 毒品的取样一般应当在称量工作完成后，由两名以上侦查人员在查获毒品的现场或者公安机关办案场所完成。必要时，可以指派或者聘请具有专门知识的人进行取样。

在现场或者公安机关办案场所不具备取样条件的，应当按照本规定第九条的规定对毒品及包装物进行封装后，将其送至鉴定机构并委托鉴定机构进行取样。

第二十二条 在查获毒品的现场或者公安机关办案场所取样的，应当在有犯罪嫌疑人在场并有见证人的情况下进行，并制作取样笔录。

对已经封装的毒品进行取样前，应当在有犯罪嫌疑人在场并有见证人的情况下拆封，并记录在取样笔录中。

取样笔录应当由取样人、犯罪嫌疑人和见证人签名。犯罪嫌疑人拒绝签名的，应当在取样笔录中注明。

必要时，侦查人员应当对拆封和取样的主要过程进行拍照或者录像。

第二十三条 委托鉴定机构进行取样的，对毒品的取样方法、过程、结果等情况应当制作取样笔录，但鉴定意见包含取样方法的除外。

取样笔录应当由侦查人员和取样人签名，并随案移送。

第二十四条 对单个包装的毒品，应当按照下列方法选取或者随机抽取检材：

（一）粉状。将毒品混合均匀，并随机抽取约一克作为检材；不足一克的全部取作检材。

（二）颗粒状、块状。随机选择三个以上不同的部位，各抽取一部分混合作为检材，混合后的检材质量不少于一克；不足一克的全部取作检材。

（三）膏状、胶状。随机选择三个以上不同的部位，各抽取一部分混合作为检材，混合后的检材质量不少于三克；不足三克的全部取作检材。

（四）胶囊状、片剂状。先根据形状、颜色、大小、标识等外观特征进行分组；对于外观特征相似的一组，从中随机抽取三粒作为检材，不足三粒的全部取作检材。

（五）液态。将毒品混合均匀，并随机抽取约二十毫升作为检材；不足二十毫升的全部取作检材。

（六）固液混合状态。按照本款以上各项规定的方法，分别对固态毒品和液态毒品取样；能够混合均匀成溶液的，可以将其混合均匀后按照本款第五项规定的方法取样。

对其他形态毒品的取样，参照前款规定的取样方法进行。

第二十五条 对同一组内两个以上包装的毒品，应当按照下列标准确定选取或者随机抽取独立最小包装的数量，再根据本规定第二十四条规定的取样方法从单个包装中选取或者随机抽取检材：

（一）少于十个包装的，应当选取所有的包装；

（二）十个以上包装且少于一百个包装的，应当随机抽取其中的十个包装；

（三）一百个以上包装的，应当随机抽取与包装总数的平方根数值最接近的整数个包装。

对选取或者随机抽取的多份检材，应当逐一编号或者命名，且检材的编号、名称应当与其他笔录和扣押清单保持一致。

第二十六条 多个包装的毒品系包装完好、标识清晰完整的麻醉药品、精神药品制剂的，可以从相同批号的药品制剂中随机抽取三个包装，再根据本规定第二十四条规定的取样方法从单个包装中选取或者随机抽取检材。

第二十七条　在查获毒品的现场或者公安机关办案场所取样的，应当使用封装袋封装检材并加密封口，作好标记和编号，由取样人、犯罪嫌疑人和见证人在封口处或者指定位置签名并签署封装日期。犯罪嫌疑人拒绝签名的，侦查人员应当注明。

从不同包装中选取或者随机抽取的检材应当分别独立封装，不得混合。

对取样后剩余的毒品及包装物，应当按照本规定第九条的规定进行封装。选取或者随机抽取的检材应当由专人负责保管。在检材保管和送检过程中，应当采取妥善措施防止其发生变质、泄漏、遗失、损毁或者受到污染等。

第二十八条　委托鉴定机构进行取样的，应当使用封装袋封装取样后剩余的毒品及包装物并加密封口，作好标记和编号，由侦查人员和取样人在封口处签名并签署封装日期。

第二十九条　对取样后剩余的毒品及包装物，应当及时送至公安机关毒品保管场所或者涉案财物管理场所进行妥善保管。

对需要作为证据使用的毒品，不起诉决定或者判决、裁定（含死刑复核判决、裁定）发生法律效力后方可处理。

第五章　送　　检

第三十条　对查获的全部毒品或者从查获的毒品中选取或者随机抽取的检材，应当由两名以上侦查人员自毒品被查获之日起三日以内，送至鉴定机构进行鉴定。

具有案情复杂、查获毒品数量较多、异地办案、在交通不便地区办案等情形的，送检时限可以延长至七日。

公安机关应当向鉴定机构提供真实、完整、充分的鉴定材料，并对鉴定材料的真实性、合法性负责。

第三十一条　侦查人员送检时，应当持本人工作证件、鉴定聘请书等材料，并提供鉴定事项相关的鉴定资料；需要复核、补充或者重新鉴定的，还应当持原鉴定意见复印件。

第三十二条 送检的侦查人员应当配合鉴定机构核对鉴定材料的完整性、有效性，并检查鉴定材料是否满足鉴定需要。

公安机关鉴定机构应当在收到鉴定材料的当日作出是否受理的决定，决定受理的，应当与公安机关办案部门签订鉴定委托书；不予受理的，应当退还鉴定材料并说明理由。

第三十三条 具有下列情形之一的，公安机关应当委托鉴定机构对查获的毒品进行含量鉴定：

（一）犯罪嫌疑人、被告人可能被判处死刑的；

（二）查获的毒品系液态、固液混合物或者系毒品半成品的；

（三）查获的毒品可能大量掺假的；

（四）查获的毒品系成分复杂的新类型毒品，且犯罪嫌疑人、被告人可能被判处七年以上有期徒刑的；

（五）人民检察院、人民法院认为含量鉴定对定罪量刑有重大影响而书面要求进行含量鉴定的。

进行含量鉴定的检材应当与进行成分鉴定的检材来源一致，且一一对应。

第三十四条 对毒品原植物及其种子、幼苗，应当委托具备相应资质的鉴定机构进行鉴定。当地没有具备相应资质的鉴定机构的，可以委托侦办案件的公安机关所在地的县级以上农牧、林业行政主管部门，或者设立农林相关专业的普通高等学校、科研院所出具检验报告。

第六章 附 则

第三十五条 本规定所称的毒品，包括毒品的成品、半成品、疑似物以及含有毒品成分的物质。

毒品犯罪案件中查获的其他物品，如制毒物品及其半成品、含有制毒物品成分的物质、毒品原植物及其种子和幼苗的提取、扣押、称量、取样和送检程序，参照本规定执行。

第三十六条 本规定所称的“以上”“以内”包括本数，“日”是指工作日。

第三十七条 扣押、封装、称量或者在公安机关办案场所取样时，无法确定犯罪嫌疑人、犯罪嫌疑人在逃或者犯罪嫌疑人在异地被抓获且无法及时到场的，应当在有见证人的情况下进行，并在相关笔录、扣押清单中注明。

犯罪嫌疑人到案后，公安机关应当以告知书的形式告知其扣押、称量、取样的过程、结果。犯罪嫌疑人拒绝在告知书上签名的，应当将告知情况形成笔录，一并附卷；犯罪嫌疑人对称量结果有异议，有条件重新称量的，可以重新称量，并制作称量笔录。

第三十八条 毒品的提取、扣押、封装、称量、取样活动有见证人的，笔录材料中应当写明见证人的姓名、身份证件种类及号码和联系方式，并附其常住人口信息登记表等材料。

下列人员不得担任见证人：

（一）生理上、精神上有缺陷或者年幼，不具有相应辨别能力或者不能正确表达的人；

（二）犯罪嫌疑人的近亲属，被引诱、教唆、欺骗、强迫吸毒的被害人及其近亲属，以及其他与案件有利害关系并可能影响案件公正处理的人；

（三）办理该毒品犯罪案件的公安机关、人民检察院、人民法院的工作人员、实习人员或者其聘用的协勤、文职、清洁、保安等人员。

由于客观原因无法由符合条件的人员担任见证人或者见证人不愿签名的，应当在笔录材料中注明情况，并对相关活动进行拍照并录像。

（二）《最高人民法院、最高人民检察院、公安部关于办理走私、非法买卖麻黄碱类复方制剂等刑事案件适用法律若干问题的意见》（2012年6月18日，法发〔2012〕12号）（节选）

一、关于走私、非法买卖麻黄碱类复方制剂等行为的定性

以加工、提炼制毒物品制造毒品为目的，购买麻黄碱类复方制剂，或者运输、携带、寄递麻黄碱类复方制剂进出境的，依照刑法第三百四十七条的规定，以制造毒品罪定罪处罚。

以加工、提炼制毒物品为目的，购买麻黄碱类复方制剂，或者运输、携带、寄递麻黄碱类复方制剂进出境的，依照刑法第三百五十条第一款、第三款的规定，分别以非法买卖制毒物品罪、走私制毒物品罪定罪处罚。

将麻黄碱类复方制剂拆除包装、改变形态后进行走私或者非法买卖，或者明

知是已拆除包装、改变形态的麻黄碱类复方制剂而进行走私或者非法买卖的，依照刑法第三百五十条第一款、第三款的规定，分别以走私制毒物品罪、非法买卖制毒物品罪定罪处罚。

非法买卖麻黄碱类复方制剂或者运输、携带、寄递麻黄碱类复方制剂进出境，没有证据证明系用于制造毒品或者走私、非法买卖制毒物品，或者未达到走私制毒物品罪、非法买卖制毒物品罪的定罪数量标准，构成非法经营罪、走私普通货物、物品罪等其他犯罪的，依法定罪处罚。

实施第一款、第二款规定的行为，同时构成其他犯罪的，依照处罚较重的规定定罪处罚。

二、关于利用麻黄碱类复方制剂加工、提炼制毒物品行为的定性

以制造毒品为目的，利用麻黄碱类复方制剂加工、提炼制毒物品的，依照刑法第三百四十七条的规定，以制造毒品罪定罪处罚。

以走私或者非法买卖为目的，利用麻黄碱类复方制剂加工、提炼制毒物品的，依照刑法第三百五十条第一款、第三款的规定，分别以走私制毒物品罪、非法买卖制毒物品罪定罪处罚。

三、关于共同犯罪的认定

明知他人利用麻黄碱类制毒物品制造毒品，向其提供麻黄碱类复方制剂，为其利用麻黄碱类复方制剂加工、提炼制毒物品，或者为其获取、利用麻黄碱类复方制剂提供其他帮助的，以制造毒品罪的共犯论处。

明知他人走私或者非法买卖麻黄碱类制毒物品，向其提供麻黄碱类复方制剂，为其利用麻黄碱类复方制剂加工、提炼制毒物品，或者为其获取、利用麻黄碱类复方制剂提供其他帮助的，分别以走私制毒物品罪、非法买卖制毒物品罪的共犯论处。

四、关于犯罪预备、未遂的认定

实施本意见规定的行为，符合犯罪预备或者未遂情形的，依照法律规定处罚。

五、关于犯罪嫌疑人、被告人主观目的与明知的认定

对于本意见规定的犯罪嫌疑人、被告人的主观目的与明知，应当根据物证、书证、证人证言以及犯罪嫌疑人、被告人供述和辩解等在案证据，结合犯罪嫌疑

人、被告人的行为表现，重点考虑以下因素综合予以认定：

1. 购买、销售麻黄碱类复方制剂的价格是否明显高于市场交易价格；

2. 是否采用虚假信息、隐蔽手段运输、寄递、存储麻黄碱类复方制剂；

3. 是否采用伪报、伪装、藏匿或者绕行进出境等手段逃避海关、边防等检查；

4. 提供相关帮助行为获得的报酬是否合理；

5. 此前是否实施过同类违法犯罪行为；

6. 其他相关因素。

六、关于制毒物品数量的认定

实施本意见规定的行为，以走私制毒物品罪、非法买卖制毒物品罪定罪处罚的，应当以涉案麻黄碱类复方制剂中麻黄碱类物质的含量作为涉案制毒物品的数量。

实施本意见规定的行为，以制造毒品罪定罪处罚的，应当将涉案麻黄碱类复方制剂所含的麻黄碱类物质可以制成的毒品数量作为量刑情节考虑。

多次实施本意见规定的行为未经处理的，涉案制毒物品的数量累计计算。

七、关于定罪量刑的数量标准

实施本意见规定的行为，以走私制毒物品罪、非法买卖制毒物品罪定罪处罚的，涉案麻黄碱类复方制剂所含的麻黄碱类物质应当达到以下数量标准：麻黄碱、伪麻黄碱、消旋麻黄碱及其盐类五千克以上不满五十千克；去甲麻黄碱、甲基麻黄碱及其盐类十千克以上不满一百千克；麻黄浸膏、麻黄浸膏粉一百千克以上不满一千千克。达到上述数量标准上限的，认定为刑法第三百五十条第一款规定的"数量大"。

实施本意见规定的行为，以制造毒品罪定罪处罚的，无论涉案麻黄碱类复方制剂所含的麻黄碱类物质数量多少，都应当追究刑事责任。

八、关于麻黄碱类复方制剂的范围

本意见所称麻黄碱类复方制剂是指含有《易制毒化学品管理条例》（国务院令第445号）品种目录所列的麻黄碱（麻黄素）、伪麻黄碱（伪麻黄素）、消旋麻黄碱（消旋麻黄素）、去甲麻黄碱（去甲麻黄素）、甲基麻黄碱（甲基麻黄素）及其盐类，或者麻黄浸膏、麻黄浸膏粉等麻黄碱类物质的药品复方制剂。

四、会议纪要

（一）《全国法院毒品犯罪审判工作座谈会纪要》（2015年5月18日，法〔2015〕129号）（节选）

二、关于毒品犯罪法律适用的若干具体问题

会议认为，2008年印发的《全国部分法院审理毒品犯罪案件工作座谈会纪要》（以下简称《大连会议纪要》）较好地解决了办理毒品犯罪案件面临的一些突出法律适用问题，其中大部分规定在当前的审判实践中仍有指导意义，应当继续参照执行。同时，随着毒品犯罪形势的发展变化，近年来出现了一些新情况、新问题，需要加以研究解决。与会代表对审判实践中反映较为突出，但《大连会议纪要》没有作出规定，或者规定不尽完善的毒品犯罪法律适用问题进行了认真研究讨论，就下列问题取得了共识。

（一）罪名认定问题

贩毒人员被抓获后，对于从其住所、车辆等处查获的毒品，一般均应认定为其贩卖的毒品。确有证据证明查获的毒品并非贩毒人员用于贩卖，其行为另构成非法持有毒品罪、窝藏毒品罪等其他犯罪的，依法定罪处罚。

吸毒者在购买、存储毒品过程中被查获，没有证据证明其是为了实施贩卖毒品等其他犯罪，毒品数量达到刑法第三百四十八条规定的最低数量标准的，以非法持有毒品罪定罪处罚。吸毒者在运输毒品过程中被查获，没有证据证明其是为了实施贩卖毒品等其他犯罪，毒品数量达到较大以上的，以运输毒品罪定罪处罚。

行为人为吸毒者代购毒品，在运输过程中被查获，没有证据证明托购者、代购者是为了实施贩卖毒品等其他犯罪，毒品数量达到较大以上的，对托购者、代购者以运输毒品罪的共犯论处。行为人为他人代购仅用于吸食的毒品，在交通、食宿等必要开销之外收取“介绍费”、“劳务费”，或者以贩卖为目的收取部分毒品作为酬劳的，应视为从中牟利，属于变相加价贩卖毒品，以贩卖毒品罪定罪处罚。

购毒者接收贩毒者通过物流寄递方式交付的毒品，没有证据证明其是为了实施贩卖毒品等其他犯罪，毒品数量达到刑法第三百四十八条规定的最低数量标准的，一般以非法持有毒品罪定罪处罚。代收者明知是物流寄递的毒品而代购毒者接收，没有证据证明其与购毒者有实施贩卖、运输毒品等犯罪的共同故意，毒品数量达到刑法第三百四十八条规定的最低数量标准的，对代收者以非法持有毒品罪定罪处罚。

行为人利用信息网络贩卖毒品、在境内非法买卖用于制造毒品的原料或者配剂、传授制造毒品等犯罪的方法，构成贩卖毒品罪、非法买卖制毒物品罪、传授犯罪方法罪等犯罪的，依法定罪处罚。行为人开设网站、利用网络聊天室等组织他人共同吸毒，构成引诱、教唆、欺骗他人吸毒罪等犯罪的，依法定罪处罚。

（二）共同犯罪认定问题

办理贩卖毒品案件，应当准确认定居间介绍买卖毒品行为，并与居中倒卖毒品行为相区别。居间介绍者在毒品交易中处于中间人地位，发挥介绍联络作用，通常与交易一方构成共同犯罪，但不以牟利为要件；居中倒卖者属于毒品交易主体，与前后环节的交易对象是上下家关系，直接参与毒品交易并从中获利。居间介绍者受贩毒者委托，为其介绍联络购毒者的，与贩毒者构成贩卖毒品罪的共同犯罪；明知购毒者以贩卖为目的购买毒品，受委托为其介绍联络贩毒者的，与购毒者构成贩卖毒品罪的共同犯罪；受以吸食为目的的购毒者委托，为其介绍联络贩毒者，毒品数量达到刑法第三百四十八条规定的最低数量标准的，一般与购毒者构成非法持有毒品罪的共同犯罪；同时与贩毒者、购毒者共谋，联络促成双方交易的，通常认定与贩毒者构成贩卖毒品罪的共同犯罪。居间介绍者实施为毒品交易主体提供交易信息、介绍交易对象等帮助行为，对促成交易起次要、辅助作用的，应当认定为从犯；对于以居间介绍者的身份介入毒品交易，但在交易中超出居间介绍者的地位，对交易的发起和达成起重要作用的被告人，可以认定为主犯。

两人以上同行运输毒品的，应当从是否明知他人带有毒品，有无共同运输毒品的意思联络，有无实施配合、掩护他人运输毒品的行为等方面综合审查认定是否构成共同犯罪。受雇于同一雇主同行运输毒品，但受雇者之间没有共同犯罪故意，或者虽然明知他人受雇运输毒品，但各自的运输行为相对独立，既没有实施配合、掩护他人运输毒品的行为，又分别按照各自运输的毒品数量领取报酬的，不应认定为共同犯罪。受雇于同一雇主分段运输同一宗毒品，但受雇者之间没有犯罪共谋的，也不应认定为共同犯罪。雇用他人运输毒品的雇主，及其他对受雇者起到一定组织、指挥作用的人员，与各受雇者分别构成运输毒品罪的共同犯罪，对运输的全部毒品数量承担刑事责任。

（三）毒品数量认定问题

走私、贩卖、运输、制造、非法持有两种以上毒品的，可以将不同种类的毒品分别折算为海洛因的数量，以折算后累加的毒品总量作为量刑的根据。对于刑法、司法解释或者其他规范性文件明确规定了定罪量刑数量标准的毒品，应当按照该毒品与海洛因定罪量刑数量标准的比例进行折算后累加。对于刑法、司法解释及其他规范性文件没有规定定罪量刑数量标准，但《非法药物折算表》规定了与海洛因的折算比例的毒品，可以按照《非法药物折算表》折算为海洛因后进行累加。对于既未规定定罪量刑数量标准，又不具备折算条件的毒品，综合考虑其致瘾癖性、社会危害性、数量、纯度等因素依法量刑。在裁判文书中，应当客观表述涉案毒品的种类和数量，并综合认定为数量大、数量较大或者少量毒品等，不明确表述将不同种类毒品进行折算后累加的毒品总量。

对于未查获实物的甲基苯丙胺片剂（俗称“麻古”等）、MDMA片剂（俗称“摇头丸”）等混合型毒品，可以根据在案证据证明的毒品粒数，参考本案或者本地区查获的同类毒品的平均重量计算出毒品数量。在裁判文书中，应当客观表述根据在案证据认定的毒品粒数。

对于有吸毒情节的贩毒人员，一般应当按照其购买的毒品数量认定其贩卖毒品的数量，量刑时酌情考虑其吸食毒品的情节；购买的毒品数量无法查明的，按照能够证明的贩卖数量及查获的毒品数量认定其贩毒数量；确有证据证明其购买的部分毒品并非用于贩卖的，不应计入其贩毒数量。

办理毒品犯罪案件，无论毒品纯度高低，一般均应将查证属实的毒品数量认定为毒品犯罪的数量，并据此确定适用的法定刑幅度，但司法解释另有规定或者为了隐蔽运输而临时改变毒品常规形态的除外。涉案毒品纯度明显低于同类毒品的正常纯度的，量刑时可以酌情考虑。

制造毒品案件中，毒品成品、半成品的数量应当全部认定为制造毒品的数量，对于无法再加工出成品、半成品的废液、废料则不应计入制造毒品的数量。对于废液、废料的认定，可以根据其毒品成分的含量、外观形态，结合被告人对制毒过程的供述等证据进行分析判断，必要时可以听取鉴定机构的意见。

（四）死刑适用问题

当前，我国毒品犯罪形势严峻，审判工作中应当继续坚持依法从严惩处毒品犯罪的指导思想，充分发挥死刑对于预防和惩治毒品犯罪的重要作用。要继续按照《大连会议纪要》的要求，突出打击重点，对罪行极其严重、依法应当判处死刑的被告人，坚决依法判处。同时，应当全面、准确贯彻宽严相济刑事政策，体现区别对待，做到罚当其罪，量刑时综合考虑毒品数量、犯罪性质、情节、危害后果、被告人的主观恶性、人身危险性及当地的禁毒形势等因素，严格审慎地决定死刑适用，确保死刑只适用于极少数罪行极其严重的犯罪分子。

1. 运输毒品犯罪的死刑适用

对于运输毒品犯罪，应当继续按照《大连会议纪要》的有关精神，重点打击运输毒品犯罪集团首要分子，组织、指使、雇用他人运输毒品的主犯或者毒枭、职业毒犯、毒品再犯，以及具有武装掩护运输毒品、以运输毒品为业、多次运输毒品等严重情节的被告人，对其中依法应当判处死刑的，坚决依法判处。

对于受人指使、雇用参与运输毒品的被告人，应当综合考虑毒品数量、犯罪次数、犯罪的主动性和独立性、在共同犯罪中的地位作用、获利程度和方式及其主观恶性、人身危险性等因素，予以区别对待，慎重适用死刑。对于有证据证明确属受人指使、雇用运输毒品，又系初犯、偶犯的被告人，即使毒品数量超过实际掌握的死刑数量标准，也可以不判处死刑；尤其对于其中被动参与犯罪，从属性、辅助性较强，获利程度较低的被告人，一般不应当判处死刑。对于不能排除受人指使、雇用初次运输毒品的被告人，毒品数量超过实际掌握的死刑数量标准，但尚不属数量巨大的，一般也可以不判处死刑。

一案中有多人受雇运输毒品的，在决定死刑适用时，除各被告人运输毒品的数量外，还应结合其具体犯罪情节、参与犯罪程度、与雇用者关系的紧密性及其主观恶性、人身危险性等因素综合考虑，同时判处二人以上死刑要特别慎重。

2. 毒品共同犯罪、上下家犯罪的死刑适用

毒品共同犯罪案件的死刑适用应当与该案的毒品数量、社会危害及被告人的犯罪情节、主观恶性、人身危险性相适应。涉案毒品数量刚超过实际掌握的死刑

数量标准，依法应当适用死刑的，要尽量区分主犯间的罪责大小，一般只对其中罪责最大的一名主犯判处死刑；各共同犯罪人地位作用相当，或者罪责大小难以区分的，可以不判处被告人死刑；二名主犯的罪责均很突出，且均具有法定从重处罚情节的，也要尽可能比较其主观恶性、人身危险性方面的差异，判处二人死刑要特别慎重。涉案毒品数量达到巨大以上，二名以上主犯的罪责均很突出，或者罪责稍次的主犯具有法定、重大酌定从重处罚情节，判处二人以上死刑符合罪刑相适应原则，并有利于全案量刑平衡的，可以依法判处。

对于部分共同犯罪人未到案的案件，在案被告人与未到案共同犯罪人均属罪行极其严重，即使共同犯罪人到案也不影响对在案被告人适用死刑的，可以依法判处在案被告人死刑；在案被告人的罪行不足以判处死刑，或者共同犯罪人归案后全案只宜判处其一人死刑的，不能因为共同犯罪人未到案而对在案被告人适用死刑；在案被告人与未到案共同犯罪人的罪责大小难以准确认定，进而影响准确适用死刑的，不应对在案被告人判处死刑。

对于贩卖毒品案件中的上下家，要结合其贩毒数量、次数及对象范围，犯罪的主动性，对促成交易所发挥的作用，犯罪行为的危害后果等因素，综合考虑其主观恶性和人身危险性，慎重、稳妥地决定死刑适用。对于买卖同宗毒品的上下家，涉案毒品数量刚超过实际掌握的死刑数量标准的，一般不能同时判处死刑；上家主动联络销售毒品，积极促成毒品交易的，通常可以判处上家死刑；下家积极筹资，主动向上家约购毒品，对促成毒品交易起更大作用的，可以考虑判处下家死刑。涉案毒品数量达到巨大以上的，也要综合上述因素决定死刑适用，同时判处上下家死刑符合罪刑相适应原则，并有利于全案量刑平衡的，可以依法判处。

一案中有多名共同犯罪人、上下家针对同宗毒品实施犯罪的，可以综合运用上述毒品共同犯罪、上下家犯罪的死刑适用原则予以处理。

办理毒品犯罪案件，应当尽量将共同犯罪案件或者密切关联的上下游案件进行并案审理；因客观原因造成分案处理的，办案时应当及时了解关联案件的审理进展和处理结果，注重量刑平衡。

3. 新类型、混合型毒品犯罪的死刑适用

甲基苯丙胺片剂（俗称“麻古”等）是以甲基苯丙胺为主要毒品成分的混合

型毒品，其甲基苯丙胺含量相对较低，危害性亦有所不同。为体现罚当其罪，甲基苯丙胺片剂的死刑数量标准一般可以按照甲基苯丙胺（冰毒）的2倍左右掌握，具体可以根据当地的毒品犯罪形势和涉案毒品含量等因素确定。

涉案毒品为氯胺酮（俗称“K粉”）的，结合毒品数量、犯罪性质、情节及危害后果等因素，对符合死刑适用条件的被告人可以依法判处死刑。综合考虑氯胺酮的致瘾癖性、滥用范围和危害性等因素，其死刑数量标准一般可以按照海洛因的10倍掌握。

涉案毒品为其他滥用范围和危害性相对较小的新类型、混合型毒品的，一般不宜判处被告人死刑。但对于司法解释、规范性文件明确规定了定罪量刑数量标准，且涉案毒品数量特别巨大，社会危害大，不判处死刑难以体现罚当其罪的，必要时可以判处被告人死刑。

（五）缓刑、财产刑适用及减刑、假释问题

对于毒品犯罪应当从严掌握缓刑适用条件。对于毒品再犯，一般不得适用缓刑。对于不能排除多次贩毒嫌疑的零包贩毒被告人，因认定构成贩卖毒品等犯罪的证据不足而认定为非法持有毒品罪的被告人，实施引诱、教唆、欺骗、强迫他人吸毒犯罪及制毒物品犯罪的被告人，应当严格限制缓刑适用。

办理毒品犯罪案件，应当依法追缴犯罪分子的违法所得，充分发挥财产刑的作用，切实加大对犯罪分子的经济制裁力度。对查封、扣押、冻结的涉案财物及其孳息，经查确属违法所得或者依法应当追缴的其他涉案财物的，如购毒款、供犯罪所用的本人财物、毒品犯罪所得的财物及其收益等，应当判决没收，但法律另有规定的除外。判处罚金刑时，应当结合毒品犯罪的性质、情节、危害后果及被告人的获利情况、经济状况等因素合理确定罚金数额。对于决定并处没收财产的毒品犯罪，判处被告人有期徒刑的，应当按照上述确定罚金数额的原则确定没收个人部分财产的数额；判处无期徒刑的，可以并处没收个人全部财产；判处死缓或者死刑的，应当并处没收个人全部财产。

对于具有毒枭、职业毒犯、累犯、毒品再犯等情节的毒品罪犯，应当从严掌握减刑条件，适当延长减刑起始时间、间隔时间，严格控制减刑幅度，延长实际执行刑期。对于刑法未禁止假释的前述毒品罪犯，应当严格掌握假释条件。

（六）累犯、毒品再犯问题

累犯、毒品再犯是法定从重处罚情节，即使本次毒品犯罪情节较轻，也要体现从严惩处的精神。尤其对于曾因实施严重暴力犯罪被判刑的累犯、刑满释放后短期内又实施毒品犯罪的再犯，以及在缓刑、假释、暂予监外执行期间又实施毒品犯罪的再犯，应当严格体现从重处罚。

对于因同一毒品犯罪前科同时构成累犯和毒品再犯的被告人，在裁判文书中应当同时引用刑法关于累犯和毒品再犯的条款，但在量刑时不得重复予以从重处罚。对于因不同犯罪前科同时构成累犯和毒品再犯的被告人，量刑时的从重处罚幅度一般应大于前述情形。

（七）非法贩卖麻醉药品、精神药品行为的定性问题

行为人向走私、贩卖毒品的犯罪分子或者吸食、注射毒品的人员贩卖国家规定管制的能够使人形成瘾癖的麻醉药品或者精神药品的，以贩卖毒品罪定罪处罚。

行为人出于医疗目的，违反有关药品管理的国家规定，非法贩卖上述麻醉药品或者精神药品，扰乱市场秩序，情节严重的，以非法经营罪定罪处罚。

（二）《全国部分法院审理毒品犯罪案件工作座谈会纪要》（2008年12月1日，法〔2008〕324号）（节选）

一、毒品案件的罪名确定和数量认定问题

刑法第三百四十七条规定的走私、贩卖、运输、制造毒品罪是选择性罪名，对同一宗毒品实施了两种以上犯罪行为并有相应确凿证据的，应当按照所实施的犯罪行为的性质并列确定罪名，毒品数量不重复计算，不实行数罪并罚。对同一宗毒品可能实施了两种以上犯罪行为，但相应证据只能认定其中一种或者几种行为，认定其他行为的证据不够确实充分的，则只按照依法能够认定的行为的性质定罪。如涉嫌为贩卖而运输毒品，认定贩卖的证据不够确实充分的，则只定运输毒品罪。对不同宗毒品分别实施了不同种犯罪行为的，应对不同行为并列确定罪名，累计毒品数量，不实行数罪并罚。对被告人一人走私、贩卖、运输、制造两种以上毒品的，不实行数罪并罚，量刑时可综合考虑毒品的种类、数量及危害，依法处理。

罪名不以行为实施的先后、毒品数量或者危害大小排列，一律以刑法条文规

定的顺序表述。如对同一宗毒品制造后又走私的，以走私、制造毒品罪定罪。下级法院在判决中确定罪名不准确的，上级法院可以减少选择性罪名中的部分罪名或者改动罪名顺序，在不加重原判刑罚的情况下，也可以改变罪名，但不得增加罪名。

对于吸毒者实施的毒品犯罪，在认定犯罪事实和确定罪名时要慎重。吸毒者在购买、运输、存储毒品过程中被查获的，如没有证据证明其是为了实施贩卖等其他毒品犯罪行为，毒品数量未超过刑法第三百四十八条规定的最低数量标准的，一般不定罪处罚；查获毒品数量达到较大以上的，应以其实际实施的毒品犯罪行为定罪处罚。

对于以贩养吸的被告人，其被查获的毒品数量应认定为其犯罪的数量，但量刑时应考虑被告人吸食毒品的情节，酌情处理；被告人购买了一定数量的毒品后，部分已被其吸食的，应当按能够证明的贩卖数量及查获的毒品数量认定其贩毒的数量，已被吸食部分不计入在内。

有证据证明行为人不以牟利为目的，为他人代购仅用于吸食的毒品，毒品数量超过刑法第三百四十八条规定的最低数量标准的，对托购者、代购者应以非法持有毒品罪定罪。代购者从中牟利，变相加价贩卖毒品的，对代购者应以贩卖毒品罪定罪。明知他人实施毒品犯罪而为其居间介绍、代购代卖的，无论是否牟利，都应以相关毒品犯罪的共犯论处。

盗窃、抢夺、抢劫毒品的，应当分别以盗窃罪、抢夺罪或者抢劫罪定罪，但不计犯罪数额，根据情节轻重予以定罪量刑。盗窃、抢夺、抢劫毒品后又实施其他毒品犯罪的，对盗窃罪、抢夺罪、抢劫罪和所犯的具体毒品犯罪分别定罪，依法数罪并罚。走私毒品，又走私其他物品构成犯罪的，以走私毒品罪和其所犯的其他走私罪分别定罪，依法数罪并罚。

二、毒品犯罪的死刑适用问题

审理毒品犯罪案件，应当切实贯彻宽严相济的刑事政策，突出毒品犯罪的打击重点。必须依法严惩毒枭、职业毒犯、再犯、累犯、惯犯、主犯等主观恶性深、人身危险性大、危害严重的毒品犯罪分子，以及具有将毒品走私入境，多次、大量或者向多人贩卖，诱使多人吸毒，武装掩护、暴力抗拒检查、拘留或者逮捕，或者参与有组织的国际贩毒活动等情节的毒品犯罪分子。对其中罪行极其严重依法应当判处死刑的，必须坚决依法判处死刑。

毒品数量是毒品犯罪案件量刑的重要情节，但不是唯一情节。对被告人量刑时，特别是在考虑是否适用死刑时，应当综合考虑毒品数量、犯罪情节、危害后果、被告人的主观恶性、人身危险性以及当地禁毒形势等各种因素，做到区别对待。近期，审理毒品犯罪案件掌握的死刑数量标准，应当结合本地毒品犯罪的实际情况和依法惩治、预防毒品犯罪的需要，并参照最高人民法院复核的毒品死刑案件的典型案例，恰当把握。量刑既不能只片面考虑毒品数量，不考虑犯罪的其他情节，也不能只片面考虑其他情节，而忽视毒品数量。

对虽然已达到实际掌握的判处死刑的毒品数量标准，但是具有法定、酌定从宽处罚情节的被告人，可以不判处死刑；反之，对毒品数量接近实际掌握的判处死刑的数量标准，但具有从重处罚情节的被告人，也可以判处死刑。毒品数量达到实际掌握的死刑数量标准，既有从重处罚情节，又有从宽处罚情节的，应当综合考虑各方面因素决定刑罚，判处死刑立即执行应当慎重。

具有下列情形之一的，可以判处被告人死刑：(1) 具有毒品犯罪集团首要分子、武装掩护毒品犯罪、暴力抗拒检查、拘留或者逮捕、参与有组织的国际贩毒活动等严重情节的；(2) 毒品数量达到实际掌握的死刑数量标准，并具有毒品再犯、累犯，利用、教唆未成年人走私、贩卖、运输、制造毒品，或者向未成年人出售毒品等法定从重处罚情节的；(3) 毒品数量达到实际掌握的死刑数量标准，并具有多次走私、贩卖、运输、制造毒品，向多人贩毒，在毒品犯罪中诱使、容留多人吸毒，在戒毒监管场所贩毒，国家工作人员利用职务便利实施毒品犯罪，或者职业犯、惯犯、主犯等情节的；(4) 毒品数量达到实际掌握的死刑数量标准，并具有其他从重处罚情节的；(5) 毒品数量超过实际掌握的死刑数量标准，且没有法定、酌定从轻处罚情节的。

毒品数量达到实际掌握的死刑数量标准，具有下列情形之一的，可以不判处被告人死刑立即执行：(1) 具有自首、立功等法定从宽处罚情节的；(2) 已查获的毒品数量未达到实际掌握的死刑数量标准，到案后坦白尚未被司法机关掌握的其他毒品犯罪，累计数量超过实际掌握的死刑数量标准的；(3) 经鉴定毒品含量极低，掺假之后的数量才达到实际掌握的死刑数量标准的，或者有证据表明可能大量掺假但因故不能鉴定的；(4) 因特情引诱毒品数量才达到实际掌握的死刑数量标准的；(5) 以贩养吸的被告人，被查获的毒品数量刚达到实际掌握的死刑数量标准的；(6) 毒品数量刚达到实际掌握的死刑数量标准，确属初次犯罪即被查获，未造成严重危害后果的；(7) 共同犯罪毒品数量刚达到实际掌握的死刑数量标准，但各共同犯罪人作用相当，或者责任大小难以区分的；(8) 家庭成员共同实施毒品犯罪，其中起主要作用的被告人已被判处死刑立即执行，其他被告人罪行相对较轻的；(9) 其他不是必须判处死刑立即执行的。

有些毒品犯罪案件，往往由于毒品、毒资等证据已不存在，导致审查证据和认定事实困难。在处理这类案件时，只有被告人的口供与同案其他被告人供述吻合，并且完全排除诱供、逼供、串供等情形，被告人的口供与同案被告人的供述才可以作为定案的证据。仅有被告人口供与同案被告人供述作为定案证据的，对被告人判处死刑立即执行要特别慎重。

三、运输毒品罪的刑罚适用问题

对于运输毒品犯罪，要注意重点打击指使、雇佣他人运输毒品的犯罪分子和接应、接货的毒品所有者、买家或者卖家。对于运输毒品犯罪集团首要分子，组织、指使、雇佣他人运输毒品的主犯或者毒枭、职业毒犯、毒品再犯，以及具有武装掩护、暴力抗拒检查、拘留或者逮捕、参与有组织的国际毒品犯罪、以运输毒品为业、多次运输毒品或者其他严重情节的，应当按照刑法、有关司法解释和司法实践实际掌握的数量标准，从严惩处，依法应判处死刑的必须坚决判处死刑。

毒品犯罪中，单纯的运输毒品行为具有从属性、辅助性特点，且情况复杂多样。部分涉案人员系受指使、雇佣的贫民、边民或者无业人员，只是为了赚取少量运费而为他人运输毒品，他们不是毒品的所有者、买家或者卖家，与幕后的组织、指使、雇佣者相比，在整个毒品犯罪环节中处于从属、辅助和被支配地位，所起作用和主观恶性相对较小，社会危害性也相对较小。因此，对于运输毒品犯罪中的这部分人员，在量刑标准的把握上，应当与走私、贩卖、制造毒品和前述具有严重情节的运输毒品犯罪分子有所区别，不应单纯以涉案毒品数量的大小决定刑罚适用的轻重。

对有证据证明被告人确属受人指使、雇佣参与运输毒品犯罪，又系初犯、偶犯的，可以从轻处罚，即使毒品数量超过实际掌握的死刑数量标准，也可以不判处死刑立即执行。

毒品数量超过实际掌握的死刑数量标准，不能证明被告人系受人指使、雇佣参与运输毒品犯罪的，可以依法判处重刑直至死刑。

涉嫌为贩卖而自行运输毒品，由于认定贩卖毒品的证据不足，因而认定为运输毒品罪的，不同于单纯的受指使为他人运输毒品行为，其量刑标准应当与单纯的运输毒品行为有所区别。

四、制造毒品的认定与处罚问题

鉴于毒品犯罪分子制造毒品的手段复杂多样、不断翻新，采用物理方法加工、配制毒品的情况大量出现，有必要进一步准确界定制造毒品的行为、方法。制造毒品不仅包括非法用毒品原植物直接提炼和用化学方法加工、配制毒品的行为，也包括以改变毒品成分和效用为目的，用混合等物理方法加工、配制毒品的行为，如将甲基苯丙胺或者其他苯丙胺类毒品与其他毒品混合成麻古或者摇头丸。为便于隐蔽运输、销售、使用、欺骗购买者，或者为了增重，对毒品掺杂使假，添加或者去除其他非毒品物质，不属于制造毒品的行为。

已经制成毒品，达到实际掌握的死刑数量标准的，可以判处死刑；数量特别巨大的，应当判处死刑。已经制造出粗制毒品或者半成品的，以制造毒品罪的既遂论处。购进制造毒品的设备和原材料，开始着手制造毒品，但尚未制造出粗制毒品或者半成品的，以制造毒品罪的未遂论处。

五、毒品含量鉴定和混合型、新类型毒品案件处理问题

鉴于大量掺假毒品和成分复杂的新类型毒品不断出现，为做到罪刑相当、罚当其罪，保证毒品案件的审判质量，并考虑目前毒品鉴定的条件和现状，对可能判处被告人死刑的毒品犯罪案件，应当根据最高人民法院、最高人民检察院、公安部 2007 年 12 月颁布的《办理毒品犯罪案件适用法律若干问题的意见》，作出毒品含量鉴定；对涉案毒品可能大量掺假或者系成分复杂的新类型毒品的，亦应当作出毒品含量鉴定。

对于含有二种以上毒品成分的毒品混合物，应进一步作成分鉴定，确定所含

的不同毒品成分及比例。对于毒品中含有海洛因、甲基苯丙胺的，应以海洛因、甲基苯丙胺分别确定其毒品种类；不含海洛因、甲基苯丙胺的，应以其中毒性较大的毒品成分确定其毒品种类；如果毒性相当或者难以确定毒性大小的，以其中比例较大的毒品成分确定其毒品种类，并在量刑时综合考虑其他毒品成分、含量和全案所涉毒品数量。对于刑法、司法解释等已规定了量刑数量标准的毒品，按照刑法、司法解释等规定适用刑罚；对于刑法、司法解释等没有规定量刑数量标准的毒品，有条件折算为海洛因的，参照国家食品药品监督管理局制定的《非法药物折算表》，折算成海洛因的数量后适用刑罚。

对于国家管制的精神药品和麻醉药品，刑法、司法解释等尚未明确规定量刑数量标准，也不具备折算条件的，应由有关专业部门确定涉案毒品毒效的大小、有毒成分的多少、吸毒者对该毒品的依赖程度，综合考虑其致瘾癖性、戒断性、社会危害性等依法量刑。因条件限制不能确定的，可以参考涉案毒品非法交易的价格因素等，决定对被告人适用的刑罚，但一般不宜判处死刑立即执行。

六、特情介入案件的处理问题

运用特情侦破毒品案件，是依法打击毒品犯罪的有效手段。对特情介入侦破的毒品案件，要区别不同情形予以分别处理。

对已持有毒品待售或者有证据证明已准备实施大宗毒品犯罪者，采取特情贴靠、接洽而破获的案件，不存在犯罪引诱，应当依法处理。

行为人本没有实施毒品犯罪的主观意图，而是在特情诱惑和促成下形成犯意，进而实施毒品犯罪的，属于“犯意引诱”。对因“犯意引诱”实施毒品犯罪的被告人，根据罪刑相适应原则，应当依法从轻处罚，无论涉案毒品数量多大，都不应判处死刑立即执行。行为人在特情既为其安排上线，又提供下线的双重引诱，即“双套引诱”下实施毒品犯罪的，处刑时可予以更大幅度的从宽处罚或者依法免予刑事处罚。

行为人本来只有实施数量较小的毒品犯罪的故意，在特情引诱下实施了数量较大甚至达到实际掌握的死刑数量标准的毒品犯罪的，属于“数量引诱”。对因“数量引诱”实施毒品犯罪的被告人，应当依法从轻处罚，即使毒品数量超过实际掌握的死刑数量标准，一般也不判处死刑立即执行。

对不能排除“犯意引诱”和“数量引诱”的案件，在考虑是否对被告人判处死刑立即执行时，要留有余地。

对被告人受特情间接引诱实施毒品犯罪的，参照上述原则依法处理。

七、毒品案件的立功问题

共同犯罪中同案犯的基本情况，包括同案犯姓名、住址、体貌特征、联络方式等信息，属于被告人应当供述的范围。公安机关根据被告人供述抓获同案犯的，不应认定其有立功表现。被告人在公安机关抓获同案犯过程中确实起到协助作用的，例如，经被告人现场指认、辨认抓获了同案犯；被告人带领公安人员抓获了同案犯；被告人提供了不为有关机关掌握或者有关机关按照正常工作程序无法掌握的同案犯藏匿的线索，有关机关据此抓获了同案犯；被告人交代了与同案犯的联系方式，又按要求与对方联络，积极协助公安机关抓获了同案犯等，属于协助司法机关抓获同案犯，应认定为立功。

关于立功从宽处罚的把握，应以功是否足以抵罪为标准。在毒品共同犯罪案件中，毒枭、毒品犯罪集团首要分子、共同犯罪的主犯、职业毒犯、毒品惯犯等，由于掌握同案犯、从犯、马仔的犯罪情况和个人信息，被抓获后往往能协助抓捕同案犯，获得立功或者重大立功。对其是否从宽处罚以及从宽幅度的大小，应当主要看功是否足以抵罪，即应结合被告人罪行的严重程度、立功大小综合考虑。要充分注意毒品共同犯罪人以及上、下家之间的量刑平衡。对于毒枭等严重毒品犯罪分子立功的，从轻或者减轻处罚应当从严掌握。如果其罪行极其严重，只有一般立功表现，功不足以抵罪的，可不予从轻处罚；如果其检举、揭发的是其他犯罪案件中罪行同样严重的犯罪分子，或者协助抓获的是同案中的其他首要分子、主犯，功足以抵罪的，原则上可以从轻或者减轻处罚；如果协助抓获的只是同案中的从犯或者马仔，功不足以抵罪，或者从轻处罚后全案处刑明显失衡的，不予从轻处罚。相反，对于从犯、马仔立功，特别是协助抓获毒枭、首要分子、主犯的，应当从轻处罚，直至依法减轻或者免除处罚。

被告人亲属为了使被告人得到从轻处罚，检举、揭发他人犯罪或者协助司法机关抓捕其他犯罪人的，不能视为被告人立功。同监犯将本人或者他人尚未被司法机关掌握的犯罪事实告知被告人，由被告人检举揭发的，如经查证属实，虽可认定被告人立功，但是否从宽处罚、从宽幅度大小，应与通常的立功有所区别。通过非法手段或者非法途径获取他人犯罪信息，如从国家工作人员处贿买他人犯罪信息，通过律师、看守人员等非法途径获取他人犯罪信息，由被告人检举揭发的，不能认定为立功，也不能作为酌情从轻处罚情节。

八、毒品再犯问题

根据刑法第三百五十六条规定，只要因走私、贩卖、运输、制造、非法持有毒品罪被判过刑，不论是在刑罚执行完毕后，还是在缓刑、假释或者暂予监外执行期间，又犯刑法分则第六章第七节规定的犯罪的，都是毒品再犯，应当从重处罚。

因走私、贩卖、运输、制造、非法持有毒品罪被判刑的犯罪分子，在缓刑、假释或者暂予监外执行期间又犯刑法分则第六章第七节规定的犯罪的，应当在对其所犯新的毒品犯罪适用刑法第三百五十六条从重处罚的规定确定刑罚后，再依法数罪并罚。

对同时构成累犯和毒品再犯的被告人，应当同时引用刑法关于累犯和毒品再犯的条款从重处罚。

九、毒品案件的共同犯罪问题

毒品犯罪中，部分共同犯罪人未到案，如现有证据能够认定已到案被告人为共同犯罪，或者能够认定为主犯或者从犯的，应当依法认定。没有实施毒品犯罪的共同故意，仅在客观上为相互关联的毒品犯罪上下家，不构成共同犯罪，但为了诉讼便利可并案审理。审理毒品共同犯罪案件应当注意以下几个方面的问题：

一是要正确区分主犯和从犯。区分主犯和从犯，应当以各共同犯罪人在毒品共同犯罪中的地位和作用为根据。要从犯意提起、具体行为分工、出资和实际分得毒赃多少以及共犯之间相互关系等方面，比较各个共同犯罪人在共同犯罪中的地位和作用。在毒品共同犯罪中，为主出资者、毒品所有者或者起意、策划、纠集、组织、雇佣、指使他人参与犯罪以及其他起主要作用的是主犯；起次要或者辅助作用的是从犯。受雇佣、受指使实施毒品犯罪的，应根据其在犯罪中实际发挥的作用具体认定为主犯或者从犯。对于确有证据证明在共同犯罪中起次要或者辅助作用的，不能因为其他共同犯罪人未到案而不认定为从犯，甚至将其认定为主犯或者按主犯处罚。只要认定为从犯，无论主犯是否到案，均应依照刑法关于从犯的规定从轻、减轻或者免除处罚。

二是要正确认定共同犯罪案件中主犯和从犯的毒品犯罪数量。对于毒品犯罪集团的首要分子，应按集团毒品犯罪的总数量处罚；对一般共同犯罪的主犯，应按其所参与的或者组织、指挥的毒品犯罪数量处罚；对于从犯，应当按照其所参与的毒品犯罪的数量处罚。

三是要根据行为人在共同犯罪中的作用和罪责大小确定刑罚。不同案件不能简单类比，一个案件的从犯参与犯罪的毒品数量可能比另一案件的主犯参与犯罪的毒品数量大，但对这一案件从犯的处罚不是必然重于另一案件的主犯。共同犯罪中能分清主从犯的，不能因为涉案的毒品数量特别巨大，就不分主从犯而一律将被告人认定为主犯或者实际上都按主犯处罚，一律判处重刑甚至死刑。对于共同犯罪中有多个主犯或者共同犯罪人的，处罚上也应做到区别对待。应当全面考察各主犯或者共同犯罪人在共同犯罪中实际发挥作用的差别，主观恶性和人身危险性方面的差异，对罪责或者人身危险性更大的主犯或者共同犯罪人依法判处更重的刑罚。

十、主观明知的认定问题

毒品犯罪中，判断被告人对涉案毒品是否明知，不能仅凭被告人供述，而应当依据被告人实施毒品犯罪行为的过程、方式、毒品被查获时的情形等证据，结合被告人的年龄、阅历、智力等情况，进行综合分析判断。

具有下列情形之一，被告人不能做出合理解释的，可以认定其“明知”是毒品，但有证据证明确属被蒙骗的除外：（1）执法人员在口岸、机场、车站、港口和其他检查站点检查时，要求行为人申报为他人携带的物品和其他疑似毒品物，并告知其法律责任，而行为人未如实申报，在其携带的物品中查获毒品的；（2）以伪报、藏匿、伪装等蒙蔽手段，逃避海关、边防等检查，在其携带、运输、邮寄的物品中查获毒品的；（3）执法人员检查时，有逃跑、丢弃携带物品或者逃避、抗拒检查等行为，在其携带或者丢弃的物品中查获毒品的；（4）体内或者贴身隐秘处藏匿毒品的；（5）为获取不同寻常的高额、不等值报酬为他人携带、运输物品，从中查获毒品的；（6）采用高度隐蔽的方式携带、运输物品，从中查获毒品的；

(7) 采用高度隐蔽的方式交接物品，明显违背合法物品惯常交接方式，从中查获毒品的；(8) 行程路线故意绕开检查站点，在其携带、运输的物品中查获毒品的；(9) 以虚假身份或者地址办理托运手续，在其托运的物品中查获毒品的；(10) 有其他证据足以认定行为人应当知道的。

十一、毒品案件的管辖问题

毒品犯罪的地域管辖，应当依照刑事诉讼法的有关规定，实行以犯罪地管辖为主、被告人居住地管辖为辅的原则。考虑到毒品犯罪的特殊性和毒品犯罪侦查体制，“犯罪地”不仅可以包括犯罪预谋地、毒资筹集地、交易进行地、运输途经地以及毒品生产地，也包括毒资、毒赃和毒品藏匿地、转移地、走私或者贩运毒品目的地等。“被告人居住地”，不仅包括被告人常住地和户籍所在地，也包括其临时居住地。

对于已进入审判程序的案件，被告人及其辩护人提出管辖异议，经审查异议成立的，或者受案法院发现没有管辖权，而案件由本院管辖更适宜的，受案法院应当报请与有管辖权的法院共同的上级法院依法指定本院管辖。

十二、特定人员参与毒品犯罪问题

近年来，一些毒品犯罪分子为了逃避打击，雇佣孕妇、哺乳期妇女、急性传染病人、残疾人或者未成年人等特定人员进行毒品犯罪活动，成为影响我国禁毒工作成效的突出问题。对利用、教唆特定人员进行毒品犯罪活动的组织、策划、指挥和教唆者，要依法严厉打击，该判处重刑直至死刑的，坚决依法判处重刑直至死刑。对于被利用、被诱骗参与毒品犯罪的特定人员，可以从宽处理。

要积极与检察机关、公安机关沟通协调，妥善解决涉及特定人员的案件管辖、强制措施、刑罚执行等问题。对因特殊情况依法不予羁押的，可以依法采取取保候审、监视居住等强制措施，并根据被告人具体情况和案情变化及时变更强制措施；对于被判处有期徒刑或者拘役的罪犯，符合刑事诉讼法第二百一十四条规定情形的，可以暂予监外执行。

十三、毒品案件财产刑的适用和执行问题

刑法对毒品犯罪规定了并处罚金或者没收财产刑，司法实践中应当依法充分适用。不仅要依法追缴被告人的违法所得及其收益，还要严格依法判处被告人罚金刑或者没收财产刑，不能因为被告人没有财产，或者其财产难以查清、难以分割或者难以执行，就不依法判处财产刑。

要采取有力措施，加大财产刑执行力度。要加强与公安机关、检察机关的协作，对毒品犯罪分子来源不明的巨额财产，依法及时采取查封、扣押、冻结等措施，防止犯罪分子及其亲属转移、隐匿、变卖或者洗钱，逃避依法追缴。要加强不同地区法院之间的相互协作配合。毒品犯罪分子的财产在异地的，第一审人民法院可以委托财产所在地人民法院代为执行。要落实和运用有关国际禁毒公约规定，充分利用国际刑警组织等渠道，最大限度地做好境外追赃工作。

五、其他法规

《关于防范非药用类麻醉药品和精神药品及制毒物品违法犯罪的通告》（2019年8月1日）（节选）

一、根据《中华人民共和国刑法》第350条之规定，严禁任何组织和个人非法生产、买卖、运输醋酸酐、乙醚、三氯甲烷或者其他用于制造毒品的原料、配剂，或者携带上述物品进出境。严禁任何组织和个人明知他人制造毒品而为其生产、买卖、运输前款规定的物品。

二、根据《中华人民共和国刑法》相关规定，明知某种非列管物质将被用于非法制造非药用类麻醉药品或精神药品而仍然为其生产、销售、运输或进出口的，按照制造毒品犯罪共犯论处。

三、根据《中华人民共和国禁毒法》第21条、第22条之规定，严禁任何组织和个人非法生产、买卖、运输、储存、提供、持有、使用麻醉药品、精神药品和易制毒化学品。严禁任何组织和个人走私麻醉药品、精神药品和易制毒化学品。

四、根据《非药用类麻醉药品和精神药品列管办法》之规定，非药用类麻醉药品和精神药品除《非药用类麻醉药品和精神药品管制品种增补目录》中列明的品种外，还包括其可能存在的盐类、旋光异构体及其盐类。

五、根据《易制毒化学品管理条例》第5条之规定，严禁任何组织和个人走私或者非法生产、经营、购买、转让、运输易制毒化学品。严禁使用现金或者实物进行易制毒化学品交易。严禁个人携带易制毒化学品进出境，个人合理自用的药品类复方制剂和高锰酸钾除外。

六、根据《易制毒化学品进出口管理规定》第47条之规定，严禁任何组织和个人未经许可或超出许可范围进出口易制毒化学品，严禁个人携带易制毒化学品进出境，个人合理自用的药品类复方制剂和高锰酸钾除外。

七、邮政、物流、快递企业发现非法邮寄、运输、夹带疑似非药用类麻醉药品或精神药品、易制毒化学品等制毒原料或配剂的，应当立即向公安机关或者海关报告，并配合公安机关或者海关进行调查。邮政、物流、快递企业应当如实记录或者保存上述信息。

八、任何单位或者个人出租、转让其反应釜、离心机、氢气钢瓶等特种设备的，应当如实登记承租或者受让企业、个人信息，并及时将登记信息向所在地县（市、区）安全生产监管部门和公安机关报告。

九、明知某种非药用类麻醉药品和精神药品或制毒物品已在国外被列为毒品或易制毒化学品进行管制而仍然向该国生产、销售、走私的，将可能面临该国执法部门的刑事指控或制裁。

第二章　非法持有毒品罪

【立案追诉标准】

非法持有毒品案（刑法第348条）

明知是毒品而非法持有，涉嫌下列情形之一的，应予立案追诉：

（一）鸦片二百克以上、海洛因或者甲基苯丙胺十克以上；

（二）可卡因十克以上；

（三）3，4-亚甲二氧基甲基苯丙胺（MDMA）等苯丙胺类毒品（甲基苯丙胺除外）、吗啡二十克以上；

（四）芬太尼二十五克以上；

（五）甲卡西酮四十克以上；

（六）二氢埃托啡二毫克以上；

（七）哌替啶（度冷丁）五十克以上；

（八）氯胺酮一百克以上；

（九）美沙酮二百克以上；

（十）曲马多、γ-羟丁酸四百克以上；

（十一）大麻油一千克以上、大麻脂二千克以上、大麻叶及大麻烟三十千克以上；

（十二）可待因、丁丙诺啡一千克以上；

（十三）三唑仑、安眠酮十千克以上；

（十四）阿普唑仑、恰特草二十千克以上；

（十五）咖啡因、罂粟壳四十千克以上；

（十六）巴比妥、苯巴比妥、安钠咖、尼美西泮五十千克以上；

（十七）氯氮卓、艾司唑仑、地西泮、溴西泮一百千克以上；

（十八）上述毒品以外的其他毒品数量较大的。

非法持有两种以上毒品，每种毒品均没有达到本条第一款规定的数量标准，但按前款规定的立案追诉数量比例折算成海洛因后累计相加达到十克以上的，应予立案追诉。

《最高人民检察院、公安部关于公安机关管辖的刑事案件立案追诉标准的规定（三）》（2012 年 5 月 16 日，公通字〔2012〕26 号）；《最高人民法院关于审理毒品犯罪案件适用法律若干问题的解释》（2016 年 1 月 25 日，法释〔2016〕8 号）

【犯罪构成及刑事责任】

非法持有毒品罪，是指明知是鸦片、海洛因、甲基苯丙胺或者其他毒品，而非法持有且数量较大的行为。构成本罪需要具备以下四个要件：

1. 客体要件。非法持有毒品罪侵犯的客体，是国家对毒品的管制和他人的身体健康。

国家禁止任何人非法持有毒品，为此先后颁布了《中华人民共和国药品管理法》《麻醉药品和精神药品管理条例》等一系列的法律、法规。任何单位和个人未经主管部门批准或者许可，持有、保存毒品的行为均违反了国家对毒品管理的规定，行为人非法持有的毒品，随时可能流入社会，危害他人健康，对此为了维护国家对毒品的管制，保护人民群众的身体健康，对非法持有毒品的行为必须予以惩处。

2. 客观要件。非法持有毒品罪客观方面表现为非法持有毒品数量较大的行为。与其他毒品犯罪相比，持有这一行为似乎是最简单的，但在司法实践中表现形式却是极其复杂的。

（1）关于“非法”的理解。非法持有毒品罪的“非法”是指行为人持有毒品的行为，是违反国家毒品管理法律、法规的。1987年11月28日国务院发布的《麻醉药品管理办法》（已失效），1988年12月27日国务院发布的《精神药品管理办法》（已失效），1997年修订的刑法以及《中华人民共和国药品管理法》和《中华人民共和国治安管理处罚法》对毒品的生产、供应、运输、进出口和使用等都作出了严格规定，不按照以上这些法律、法规的规定实施生产、供应、运输、进出口和使用毒品的行为就是违法的。

对于“非法”，我们还可以从以下三个方面进行理解：

①持有人的资格。如果严格按照法律、法规规定持有毒品，即经过有关部门批准，用于医疗、教学、科研等领域的，就是合法的行为，不构成非法持有毒品罪。

②持有毒品的时间或地点。没有法定资格的人持有毒品，无论何时何地都是非法的，但具有合法持有资格的人，也并非在任何时候、任何地点持有毒品都是合法的，超过法律许可的时间或场所、范围而持有毒品的，也是非法的。

③正当审批程序。具有合法持有资格的人持有毒品，必须经过正当的程序获得，如行为人采取不正当的手段获取审批，也只是形式合法而实质违法，同样构成非法持有毒品罪。

持有毒品的合法性，必须贯穿于持有行为的全过程，方可认定。反之，只要在上述三个环节中有一个环节不合法，仍是“非法”，仍足以构成非法持有毒品罪。

（2）关于“持有”的理解。非法持有毒品罪的“持有”是指行为人持有毒品的行为，也就是行为人对毒品的事实上的支配。持有具体表现为占有、携带、藏有或者以其他方法持有支配毒品。

在司法实务中要正确理解“持有”的含义、特点，我们可以从以下五个方面来研讨和判断：

①“持有”对毒品来源无特殊要求。从毒品的来源上说，非法持有毒品罪对毒品的来源没有特别的要求，无论是行为人自己购买、捡拾，还是通过盗窃、抢

夺、抢劫等方式非法占有他人所有的毒品，都构成“持有”。

②“持有”的支配性特征。持有行为的本质特征在于行为人对毒品的实际控制、支配，即毒品处于自己的控制、支配范围。这种控制、支配既包括事实上的控制、支配，即行为人对毒品直接的控制、支配，是一种直接持有，也包括法律上的控制、支配。法律上的控制、支配，是指行为人虽然不直接控制、支配毒品，但却享有控制、支配毒品的权利，有权对毒品作出处分。一般情况下，事实上的控制、支配与法律上的控制、支配是重合的，当两者分离时，应当由具有法律上控制、支配权利的行为人承担非法持有毒品罪的法律责任。

③“持有”的目的。持有毒品必须不以进行走私、贩卖、运输、制造或是窝藏毒品为目的，或者作为其他犯罪的延续。前者如为了贩卖毒品而非法持有，后者如买进毒品为以后贩卖而非法持有。此类对毒品的暂时静态处置行为均不是本罪所说的非法持有行为。非法持有毒品罪是一个兜底性犯罪，只有在不能构成其他犯罪的情况下，持有较大数量毒品的行为才构成非法持有毒品罪。

④不要求单独“持有”。持有可以是单独持有，也可以是共同持有，两人以上共同持有毒品的，也成立持有。持有也不要求具有排他性，可以由多人同时重叠持有。共同持有的成立只需要共同犯罪人实际上共同对毒品享有控制、支配权，并且相互都明知所支配、控制的是毒品。

⑤“持有”的时间。持有行为持续时间长短不影响“持有”行为的成立，只是一种量刑情节，但如果时间过短，不足以说明行为人事实上支配着毒品时，则不能认为是“持有”。

（3）“非法持有”的行为形式。“非法持有”毒品的行为是指违反国家法律和国家主管部门的规定，占有、携带、藏有或者以其他方式持有毒品的行为。

根据相关司法解释及司法解释性文件的规定，非法持有毒品罪的行为包括以下形式：

①吸毒者在购买、存储毒品过程中被查获，没有证据证明其是为了实施贩卖毒品等其他犯罪，毒品数量达到刑法第 348 条规定的最低数量标准的，以非法持有毒品罪定罪处罚。

②有证据证明行为人不是以营利为目的，而是为他人代买仅用于吸食的毒品，

毒品数量超过刑法第 348 条规定的数量最低标准，构成犯罪的，托购者、代购者均构成非法持有毒品罪（《大连会议纪要》）。

③购毒者接收贩毒者通过物流寄递方式交付的毒品，没有证据证明其是为了实施贩卖毒品等其他犯罪，毒品数量达到刑法第 348 条规定的最低数量标准的，一般以非法持有毒品罪定罪处罚。

④代收者明知是物流寄递的毒品而代购毒者接收，没有证据证明其与购毒者有实施贩卖、运输毒品等犯罪的共同故意，毒品数量达到刑法第 348 条规定的最低数量标准的，对代收者以非法持有毒品罪定罪处罚。

⑤受以吸食为目的的购毒者委托，为其介绍联络贩毒者，毒品数量达到刑法第 348 条规定的最低数量标准的，按照《武汉会议纪要》的规定，一般与购毒者构成非法持有毒品罪的共同犯罪。

（4）关于“毒品数量”的理解。非法持有毒品达到一定的数量才构成犯罪，根据刑法第 348 条规定，即非法持有鸦片二百克以上，海洛因或甲基苯丙胺十克以上，或其他毒品数量较大的。这里的其他毒品是指除鸦片、海洛因、甲基苯丙胺这三种最常见的毒品之外的，国家管制的，能使人形成瘾癖的麻醉药品和精神药品，如吗啡、大麻、可卡因等。由于各种毒品的成瘾性及对人身危害性大小在程度上有所不同，因而在规定构成犯罪的起点上有所不同。

3. 主体要件。非法持有毒品罪的主体是一般主体，凡达到刑事责任年龄、具有刑事责任能力的，均可构成。

在把握非法持有毒品罪主体时，有两点值得我们注意：一是本罪为自然人构成的犯罪，单位不能成为本罪的主体。二是已满十四周岁不满十六周岁的人不满足本罪犯罪主体要求，本罪的主体年龄下限是已满十六周岁。理由在于刑法第 17 条第 2 款规定，已满十四周岁，未满十六周岁的人，只对故意杀人、故意伤害致人重伤或者死亡、强奸、抢劫、贩卖毒品、放火、爆炸、投放危险物质罪负刑事责任。

4. 主观要件。非法持有毒品罪的主观方面表现为故意，即要求行为人明知是毒品而非法持有，过失无法构成本罪。当然，这里的故意包括直接故意，也包括间接故意。

从认识因素上看，行为人必须明确认识到其所持有的是毒品，至于毒品的具体名称是什么，准确数量是多少，纯度、价值如何，则不要求行为人确切知道。从意志因素上看，行为人希望或放任非法持有行为的发生。

本罪在主观上要求明知。根据《最高人民检察院、公安部关于公安机关管辖的刑事案件立案追诉标准的规定（三）》的规定，非法持有毒品主观故意中的"明知"，与走私、贩卖、运输毒品的"明知"具有相同规定。即非法持有毒品的主观故意中的"明知"，是指行为人知道或者应当知道所实施的是非法持有毒品行为，结合行为人的供述和其他证据综合审查判断，可以认定其"应当知道"，但有证据证明确属被蒙骗的除外：

（1）执法人员在口岸、机场、车站、港口、邮局和其他检查站点检查时，要求行为人申报携带、运输、寄递的物品和其他疑似毒品物，并告知其法律责任，而行为人未如实申报，在其携带、运输、寄递的物品中查获毒品的；

（2）以伪报、藏匿、伪装等蒙蔽手段逃避海关、边防等检查，在其携带、运输、寄递的物品中查获毒品的；

（3）执法人员检查时，有逃跑、丢弃携带物品或者逃避、抗拒检查等行为，在其携带、藏匿或者丢弃的物品中查获毒品的；

（4）体内或者贴身隐秘处藏匿毒品的；

（5）为获取不同寻常的高额或者不等值的报酬为他人携带、运输、寄递、收取物品，从中查获毒品的；

（6）采用高度隐蔽的方式携带、运输物品，从中查获毒品的；

（7）采用高度隐蔽的方式交接物品，明显违背合法物品惯常交接方式，从中查获毒品的；

（8）行程路线故意绕开检查站点，在其携带、运输的物品中查获毒品的；

（9）以虚假身份、地址或者其他虚假方式办理托运、寄递手续，在托运、寄递的物品中查获毒品的；

（10）有其他证据足以证明行为人应当知道的。

非法持有毒品行为人的动机、目的多种多样，因此故意的具体内容不限。有人认为，非法持有毒品罪的行为人主观上必须具有走私、贩卖、运输、制造毒品的意图才构成犯罪。[①] 我们认为，非法持有毒品范围是针对那些当场查获非法持有数量较大的毒品，行为人拒不说明持有毒品的目的、来源，又没有足够证据证明其犯有走私、贩卖、运输、制造毒品的行为或窝藏毒品的行为，而以非法持有毒品罪定罪量刑。如果司法机关能够查明行为人具有走私、贩卖、运输、制造毒品的目的，则其构成走私、贩卖、运输、制造毒品罪。从司法实务角度而言，很难有证据证明其构成走私、贩卖、运输、制造毒品罪的前提下，行为人持有大宗毒品的行为，本质上需要对行为人主观目的进行一种刑事推定。[②] 这个持有毒品上限可以是一个区间，再赋予法官在这个区间内一定的自由裁量权，因为每一个毒品吸食者的身体状况都不一样，可能随着吸毒时间变长其对毒品的耐受力会不断增强，进而毒品吸食量也会不断增加。法官在审理毒品案件过程中应充分考察毒品的种类、纯度和吸毒人员吸毒时间的长短、毒瘾大小等因素，合理确定其单日吸食量大小。[③] 并根据毒品的买卖价格、供求关系和吸毒人员的经济能力等因素，判断其储存该宗毒品用于后续一段时间的吸食之辩解是否合理，这样既能让持有巨量毒品的行为人受到应得的惩罚，亦能让法官在审判活动中有据可依，有据可考。

当然，实践中还存在行为人代他人保管毒品，持有接受赠与、祖辈流传、捡拾的毒品及为了治病等用途而大量持有毒品的可能性。既然是犯罪推定，其结果确实不具有唯一性，为了避免定性上出现较大的偏差，也应该允许被告人对此类推定提出反证加以推翻，其提出的反证不仅可以针对基础事实，也可以针对推定事实，这就是对上述改良的责任主义中优势证据原则和被告人最后陈述原则的一种贯彻。虽然这种推定模式在一定程度上增加了被告人的举证负担，造成了举证责任倒置，但其实是为了更加行之有效地打击此类持有大量毒品的行为，更好地剔除毒品所带来的社会风险，所以，此种模式确实有其存在必要性和紧迫性。而且这种举证责任倒置在我国刑事司法实践中是有先例可循的，如“巨额财产来源不明罪”的证明责任就归到了被告人身上，该罪需要被告人证明自己的财产来源是合法的，否则就要按照巨额财产来源不明罪定罪处罚。

---

① 汪琪：《非法持有毒品罪主观问题研究》，华东政法大学 2019 年硕士学位论文。

② 张指铭：《论推定在刑事诉讼中的适用》，中国人民公安大学 2017 年硕士学位论文。

③ 李静然：《非法持有毒品罪的司法疑难问题探析》，载《法律适用》2014 年第 9 期。

刑法第 348 条规定：非法持有鸦片一千克以上、海洛因或者甲基苯丙胺五十克以上或者其他毒品数量大的，处七年以上有期徒刑或者无期徒刑，并处罚金；非法持有鸦片二百克以上不满一千克、海洛因或者甲基苯丙胺十克以上不满五十克或者其他毒品数量较大的，处三年以下有期徒刑、拘役或者管制，并处罚金；情节严重的，处三年以上七年以下有期徒刑，并处罚金。

【疑难指导】

非法持有毒品罪，作为走私、贩卖、运输、制造毒品罪的派生犯罪，是一种相较于走私、贩卖、运输、制造毒品罪为轻的犯罪，但在司法实践中，却具有非常重要的补充性作用，是依法惩处毒品犯罪的“兜底条款”，在一定程度上保证了刑法规制的灵活性和严密性，能很好地起到拦截犯罪、保护法益的作用。立法者设置本罪的目的是能够对那些持有毒品而且数量较大，但是因为证据不足而不能按走私、贩卖、运输、制造毒品等罪名定罪处罚的行为人进行规制。从证据角度，也可以将立法意图理解为降低起诉方的举证难度，即构成本罪之后，即便已经掌握的证据不足以以走私、贩卖、运输、制造毒品等重罪对犯罪分子定罪处罚，也可以以非法持有毒品罪将其绳之以法，不至于放纵犯罪分子。而且，本罪也是对吸毒者无罪原则的一种限制，使吸毒者手中的毒品不能大量囤积，一旦达到数量较大，就会构成非法持有毒品罪。非法持有毒品罪是常见的毒品犯罪类型，但在司法认定上存在一些疑难问题。

一、非法持有毒品罪与非罪的区分

非法持有毒品罪与非罪是以非法持有毒品的数量多少作为划分标准的。行为人非法持有毒品达到一定数量便构成犯罪，如果数量少，情节显著轻微，危害不大，不认为是犯罪。

在持有人自己吸食的情况下，如果行为人为吸食而持有鸦片不足二百克、海洛因或者甲基苯丙胺不足十克，应不予追究刑事责任；如果非法持有鸦片超过二百克、海洛因或甲基苯丙胺超过十克，则以非法持有毒品罪论处。

二、非法持有毒品罪与其他毒品犯罪的区分

非法持有毒品罪是毒品犯罪的“兜底条款”，刑法设立非法持有毒品罪，其立法目的在于对那些被查获的行为人，因非法持有数量较大的毒品，但又没有足够证据证明其犯有其他毒品犯罪而设的兜底性罪名。也就是说，非法持有毒品达到较大数量，在没有证据证明行为人存在其他毒品犯罪目的的情形下，应认定为非法持有毒品罪。[①] 如果确有足够证据证明被查获的毒品持有人具有其他毒品犯罪的目的，则应认定构成其他毒品罪。基于非法持有毒品罪的“兜底”性质，其容易与其他毒品犯罪罪名混淆，在司法实务中应该着重注意区分。

（一）非法持有毒品罪与走私、贩卖、运输、制造毒品罪及窝藏毒品罪的区分

行为人实施走私、贩卖、运输、制造、窝藏毒品的行为都是以非法持有毒品为前提的。在司法实践中，有证据能够确认已构成走私、贩卖、运输、制造、窝藏毒品罪中的任何一种罪，即以该罪论处，而不应再认定为非法持有毒品罪。在犯罪分子拒不供认，又无证据认定构成走私、贩卖、运输、制造、窝藏毒品罪中任何一种罪的情况下，才能认定其构成非法持有毒品罪。另外，还需注意的是，构成非法持有毒品罪有法定的数量标准，达不到法定数量标准的只能按违法处理。然而，构成走私、贩卖、运输、制造、窝藏、包庇毒品罪，只要有行为即构成犯罪，无须毒品数量达到较大。

（二）非法持有毒品罪与运输毒品罪的区分

非法持有是一种事实上的支配状态，可以表现为空间上的静态持有，如在家中藏毒，也可以表现为空间上的动态持有[②]，如随身或通过交通工具携带。如果在犯罪嫌疑人的交通工具上查获大量毒品，无充分证据证明行为人持有毒品是为了走私、贩卖、运输、制造的，应认定为非法持有毒品罪，反之可认定为运输毒品罪。

三、持有假毒品的处理

持有假毒品的行为在现实的刑事案件中确实存在。对于行为人持有假毒品这一行为的分析对于司法实践也具有重要的意义。如果行为人非法持有的毒品是假毒品，我们可以根据行为人主观上是否明知其持有的是假毒品，分为两种情况分

---

① 刘宪权：《刑法学》，上海人民出版社2016年版，第745页。

② 古加锦：《非法持有毒品罪相关司法认定疑难问题研析》，载《江苏警察学院学报》2015年第3期。

别处理：

（一）行为人主观上不知道持有的是假毒品

如果行为人主观上不知道其所持有的毒品是假毒品，而误认为是真毒品而进行持有，在无法查清行为人是为了走私、贩卖、运输、制造毒品而持有，或为他人窝藏、转移毒品而持有的情况下，这种认识上的错误属于事实认识错误，不影响犯罪的成立，因此应对行为人以非法持有毒品罪（未遂）论处。

（二）行为人明知是假毒品而持有

行为人明知是假毒品而故意持有的，根据其目的的不同，主要可以分为两种情况：一是行为人明知是假毒品而持有，但不是以贩卖等为目的，而是出于其他目的，如好奇或向他人炫耀吹嘘展示自己的假毒品，由于缺乏犯罪构成要件，不构成非法持有毒品罪；二是行为人明知是假毒品而持有，其持有假毒品是为了冒充真毒品向他人出卖以牟利，符合诈骗罪的犯罪构成，应以诈骗罪定罪处罚。

四、以贩养吸者持有毒品的行为认定

以贩养吸是指贩卖毒品又吸食毒品，并且以贩卖毒品所得作为其吸食毒品的主要经济来源。在以贩养吸的情况下，存在吸食毒品的行为、贩卖毒品的行为，其都必须以非法持有毒品为前提。

对于吸食毒品行为及吸食者贩卖毒品问题，刑法具体条文中没有将吸食毒品的行为规定为犯罪，吸食者买进毒品后又全部卖出的行为构成贩卖毒品罪。问题的重点是在行为人买进毒品后，吸食了一部分，卖掉了一部分，手中还持有一部分毒品的情况下，持有的那部分毒品该怎么处理？是构成非法持有毒品罪还是贩卖毒品罪？《大连会议纪要》指出“……吸毒者在购买、运输、存储毒品过程中被查获的，如没有证据证明其是为了实施贩卖等其他毒品犯罪行为，毒品数量未超过刑法第三百四十八条规定的最低数量标准的，一般不定罪处罚；查获毒品数量达到较大以上的，应以其实际实施的毒品犯罪行为定罪处罚”。由此可知，对以贩养吸者存储毒品的行为应区别对待：有证据证明行为人实施了贩卖毒品行为的，应以贩卖毒品罪论处；没有证据证明行为人实施了贩卖毒品的行为，且查获的毒品数量不大，未达到刑法第 348 条规定的最低数量标准的，不构成犯罪；虽然没有证据证明其实施了贩卖毒品罪，但查获的毒品数量达到较大以上的，应以其实际实施的毒品犯罪行为定罪处罚，上文所提情形，应以非法持有毒品罪定罪处罚。

五、盗窃、抢夺、抢劫行为附带获取毒品的处理

行为人在实施盗窃、抢夺、抢劫他人财物时附带获取毒品，如果来不及清理赃物或不知犯罪所得中有毒品的，应按盗窃罪、抢夺罪或抢劫罪定罪处罚；如果明知获取的赃物中有毒品而非法持有的，应按盗窃罪、抢夺罪或抢劫罪和非法持有毒品罪数罪并罚；如果事先明知他人有毒品而实施盗窃、抢夺、抢劫行为得手后又非法持有的，应以非法持有毒品罪认定。总之，应根据其法律特征划清一罪与数罪的界限。

六、非法持有毒品罪量刑标准

依照刑法为本罪设定的三个量刑档，每个量刑格所对应的量刑标准、情形分别为：

（一）七年以上有期徒刑或者无期徒刑，并处罚金

其对应的量刑情节为非法持有鸦片一千克以上，海洛因或者甲基苯丙胺五十克以上或者其他毒品数量大的。根据2016年《最高人民法院关于审理毒品犯罪案件适用法律若干问题的解释》，“其他毒品数量大”包括：

1. 可卡因五十克以上；

2. 3，4-亚甲二氧基甲基苯丙胺（MDMA）等苯丙胺类毒品（甲基苯丙胺除外）、吗啡一百克以上；

3. 芬太尼一百二十五克以上；

4. 甲卡西酮二百克以上；

5. 二氢埃托啡十毫克以上；

6. 哌替啶（度冷丁）二百五十克以上；

7. 氯胺酮五百克以上；

8. 美沙酮一千克以上；

9. 曲马多、γ-羟丁酸二千克以上；

10. 大麻油五千克、大麻脂十千克、大麻叶及大麻烟一百五十千克以上；

11. 可待因、丁丙诺啡五千克以上；

12. 三唑仑、安眠酮五十千克以上；

13. 阿普唑仑、恰特草一百千克以上；

14. 咖啡因、罂粟壳二百千克以上；

15. 巴比妥、苯巴比妥、安钠咖、尼美西泮二百五十千克以上；

16. 氯氮卓、艾司唑仑、地西泮、溴西泮五百千克以上；

17. 上述毒品以外的其他毒品数量大的。

（二）三年以上七年以下有期徒刑，并处罚金

其对应的量刑情节为非法持有鸦片二百克以上不满一千克、海洛因或者甲基苯丙胺十克以上不满五十克或者其他毒品数量较大且情节严重的。需要同时满足两个条件：一是“非法持有毒品数量较大”，二是“情节严重”。

1. 非法持有毒品数量较大

刑法规定，非法持有鸦片二百克以上不满一千克、海洛因或者甲基苯丙胺十克以上不满五十克或者其他毒品数量较大。根据2016年《最高人民法院关于审理毒品犯罪案件适用法律若干问题的解释》的规定，“其他毒品数量较大”包括：

（1）可卡因十克以上不满五十克；

（2）3，4-亚甲二氧基甲基苯丙胺（MDMA）等苯丙胺类毒品（甲基苯丙胺除外）、吗啡二十克以上不满一百克；

（3）芬太尼二十五克以上不满一百二十五克；

（4）甲卡西酮四十克以上不满二百克；

（5）二氢埃托啡二毫克以上不满十毫克；

（6）哌替啶（度冷丁）五十克以上不满二百五十克；

（7）氯胺酮一百克以上不满五百克；

（8）美沙酮二百克以上不满一千克；

（9）曲马多、γ-羟丁酸四百克以上不满二千克；

（10）大麻油一千克以上不满五千克、大麻脂二千克以上不满十千克、大麻叶及大麻烟三十千克以上不满一百五十千克；

（11）可待因、丁丙诺啡一千克以上不满五千克；

（12）三唑仑、安眠酮十千克以上不满五十千克；

（13）阿普唑仑、恰特草二十千克以上不满一百千克；

（14）咖啡因、罂粟壳四十千克以上不满二百千克；

（15）巴比妥、苯巴比妥、安钠咖、尼美西泮五十千克以上不满二百五十千克；

（16）氯氮卓、艾司唑仑、地西泮、溴西泮一百千克以上不满五百千克；

（17）上述毒品以外的其他毒品数量较大的。

2. 情节严重

根据2016年《最高人民法院关于审理毒品犯罪案件适用法律若干问题的解释》的规定，下列情形属于“情节严重”：

（1）在戒毒场所、监管场所非法持有毒品的；

（2）利用、教唆未成年人非法持有毒品的；

（3）国家工作人员非法持有毒品的；

（4）其他情节严重的情形。

（三）三年以下有期徒刑、拘役或者管制，并处罚金

其量刑情节仅为非法持有毒品数量较大，根据2016年《最高人民法院关于审理毒品犯罪案件适用法律若干问题的解释》的规定，“其他毒品数量较大”包括：

1. 可卡因十克以上不满五十克；

2. 3，4-亚甲二氧基甲基苯丙胺（MDMA）等苯丙胺类毒品（甲基苯丙胺除外）、吗啡二十克以上不满一百克；

3. 芬太尼二十五克以上不满一百二十五克；

4. 甲卡西酮四十克以上不满二百克；

5. 二氢埃托啡二毫克以上不满十毫克；

6. 哌替啶（度冷丁）五十克以上不满二百五十克；

7. 氯胺酮一百克以上不满五百克；

8. 美沙酮二百克以上不满一千克；

9. 曲马多、γ-羟丁酸四百克以上不满二千克；

10. 大麻油一千克以上不满五千克、大麻脂二千克以上不满十千克、大麻叶及大麻烟三十千克以上不满一百五十千克；

11. 可待因、丁丙诺啡一千克以上不满五千克；

12. 三唑仑、安眠酮十千克以上不满五十千克；

13. 阿普唑仑、恰特草二十千克以上不满一百千克；

14. 咖啡因、罂粟壳四十千克以上不满二百千克；

15. 巴比妥、苯巴比妥、安钠咖、尼美西泮五十千克以上不满二百五十千克；

16. 氯氮卓、艾司唑仑、地西泮、溴西泮一百千克以上不满五百千克；

17. 上述毒品以外的其他毒品数量较大的。

【办案依据】

一、刑法规定

第三百四十八条 非法持有鸦片一千克以上、海洛因或者甲基苯丙胺五十克以上或者其他毒品数量大的，处七年以上有期徒刑或者无期徒刑，并处罚金；非法持有鸦片二百克以上不满一千克、海洛因或者甲基苯丙胺十克以上不满五十克或者其他毒品数量较大的，处三年以下有期徒刑、拘役或者管制，并处罚金；情节严重的，处三年以上七年以下有期徒刑，并处罚金。

二、司法解释

（一）《最高人民检察院关于〈非药用类麻醉药品和精神药品管制品种增补目录〉能否作为认定毒品依据的批复》（2019年4月30日，高检发释字〔2019〕2号）（节选）

内容详见本书第一章“办案依据”部分。

（二）《最高人民法院关于审理毒品犯罪案件适用法律若干问题的解释》（2016年4月11日，法释〔2016〕8号）（节选）

第一条 走私、贩卖、运输、制造、非法持有下列毒品，应当认定为刑法第三百四十七条第二款第一项、第三百四十八条规定的“其他毒品数量大”：

（一）可卡因五十克以上；

（二）3，4-亚甲二氧基甲基苯丙胺（MDMA）等苯丙胺类毒品（甲基苯丙胺除外）、吗啡一百克以上；

（三）芬太尼一百二十五克以上；

（四）甲卡西酮二百克以上；

（五）二氢埃托啡十毫克以上；

（六）哌替啶（度冷丁）二百五十克以上；

（七）氯胺酮五百克以上；

（八）美沙酮一千克以上；

（九）曲马多、γ-羟丁酸二千克以上；

（十）大麻油五千克、大麻脂十千克、大麻叶及大麻烟一百五十千克以上；

（十一）可待因、丁丙诺啡五千克以上；

（十二）三唑仑、安眠酮五十千克以上；

（十三）阿普唑仑、恰特草一百千克以上；

（十四）咖啡因、罂粟壳二百千克以上；

（十五）巴比妥、苯巴比妥、安钠咖、尼美西泮二百五十千克以上；

（十六）氯氮卓、艾司唑仑、地西泮、溴西泮五百千克以上；

（十七）上述毒品以外的其他毒品数量大的。

国家定点生产企业按照标准规格生产的麻醉药品或者精神药品被用于毒品犯罪的，根据药品中毒品成分的含量认定涉案毒品数量。

第二条 走私、贩卖、运输、制造、非法持有下列毒品，应当认定为刑法第三百四十七条第三款、第三百四十八条规定的“其他毒品数量较大”：

（一）可卡因十克以上不满五十克；

（二）3，4-亚甲二氧基甲基苯丙胺（MDMA）等苯丙胺类毒品（甲基苯丙胺除外）、吗啡二十克以上不满一百克；

（三）芬太尼二十五克以上不满一百二十五克；

（四）甲卡西酮四十克以上不满二百克；

（五）二氢埃托啡二毫克以上不满十毫克；

（六）哌替啶（度冷丁）五十克以上不满二百五十克；

（七）氯胺酮一百克以上不满五百克；

（八）美沙酮二百克以上不满一千克；

（九）曲马多、γ-羟丁酸四百克以上不满二千克；

（十）大麻油一千克以上不满五千克、大麻脂二千克以上不满十千克、大麻叶及大麻烟三十千克以上不满一百五十千克；

（十一）可待因、丁丙诺啡一千克以上不满五千克；

（十二）三唑仑、安眠酮十千克以上不满五十千克；

（十三）阿普唑仑、恰特草二十千克以上不满一百千克；

（十四）咖啡因、罂粟壳四十千克以上不满二百千克；

（十五）巴比妥、苯巴比妥、安钠咖、尼美西泮五十千克以上不满二百五十千克；

（十六）氯氮卓、艾司唑仑、地西泮、溴西泮一百千克以上不满五百千克；

（十七）上述毒品以外的其他毒品数量较大的。

第五条 非法持有毒品达到刑法第三百四十八条或者本解释第二条规定的“数量较大”标准，且具有下列情形之一的，应当认定为刑法第三百四十八条规定的“情节严重”：

（一）在戒毒场所、监管场所非法持有毒品的；

（二）利用、教唆未成年人非法持有毒品的；

（三）国家工作人员非法持有毒品的；

（四）其他情节严重的情形。

三、司法文件

《办理毒品犯罪案件毒品提取、扣押、称量、取样和送检程序若干问题的规定》（2016年5月24日，公禁毒〔2016〕511号）（节选）

内容详见本书第一章“办案依据”部分。

四、会议纪要

（一）《全国法院毒品犯罪审判工作座谈会纪要》（2015年5月18日，法〔2015〕129号）（节选）

二、关于毒品犯罪法律适用的若干具体问题

会议认为，2008年印发的《全国部分法院审理毒品犯罪案件工作座谈会纪要》（以下简称《大连会议纪要》）较好地解决了办理毒品犯罪案件面临的一些突出法律适用问题，其中大部分规定在当前的审判实践中仍有指导意义，应当继续参照执行。同时，随着毒品犯罪形势的发展变化，近年来出现了一些新情况、新问题，需要加以研究解决。与会代表对审判实践中反映较为突出，但《大连会议纪要》没有作出规定，或者规定不尽完善的毒品犯罪法律适用问题进行了认真研究讨论，就下列问题取得了共识。

（一）罪名认定问题

贩毒人员被抓获后，对于从其住所、车辆等处查获的毒品，一般均应认定为其贩卖的毒品。确有证据证明查获的毒品并非贩毒人员用于贩卖，其行为另构成非法持有毒品罪、窝藏毒品罪等其他犯罪的，依法定罪处罚。

吸毒者在购买、存储毒品过程中被查获，没有证据证明其是为了实施贩卖毒品等其他犯罪，毒品数量达到刑法第三百四十八条规定的最低数量标准的，以非法持有毒品罪定罪处罚。吸毒者在运输毒品过程中被查获，没有证据证明其是为了实施贩卖毒品等其他犯罪，毒品数量达到较大以上的，以运输毒品罪定罪处罚。

行为人为吸毒者代购毒品，在运输过程中被查获，没有证据证明托购者、代购者是为了实施贩卖毒品等其他犯罪，毒品数量达到较大以上的，对托购者、代购者以运输毒品罪的共犯论处。行为人为他人代购仅用于吸食的毒品，在交通、食宿等必要开销之外收取"介绍费"、"劳务费"，或者以贩卖为目的收取部分毒品作为酬劳的，应视为从中牟利，属于变相加价贩卖毒品，以贩卖毒品罪定罪处罚。

购毒者接收贩毒者通过物流寄递方式交付的毒品，没有证据证明其是为了实施贩卖毒品等其他犯罪，毒品数量达到刑法第三百四十八条规定的最低数量标准的，一般以非法持有毒品罪定罪处罚。代收者明知是物流寄递的毒品而代购毒者接收，没有证据证明其与购毒者有实施贩卖、运输毒品等犯罪的共同故意，毒品数量达到刑法第三百四十八条规定的最低数量标准的，对代收者以非法持有毒品罪定罪处罚。

行为人利用信息网络贩卖毒品、在境内非法买卖用于制造毒品的原料或者配剂、传授制造毒品等犯罪的方法，构成贩卖毒品罪、非法买卖制毒物品罪、传授犯罪方法罪等犯罪的，依法定罪处罚。行为人开设网站、利用网络聊天室等组织他人共同吸毒，构成引诱、教唆、欺骗他人吸毒罪等犯罪的，依法定罪处罚。

（二）共同犯罪认定问题

办理贩卖毒品案件，应当准确认定居间介绍买卖毒品行为，并与居中倒卖毒品行为相区别。居间介绍者在毒品交易中处于中间人地位，发挥介绍联络作用，通常与交易一方构成共同犯罪，但不以牟利为要件；居中倒卖者属于毒品交易主体，与前后环节的交易对象是上下家关系，直接参与毒品交易并从中获利。居间介绍者受贩毒者委托，为其介绍联络购毒者的，与贩毒者构成贩卖毒品罪的共同犯罪；明知购毒者以贩卖为目的购买毒品，受委托为其介绍联络贩毒者的，与购毒者构成贩卖毒品罪的共同犯罪；受以吸食为目的的购毒者委托，为其介绍联络贩毒者，毒品数量达到刑法第三百四十八条规定的最低数量标准的，一般与购毒者构成非法持有毒品罪的共同犯罪；同时与贩毒者、购毒者共谋，联络促成双方交易的，通常认定与贩毒者构成贩卖毒品罪的共同犯罪。居间介绍者实施为毒品交易主体提供交易信息、介绍交易对象等帮助行为，对促成交易起次要、辅助作用的，应当认定为从犯；对于以居间介绍者的身份介入毒品交易，但在交易中超出居间介绍者的地位，对交易的发起和达成起重要作用的被告人，可以认定为主犯。

两人以上同行运输毒品的，应当从是否明知他人带有毒品，有无共同运输毒品的意思联络，有无实施配合、掩护他人运输毒品的行为等方面综合审查认定是否构成共同犯罪。受雇于同一雇主同行运输毒品，但受雇者之间没有共同犯罪故意，或者虽然明知他人受雇运输毒品，但各自的运输行为相对独立，既没有实施配合、掩护他人运输毒品的行为，又分别按照各自运输的毒品数量领取报酬的，不应认定为共同犯罪。受雇于同一雇主分段运输同一宗毒品，但受雇者之间没有犯罪共谋的，也不应认定为共同犯罪。雇用他人运输毒品的雇主，及其他对受雇者起到一定组织、指挥作用的人员，与各受雇者分别构成运输毒品罪的共同犯罪，对运输的全部毒品数量承担刑事责任。

（三）毒品数量认定问题

走私、贩卖、运输、制造、非法持有两种以上毒品的，可以将不同种类的毒品分别折算为海洛因的数量，以折算后累加的毒品总量作为量刑的根据。对于刑法、司法解释或者其他规范性文件明确规定了定罪量刑数量标准的毒品，应当按照该毒品与海洛因定罪量刑数量标准的比例进行折算后累加。对于刑法、司法解释及其他规范性文件没有规定定罪量刑数量标准，但《非法药物折算表》规定了与海洛因的折算比例的毒品，可以按照《非法药物折算表》折算为海洛因后进行累加。对于既未规定定罪量刑数量标准，又不具备折算条件的毒品，综合考虑其致瘾癖性、社会危害性、数量、纯度等因素依法量刑。在裁判文书中，应当客观表述涉案毒品的种类和数量，并综合认定为数量大、数量较大或者少量毒品等，不明确表述将不同种类毒品进行折算后累加的毒品总量。

对于未查获实物的甲基苯丙胺片剂（俗称"麻古"等）、MDMA片剂（俗称"摇头丸"）等混合型毒品，可以根据在案证据证明的毒品粒数，参考本案或者本地区查获的同类毒品的平均重量计算出毒品数量。在裁判文书中，应当客观表述根据在案证据认定的毒品粒数。

对于有吸毒情节的贩毒人员，一般应当按照其购买的毒品数量认定其贩卖毒品的数量，量刑时酌情考虑其吸食毒品的情节；购买的毒品数量无法查明的，按照能够证明的贩卖数量及查获的毒品数量认定其贩毒数量；确有证据证明其购买的部分毒品并非用于贩卖的，不应计入其贩毒数量。

办理毒品犯罪案件，无论毒品纯度高低，一般均应将查证属实的毒品数量认定为毒品犯罪的数量，并据此确定适用的法定刑幅度，但司法解释另有规定或者为了隐蔽运输而临时改变毒品常规形态的除外。涉案毒品纯度明显低于同类毒品的正常纯度的，量刑时可以酌情考虑。

制造毒品案件中，毒品成品、半成品的数量应当全部认定为制造毒品的数量，对于无法再加工出成品、半成品的废液、废料则不应计入制造毒品的数量。对于废液、废料的认定，可以根据其毒品成分的含量、外观形态，结合被告人对制毒过程的供述等证据进行分析判断，必要时可以听取鉴定机构的意见。

（四）死刑适用问题

当前，我国毒品犯罪形势严峻，审判工作中应当继续坚持依法从严惩处毒品犯罪的指导思想，充分发挥死刑对于预防和惩治毒品犯罪的重要作用。要继续按照《大连会议纪要》的要求，突出打击重点，对罪行极其严重、依法应当判处死刑的被告人，坚决依法判处。同时，应当全面、准确贯彻宽严相济刑事政策，体现区别对待，做到罚当其罪，量刑时综合考虑毒品数量、犯罪性质、情节、危害后果、被告人的主观恶性、人身危险性及当地的禁毒形势等因素，严格审慎地决定死刑适用，确保死刑只适用于极少数罪行极其严重的犯罪分子。

1. 运输毒品犯罪的死刑适用

对于运输毒品犯罪，应当继续按照《大连会议纪要》的有关精神，重点打击运输毒品犯罪集团首要分子，组织、指使、雇用他人运输毒品的主犯或者毒枭、职业毒犯、毒品再犯，以及具有武装掩护运输毒品、以运输毒品为业、多次运输毒品等严重情节的被告人，对其中依法应当判处死刑的，坚决依法判处。

对于受人指使、雇用参与运输毒品的被告人，应当综合考虑毒品数量、犯罪次数、犯罪的主动性和独立性、在共同犯罪中的地位作用、获利程度和方式及其主观恶性、人身危险性等因素，予以区别对待，慎重适用死刑。对于有证据证明确属受人指使、雇用运输毒品，又系初犯、偶犯的被告人，即使毒品数量超过实际掌握的死刑数量标准，也可以不判处死刑；尤其对于其中被动参与犯罪，从属性、辅助性较强，获利程度较低的被告人，一般不应当判处死刑。对于不能排除受人指使、雇用初次运输毒品的被告人，毒品数量超过实际掌握的死刑数量标准，但尚不属数量巨大的，一般也可以不判处死刑。

一案中有多人受雇运输毒品的，在决定死刑适用时，除各被告人运输毒品的数量外，还应结合其具体犯罪情节、参与犯罪程度、与雇用者关系的紧密性及其主观恶性、人身危险性等因素综合考虑，同时判处二人以上死刑要特别慎重。

2. 毒品共同犯罪、上下家犯罪的死刑适用

毒品共同犯罪案件的死刑适用应当与该案的毒品数量、社会危害及被告人的犯罪情节、主观恶性、人身危险性相适应。涉案毒品数量刚超过实际掌握的死刑数量标准，依法应当适用死刑的，要尽量区分主犯间的罪责大小，一般只对其中罪责最大的一名主犯判处死刑；各共同犯罪人地位作用相当，或者罪责大小难以区分的，可以不判处被告人死刑；二名主犯的罪责均很突出，且均具有法定从重处罚情节的，也要尽可能比较其主观恶性、人身危险性方面的差异，判处二人死刑要特别慎重。涉案毒品数量达到巨大以上，二名以上主犯的罪责均很突出，或者罪责稍次的主犯具有法定、重大酌定从重处罚情节，判处二人以上死刑符合罪

刑相适应原则，并有利于全案量刑平衡的，可以依法判处。

对于部分共同犯罪人未到案的案件，在案被告人与未到案共同犯罪人均属罪行极其严重，即使共同犯罪人到案也不影响对在案被告人适用死刑的，可以依法判处在案被告人死刑；在案被告人的罪行不足以判处死刑，或者共同犯罪人归案后全案只宜判处其一人死刑的，不能因为共同犯罪人未到案而对在案被告人适用死刑；在案被告人与未到案共同犯罪人的罪责大小难以准确认定，进而影响准确适用死刑的，不应对在案被告人判处死刑。

对于贩卖毒品案件中的上下家，要结合其贩毒数量、次数及对象范围，犯罪的主动性，对促成交易所发挥的作用，犯罪行为的危害后果等因素，综合考虑其主观恶性和人身危险性，慎重、稳妥地决定死刑适用。对于买卖同宗毒品的上下家，涉案毒品数量刚超过实际掌握的死刑数量标准的，一般不能同时判处死刑；上家主动联络销售毒品，积极促成毒品交易的，通常可以判处上家死刑；下家积极筹资，主动向上家约购毒品，对促成毒品交易起更大作用的，可以考虑判处下家死刑。涉案毒品数量达到巨大以上的，也要综合上述因素决定死刑适用，同时判处上下家死刑符合罪刑相适应原则，并有利于全案量刑平衡的，可以依法判处。

一案中有多名共同犯罪人、上下家针对同宗毒品实施犯罪的，可以综合运用上述毒品共同犯罪、上下家犯罪的死刑适用原则予以处理。

办理毒品犯罪案件，应当尽量将共同犯罪案件或者密切关联的上下游案件进行并案审理；因客观原因造成分案处理的，办案时应当及时了解关联案件的审理进展和处理结果，注重量刑平衡。

3. 新类型、混合型毒品犯罪的死刑适用

甲基苯丙胺片剂（俗称“麻古”等）是以甲基苯丙胺为主要毒品成分的混合型毒品，其甲基苯丙胺含量相对较低，危害性亦有所不同。为体现罚当其罪，甲基苯丙胺片剂的死刑数量标准一般可以按照甲基苯丙胺（冰毒）的2倍左右掌握，具体可以根据当地的毒品犯罪形势和涉案毒品含量等因素确定。

涉案毒品为氯胺酮（俗称“K粉”）的，结合毒品数量、犯罪性质、情节及危害后果等因素，对符合死刑适用条件的被告人可以依法判处死刑。综合考虑氯胺酮的致瘾癖性、滥用范围和危害性等因素，其死刑数量标准一般可以按照海洛因的10倍掌握。

涉案毒品为其他滥用范围和危害性相对较小的新类型、混合型毒品的，一般不宜判处被告人死刑。但对于司法解释、规范性文件明确规定了定罪量刑数量标准，且涉案毒品数量特别巨大，社会危害大，不判处死刑难以体现罚当其罪的，必要时可以判处被告人死刑。

（五）缓刑、财产刑适用及减刑、假释问题

对于毒品犯罪应当从严掌握缓刑适用条件。对于毒品再犯，一般不得适用缓刑。对于不能排除多次贩毒嫌疑的零包贩毒被告人，因认定构成贩卖毒品等犯罪的证据不足而认定为非法持有毒品罪的被告人，实施引诱、教唆、欺骗、强迫他人吸毒犯罪及制毒物品犯罪的被告人，应当严格限制缓刑适用。

办理毒品犯罪案件，应当依法追缴犯罪分子的违法所得，充分发挥财产刑的作用，切实加大对犯罪分子的经济制裁力度。对查封、扣押、冻结的涉案财物及其孳息，经查确属违法所得或者依法应当追缴的其他涉案财物的，如购毒款、供犯罪所用的本人财物、毒品犯罪所得的财物及其收益等，应当判决没收，但法律另有规定的除外。判处罚金刑时，应当结合毒品犯罪的性质、情节、危害后果及被告人的获利情况、经济状况等因素合理确定罚金数额。对于决定并处没收财产的毒品犯罪，判处被告人有期徒刑的，应当按照上述确定罚金数额的原则确定没收个人部分财产的数额；判处无期徒刑的，可以并处没收个人全部财产；判处死缓或者死刑的，应当并处没收个人全部财产。

对于具有毒枭、职业毒犯、累犯、毒品再犯等情节的毒品罪犯，应当从严掌握减刑条件，适当延长减刑起始时间、间隔时间，严格控制减刑幅度，延长实际执行刑期。对于刑法未禁止假释的前述毒品罪犯，应当严格掌握假释条件。

（六）累犯、毒品再犯问题

累犯、毒品再犯是法定从重处罚情节，即使本次毒品犯罪情节较轻，也要体现从严惩处的精神。尤其对于曾因实施严重暴力犯罪被判刑的累犯、刑满释放后短期内又实施毒品犯罪的再犯，以及在缓刑、假释、暂予监外执行期间又实施毒品犯罪的再犯，应当严格体现从重处罚。

对于因同一毒品犯罪前科同时构成累犯和毒品再犯的被告人，在裁判文书中应当同时引用刑法关于累犯和毒品再犯的条款，但在量刑时不得重复予以从重处罚。对于因不同犯罪前科同时构成累犯和毒品再犯的被告人，量刑时的从重处罚幅度一般应大于前述情形。

（二）《全国部分法院审理毒品犯罪案件工作座谈会纪要》（2008年12月1日，法〔2008〕324号）（节选）

一、毒品案件的罪名确定和数量认定问题

刑法第三百四十七条规定的走私、贩卖、运输、制造毒品罪是选择性罪名，对同一宗毒品实施了两种以上犯罪行为并有相应确凿证据的，应当按照所实施的犯罪行为的性质并列确定罪名，毒品数量不重复计算，不实行数罪并罚。对同一宗毒品可能实施了两种以上犯罪行为，但相应证据只能认定其中一种或者几种行为，认定其他行为的证据不够确实充分的，则只按照依法能够认定的行为的性质定罪。如涉嫌为贩卖而运输毒品，认定贩卖的证据不够确实充分的，则只定运输毒品罪。对不同宗毒品分别实施了不同种犯罪行为的，应对不同行为并列确定罪名，累计毒品数量，不实行数罪并罚。对被告人一人走私、贩卖、运输、制造两种以上毒品的，不实行数罪并罚，量刑时可综合考虑毒品的种类、数量及危害，依法处理。

罪名不以行为实施的先后、毒品数量或者危害大小排列，一律以刑法条文规定的顺序表述。如对同一宗毒品制造后又走私的，以走私、制造毒品罪定罪。下级法院在判决中确定罪名不准确的，上级法院可以减少选择性罪名中的部分罪名或者改动罪名顺序，在不加重原判刑罚的情况下，也可以改变罪名，但不得增加罪名。

对于吸毒者实施的毒品犯罪，在认定犯罪事实和确定罪名时要慎重。吸毒者在购买、运输、存储毒品过程中被查获的，如没有证据证明其是为了实施贩卖等其他毒品犯罪行为，毒品数量未超过刑法第三百四十八条规定的最低数量标准的，一般不定罪处罚；查获毒品数量达到较大以上的，应以其实际实施的毒品犯罪行为定罪处罚。

对于以贩养吸的被告人，其被查获的毒品数量应认定为其犯罪的数量，但量刑时应考虑被告人吸食毒品的情节，酌情处理；被告人购买了一定数量的毒品后，部分已被其吸食的，应当按能够证明的贩卖数量及查获的毒品数量认定其贩毒的数量，已被吸食部分不计入在内。

有证据证明行为人不以牟利为目的，为他人代购仅用于吸食的毒品，毒品数量超过刑法第三百四十八条规定的最低数量标准的，对托购者、代购者应以非法持有毒品罪定罪。代购者从中牟利，变相加价贩卖毒品的，对代购者应以贩卖毒品罪定罪。明知他人实施毒品犯罪而为其居间介绍、代购代卖的，无论是否牟利，都应以相关毒品犯罪的共犯论处。

盗窃、抢夺、抢劫毒品的，应当分别以盗窃罪、抢夺罪或者抢劫罪定罪，但不计犯罪数额，根据情节轻重予以定罪量刑。盗窃、抢夺、抢劫毒品后又实施其他毒品犯罪的，对盗窃罪、抢夺罪、抢劫罪和所犯的具体毒品犯罪分别定罪，依法数罪并罚。走私毒品，又走私其他物品构成犯罪的，以走私毒品罪和其所犯的其他走私罪分别定罪，依法数罪并罚。

五、其他法规

《关于防范非药用类麻醉药品和精神药品及制毒物品违法犯罪的通告》（2019年8月1日）（节选）

内容详见本书第一章“办案依据”部分。

第三章 包庇毒品犯罪分子罪

【立案追诉标准】

包庇毒品犯罪分子案（刑法第349条）

包庇走私、贩卖、运输、制造毒品的犯罪分子，涉嫌下列情形之一的，应予立案追诉：

（一）作虚假证明，帮助掩盖罪行的；

（二）帮助隐藏、转移或者毁灭证据的；

（三）帮助取得虚假身份或者身份证件的；

（四）以其他方式包庇犯罪分子的。

实施前款规定的行为，事先通谋的，以走私、贩卖、运输、制造毒品罪的共犯立案追诉。

《最高人民检察院、公安部关于公安机关管辖的刑事案件立案追诉标准的规定（三）》（2012年5月16日，公通字〔2012〕26号）

【犯罪构成及刑事责任】

包庇毒品犯罪分子罪，是指明知是走私、贩卖、运输、制造毒品的犯罪分子，而向司法机关作假证明，掩盖其罪行，或者帮助其掩盖罪证，以使其逃避法律制裁的行为。构成本罪需要具备以下四个要件：

1. 客体要件。包庇毒品犯罪分子罪侵犯的客体，是国家对毒品的管制秩序和国家的司法活动。本罪的客体属于双重客体，具有复合性质。本罪首先妨碍了国家对于毒品犯罪进行制裁的司法活动，因此侵害了国家的司法秩序，这是本罪的初级客体。本罪对国家追诉毒品犯罪活动的妨碍进一步干扰了国家的毒品管制秩序，这是本罪的次级客体。

包庇毒品犯罪分子的社会危害性就在于其不仅妨碍了司法机关对毒品犯罪分子的及时惩办，而且这种行为帮助毒品犯罪分子逍遥法外，逃避法律的制裁、继续作恶，危害社会，该包庇行为影响了国家机关的禁毒斗争，因此，对包庇毒品犯罪分子的犯罪予以惩处是十分必要的。

包庇毒品犯罪分子罪，行为人包庇的对象必须是走私、贩卖、运输、制造毒品罪的犯罪分子，且无论被判处何种刑罚，都不影响包庇毒品犯罪分子罪的成立。也就是说，本罪包庇的对象仅限于上述明确规定的几类毒品犯罪人，包庇犯其他类毒品犯罪的犯罪分子的，不构成本罪，但有可能构成包庇、窝藏罪。本罪的犯罪对象被立法限定了范围，这也构成了本罪的最重要特征。

2. 客观要件。包庇毒品犯罪分子罪的客观方面表现为行为人必须具有对走私、贩卖、运输、制造毒品罪的犯罪分子给予包庇，使其逃避法律制裁的行为。这些犯罪分子既包括尚未被抓获而潜逃在外的犯罪分子，也包括已被抓获的已决犯和未决犯。

包庇走私、贩卖、运输、制造毒品的犯罪分子，一般有以下四种表现方式：①作虚假证明，帮助掩盖罪行的；②帮助隐藏、转移或者毁灭证据的；③帮助取得虚假身份或者身份证件的；④以其他方式包庇犯罪分子的。具体而言，本罪的客观行为主要包括两种：其一，为特定的毒品犯罪分子提供隐蔽场所、交通工具或者其他方便条件，资助其逃跑、逃匿、逃避法律制裁等，如为毒品犯罪分子提供住宿，供给生活物资的行为；向被追捕中的毒品犯罪分子提供交通工具、资助钱财的行为等。其二，包庇毒品犯罪分子的行为。即为特定的毒品犯罪分子逃避制裁，向司法机关提供虚假证明，帮助其掩盖罪行，或者帮助其毁灭罪证等。如帮助毒品犯罪分子湮灭罪证，逃避司法制裁；向从事侦查办案工作的司法机关提供虚假证明，掩盖毒品犯罪分子行踪的行为；向毒品犯罪分子提供司法机关办案信息，便利其逃避侦查的行为等。尽管包庇毒品犯罪分子的手段多种多样，但目的只有一个，即帮助毒品犯罪分子逃避法律制裁，而且客观上都增强了司法机关追究毒品犯罪分子的难度。

“包庇”是指向司法机关作假证明，制造假象为犯罪分子掩盖罪行，或者帮助犯罪分子毁灭罪证，藏匿作案工具等，意图使犯罪分子逃避法律制裁的行为。[①] 包庇毒品犯罪分子罪系从窝藏、包庇罪中分离出来，而未给窝藏罪在毒品犯罪中单独设立窝藏毒品犯罪分子罪，故以窝藏方式包庇毒品犯罪分子的，自然就成为包庇毒品犯罪分子罪的应有内容。即窝藏走私、贩卖、运输、制造毒品犯罪分子的，也应当按照本罪处罚。

包庇毒品犯罪分子的行为，只能发生在被包庇者实施犯罪之后，并且事先没有通谋，如果事前与毒品犯罪分子有通谋的，事后又包庇的，则属于帮助犯，以共同犯罪论处。事中通谋也属于事先通谋，也应以共同犯罪论处。

3. 主体要件。包庇毒品犯罪分子罪主体为一般主体，即凡达到刑事责任年龄并具有刑事责任能力，实施了包庇毒品犯罪分子的人，均可构成本罪。本罪不能由单位和不满十六周岁的人或不具备刑事责任能力的自然人构成。

缉毒人员或者其他国家机关工作人员掩护、包庇走私、贩卖、运输、制造毒品的犯罪分子的，应从重处罚。也就是说，对特定人员犯本罪的，在处罚上要特别考虑，在定罪上应没有区分。

犯走私、贩卖、运输、制造毒品罪的，能否构成包庇毒品犯罪分子罪的主体。因一般主体即可构成本罪，这就意味着，并未排除走私、贩卖、运输、制造毒品罪的犯罪人构成本罪。根据刑法学基本原理，如果是行为人湮灭自己所犯的走私、贩卖、运输、制造毒品罪的，属于事后不可罚行为，不另定包庇毒品犯罪分子罪。但如果行为人走私、贩卖、运输、制造毒品，又包庇其他犯该类罪的犯罪人，而非自己的，则可以构成本罪，与其原有的毒品类犯罪实行数罪并罚。

4. 主观要件。包庇毒品犯罪分子罪的主观方面表现为故意，即行为人明知是特定毒品犯罪分子而有意予以包庇，但是本罪的故意应当排除行为人与特定毒品犯罪分子事先通谋的情况。

在司法实践中，有的行为人开始并不知道被包庇者是特定毒品（走私、贩卖、

---

① 郑蜀饶：《毒品犯罪的法律适用》，人民法院出版社2001年版，第118页。

运输、制造毒品）犯罪分子，而为其提供隐藏住所、财物，帮助其逃匿，或者作假证明掩盖其罪行，在知道被包庇者是特定毒品犯罪分子后，继续实施包庇行为的，也应当认定行为人具有包庇上述特定毒品犯罪分子的故意而构成本罪。如果是在被包庇者离开行为人为其提供的隐藏住所后，行为人才知道被包庇者为上述特定毒品犯罪分子的，则不能构成本罪。行为人明知被包庇者从事毒品犯罪，但并不知道究竟是走私、贩卖、运输、制造毒品，还是走私制毒物品、非法持有毒品，而出于同乡、同学、亲戚等关系对其进行包庇的，则应当按照行为人所具体包庇的毒品犯罪分子的类型来决定：如包庇非特定的毒品犯罪分子，以窝藏、包庇罪论处；如果包庇刑法规定的特定毒品犯罪分子，则以本罪论处。

过失不构成本罪。且主观方面的故意包括直接故意，也包括间接故意。本罪的直接故意是指行为人明知是特定毒品（走私、贩卖、运输、制造毒品）犯罪分子而对其进行包庇的，帮助其实施湮灭罪证等行为；间接故意是指负有法定义务的人员放任特定毒品（走私、贩卖、运输、制造毒品）犯罪分子逃脱的行为，如公安、海关等执法机关的缉毒人员或其他负有其他法定义务的人员实施上述行为。

关于明知的时间的认定，大多数案件中，行为人在行为开始实施时，就知道其包庇的对象为走私、贩卖、运输、制造毒品罪的犯罪人，但是也有在行为过程中才认识到的情况，这并不影响本罪的构成。因为在这种情况下，行为人在客观上实施了包庇毒品犯罪人的行为，又在主观上逐渐认识到了这一情况，但其行为仍然继续，就完全符合包庇毒品犯罪分子罪的犯罪构成。如行为人开始实施包庇行为时不知晓犯罪人的身份，而发现对方是走私、贩卖、运输、制造毒品罪的犯罪人，仍继续实施包庇行为的，仍可构成本罪。

包庇毒品犯罪分子的行为人的动机多种多样，有的是出于亲友之情，有的是出于哥们义气，有的是出于贪图财物等，但无论出于何种动机，只要明知是走私、贩卖、运输、制造毒品的犯罪分子而予以包庇的均构成本罪。如果行为人不知道对方是毒品犯罪分子而提供了帮助，如住所、钱财、交通便利等，不构成犯罪。

根据刑法第 349 条的规定：犯本罪，处三年以下有期徒刑、拘役或者管制；情节严重的，处三年以上十年以下有期徒刑。

缉毒人员或者其他国家机关工作人员掩护、包庇走私、贩卖、运输、制造毒品的犯罪分子的，依照前款的规定从重处罚。

犯前两款罪，事先通谋的，以走私、贩卖、运输、制造毒品罪的共犯论处。

【疑难指导】

包庇毒品犯罪分子罪是常见的毒品犯罪类型，但在司法认定上存在一些疑难问题。

一、包庇毒品犯罪分子罪与非罪的区分

包庇毒品犯罪分子罪与非罪的界限主要从以下三个方面考量：

（一）本罪与“知情不举”行为的界限

“知情不举”是指明知是毒品犯罪分子，而不向司法机关检举揭发，也没有向司法机关作虚假证明，对犯罪分子也不提供积极帮助，表现为消极不作为。对于这种消极不作为，我国法律没有规定知情不举罪，“知情不举”人没有法律明确规定的作为义务，只属于一般的纪律问题或道德问题，因此，不构成包庇毒品犯罪分子罪。

但是，根据相应的刑法条文和单行刑事法律的有关规定，走私、贩卖、运输、制造毒品犯罪分子的知情不举行为在一定的条件下可能会构成其他犯罪。如对知情不举者定义为具有特定义务的国家机关工作人员，则不能简单地以法律没有明文规定其实施该知情不举行为构成犯罪而不追究其刑事责任，如果涉嫌渎职犯罪的，依照相应的法律规定处理。

（二）包庇的对象

包庇毒品犯罪分子罪所包庇的对象必须是“走私、贩卖、运输、制造”毒品的犯罪分子，对于包庇上述情况外的其他毒品犯罪分子的，不以本罪论处。

（三）行为情节轻重程度

认定本罪是否成立应从所包庇的上游犯罪的行为轻重程度和包庇行为的轻重程度两个方面来判断。一方面，如果走私、贩卖、运输、制造毒品的行为因为情节显著轻微不构成犯罪，那么包庇走私、贩卖、运输、制造毒品者也不能构成犯罪。另一方面，如果包庇行为没有达到严重扰乱国家禁毒活动程度，具备严重的

社会危害性时，也不能构成本罪。

二、包庇毒品犯罪分子罪与其他犯罪的区分

包庇毒品犯罪分子罪是刑法第349条第1款前半部分的罪名，规制的是事后阻碍对毒品犯罪查处的行为。包庇毒品犯罪分子罪最早规定在1990年通过的《全国人民代表大会常务委员会关于禁毒的决定》[①] 中，并为现行1997年刑法借鉴沿用。在此之前，对于包庇毒品犯罪分子的行为，依照1979年刑法以窝藏、包庇罪论处，包庇毒品犯罪分子罪从窝藏、包庇罪中分离出来，独立成罪，体现了立法者对该类包庇罪的特别重视。正如有的学者认为，“从本质上讲，包庇毒品犯罪分子罪并无单独设立之必要，将其包含于窝藏、包庇罪就可以直接解决问题，刑法之所以设立本罪，只是为了强调毒品犯罪优先于其他犯罪，而且毒品犯罪必须自成一体，把所有相关行为都一并纳入”。[②] 既然包庇毒品犯罪分子罪是从包庇、窝藏罪中分离出来并确定的单独罪名，并且因为包庇的行为方式、行为主体的差别，其容易与其他犯罪罪名混淆，故在司法实务中应该着重注意区分。

（一）包庇毒品犯罪分子罪与包庇罪的区分

包庇毒品犯罪分子罪与包庇罪的主要区别在于包庇的对象不同，包庇毒品犯罪分子罪所包庇的对象，必须是走私、贩卖、运输、制造毒品的犯罪分子，而包庇罪所包庇的对象，则是除上述走私、贩卖、运输、制造毒品犯罪以外的刑事犯罪分子。

（二）包庇毒品犯罪分子罪与伪证罪的区分

伪证罪是指在刑事诉讼中，证人、鉴定人、记录人、翻译人对与案件有重要关系的情节，故意作虚假证明、鉴定、记录、翻译，意图陷害他人或者隐匿罪证的行为。从定义中可以看出伪证罪中的故意作虚假证明，为犯罪分子隐匿罪证的行为与包庇毒品犯罪分子罪的行为相似，但是二者具有本质的区别。主要有：

1. 主体要件不同

包庇毒品犯罪分子罪的主体为一般主体，而伪证罪的主体为特殊主体，只限

---

① 根据2008年6月1日起施行的《中华人民共和国禁毒法》，该法同时废止。

② 高铭暄、马克昌：《中国刑法解释》（下卷），中国社会科学出版社2005年版，第2449页。

于证人、鉴定人、记录人、翻译人。

2. 实施犯罪行为的时间和条件不同

包庇毒品犯罪分子罪的行为人实施的犯罪行为，可以在毒品犯罪分子被逮捕、关押之前，也可以在被逮捕、关押判刑之后，而伪证罪的行为人实施的犯罪行为，只能在侦查、审判阶段。

3. 实施犯罪行为的内容和对象不同

包庇毒品犯罪分子罪的行为人，掩盖的是犯罪分子的全部罪行或者重要犯罪事实，包庇毒品犯罪分子罪的对象，可以是未经逮捕或者判刑的，也可以是已经判决的犯罪分子。而伪证罪的行为人则必须是在侦查、起诉、审判中对与案件有重要关系的情节作出虚假的陈述或隐匿罪证。伪证罪的对象只能是正在侦查或审判中的未决犯。

（三）包庇毒品犯罪分子罪与徇私枉法罪的区分

徇私枉法罪，是指国家司法工作人员利用司法职权徇私舞弊，对明知是无罪的人而故意使他受追诉或者对明知是有罪的人而故意包庇使他不受追诉，或者故意违背事实和法律作枉法裁判的行为。这两罪都是对明知有罪的人而故意包庇的行为，但两者又是性质不同的犯罪。其区别主要是：

1. 犯罪的主体不同

包庇毒品犯罪分子罪的主体为一般主体，徇私枉法罪的主体为司法工作人员。

2. 犯罪的手段不同

包庇毒品犯罪分子罪的行为手段形式可以是多种多样的，目的是为其掩盖罪行，而徇私枉法罪的行为人只能是利用司法职务上的便利，对明知是有罪的人而故意包庇使他不受追诉。

3. 实施的时间要求不同

包庇毒品犯罪分子罪的包庇行为可以在任何时候发生，而徇私枉法罪的实施一般只能在被包庇的犯罪分子被判决之前，最晚到判决。

4. 对象不同

包庇毒品犯罪分子罪的对象仅限于走私、贩卖、运输、制造毒品的犯罪分子，而徇私枉法罪的对象没有限制。对于司法工作人员，没有利用职权，实施了包庇走私、贩卖、运输、制造毒品的犯罪分子的行为，只能定包庇毒品犯罪分子罪。对于利用职权，包庇以上犯罪分子的行为，只能按照刑法第 399 条徇私枉法罪定罪量刑。

（四）包庇毒品犯罪分子罪与窝藏、转移、隐瞒毒品、毒赃罪的区分

包庇毒品犯罪分子罪与窝藏、转移、隐瞒毒品、毒赃罪这两个罪名，都规定在刑法第 349 条中，所以两罪的刑罚处罚依据、处罚结果是相同的。

但是，两罪还是有着本质的区别，窝藏、转移、隐瞒毒品、毒赃罪，是指为犯罪分子窝藏、转移、隐瞒毒品或者实施毒品犯罪所得财物的行为。客观方面表现为行为人实施了窝藏、转移、隐瞒毒品或毒赃的行为。窝藏、转移、隐瞒的对象是毒品、毒赃。这是与包庇毒品犯罪分子罪最大的区别。前者包庇的是物，后者包庇的是人。

三、对刑法第 349 条的理解

该法第 349 条是本罪的法律基础，其中第 2 款、第 3 款还是有需要进一步阐释的情节。

（一）对刑法第 349 条第 2 款的理解

该法第 349 条第 2 款规定："缉毒人员或者其他国家机关工作人员掩护、包庇走私、贩卖、运输、制造毒品的犯罪分子的，依照前款的规定从重处罚。"

有观点认为本款规定实为一个新罪名的成立[①]，实质上这种观点有待商榷，本款规定并没有增设一个新的罪名，而仅仅是关于犯罪主体的特殊性而影响刑法轻重的规定，现行刑法增设本款的目的是对缉毒人员及其他国家机关工作人员利用职务之便包庇毒品犯罪分子的行为从重处罚。

另外，如何理解本款中"掩护"一词的含义，以及"掩护"与"包庇"两词之间的关系，在司法实践中也有不同的观点。从字面的含义上看，一般而言"包庇"可以解释为"袒护或掩护"的意思，包含了"掩护"的含义。另外，根据行为具备一个犯罪构成的是一罪，行为具备数个犯罪构成的则是数罪来看，"掩护"也只能被"包庇"所涵盖，二者应该是包容与被包容的关系。从这方面来理解，

① 陈洁：《论掩饰、隐瞒犯罪所得（收益）罪》，苏州大学 2017 年硕士学位论文。

可以说“掩护”的含义是指缉毒人员或者其他国家机关工作人员利用职务上的便利条件实施的相对隐蔽的庇护行为。

（二）对刑法第 349 条第 3 款“事先通谋”的理解

该法第 349 条第 3 款规定：“犯前两款罪，事先通谋的，以走私、贩卖、运输、制造毒品罪的共犯论处。”

该款规定涉及对“事先通谋”一词的理解。该款规定属于注意规定，并没有创设新的内容，它只是对刑法总则中共同犯罪有关规定的重申和提醒。也就是说，即便没有这条明示规定，行为人事先与上述几种毒品犯罪人事先通谋，表明其完成犯罪后予以包庇的，同样应认定为上述毒品犯罪的共犯，这是因为该行为完全符合共同犯罪成立的主客观条件，应该共同构成毒品犯罪。在司法认定中，要注意行为人事先有没有通谋，据此判断行为人构成什么罪。

四、包庇毒品犯罪分子罪的罪数问题

在司法实践中，被包庇人往往实施了多个犯罪，如果被包庇人既实施了走私、贩卖、运输、制造毒品罪，又实施了非法持有毒品罪等其他毒品类犯罪，而且行为人对此明知还予以包庇的，这种情况属于一个包庇行为触犯数个罪名，构成包庇毒品犯罪分子罪和窝藏、包庇罪的想象竞合。根据想象竞合犯的处理原则，应该从一重罪处罚。如果构成了包庇毒品犯罪分子罪量刑中的“情节严重”而不构成窝藏、包庇罪法定刑中的“情节严重”的，则以包庇毒品犯罪分子罪定罪量刑。

刑事诉讼中的辩护人、诉讼代理人为包庇作为当事人的走私、贩卖、运输、制造毒品犯罪分子而帮助其毁灭、伪造证据，威胁、引诱证人违背事实改变证言或者作伪证，构成包庇毒品犯罪分子罪和辩护人、诉讼代理人毁灭证据、伪造证据、妨害作证罪的想象竞合犯，由于行为人实施的本质上是一个行为，因此应从一重罪处罚。本罪情节严重时的最高法定刑为十年，而辩护人、诉讼代理人毁灭证据、伪造证据、妨害作证罪的最高法定刑为七年，显然本罪量刑更重，所以应以包庇毒品犯罪分子罪定罪处罚。

五、包庇毒品犯罪分子罪量刑标准

依照刑法以及有关毒品犯罪司法解释的规定，为本罪设定的三个量刑档，每个量刑格所对应的量刑标准、情形分别为：

（一）三年以上十年以下有期徒刑

其对应的量刑要求为“情节严重”，根据2016年《最高人民法院关于审理毒品犯罪案件适用法律若干问题的解释》的规定，包庇走私、贩卖、运输、制造毒品的犯罪分子“情节严重”是指：

1. 被包庇的犯罪分子依法应当判处十五年有期徒刑以上刑罚的；

2. 包庇多名或者多次包庇走私、贩卖、运输、制造毒品的犯罪分子的；

3. 严重妨害司法机关对被包庇的犯罪分子实施的毒品犯罪进行追究的；

4. 其他情节严重的情形。

刑法第349条第2款规定了“从重处罚”情形：

1. 缉毒人员掩护、包庇走私、贩卖、运输、制造毒品的犯罪分子的；

2. 其他国家机关工作人员掩护、包庇走私、贩卖、运输、制造毒品的犯罪分子的。

（二）三年以下有期徒刑、拘役或者管制

其对应的量刑情节无特殊要求，即只要实施了包庇走私、贩卖、运输、制造毒品的犯罪分子的行为即可。

（三）免予刑事处罚

结合刑法第349条以及2016年《最高人民法院关于审理毒品犯罪案件适用法律若干问题的解释》第6条第3款的规定，包庇走私、贩卖、运输、制造毒品的近亲属，不具有本条前两款规定的“情节严重”情形，归案后认罪、悔罪、积极退赃，且系初犯、偶犯，犯罪情节轻微不需要判处刑罚的，可以免予刑事处罚。由此可见，行为人构成本罪可以免予刑事处罚的条件是：

1. 包庇走私、贩卖、运输、制造毒品的近亲属，即行为人是走私、贩卖、运输、制造毒品犯罪分子的近亲属；

2. 不具有本条前两款规定的“情节严重”情形；

3. 归案后认罪、悔罪、积极退赃；

4. 系初犯、偶犯；

5. 犯罪情节轻微不需要判处刑罚的。

【办案依据】

一、刑法规定

第三百四十九条 包庇走私、贩卖、运输、制造毒品的犯罪分子的，为犯罪分子窝藏、转移、隐瞒毒品或者犯罪所得的财物的，处三年以下有期徒刑、拘役或者管制；情节严重的，处三年以上十年以下有期徒刑。

缉毒人员或者其他国家机关工作人员掩护、包庇走私、贩卖、运输、制造毒品的犯罪分子的，依照前款的规定从重处罚。

犯前两款罪，事先通谋的，以走私、贩卖、运输、制造毒品罪的共犯论处。

二、司法解释

《最高人民法院关于审理毒品犯罪案件适用法律若干问题的解释》（2016年4月11日，法释〔2016〕8号）（节选）

第六条 包庇走私、贩卖、运输、制造毒品的犯罪分子，具有下列情形之一的，应当认定为刑法第三百四十九条第一款规定的“情节严重”：

（一）被包庇的犯罪分子依法应当判处十五年有期徒刑以上刑罚的；

（二）包庇多名或者多次包庇走私、贩卖、运输、制造毒品的犯罪分子的；

（三）严重妨害司法机关对被包庇的犯罪分子实施的毒品犯罪进行追究的；

（四）其他情节严重的情形。

为走私、贩卖、运输、制造毒品的犯罪分子窝藏、转移、隐瞒毒品或者毒品犯罪所得的财物，具有下列情形之一的，应当认定为刑法第三百四十九条第一款规定的“情节严重”：

（一）为犯罪分子窝藏、转移、隐瞒毒品达到刑法第三百四十七条第二款第一项或者本解释第一条第一款规定的“数量大”标准的；

（二）为犯罪分子窝藏、转移、隐瞒毒品犯罪所得的财物价值达到五万元以上的；

（三）为多人或者多次为他人窝藏、转移、隐瞒毒品或者毒品犯罪所得的财物的；

（四）严重妨害司法机关对该犯罪分子实施的毒品犯罪进行追究的；

（五）其他情节严重的情形。

包庇走私、贩卖、运输、制造毒品的近亲属，或者为其窝藏、转移、隐瞒毒品或者毒品犯罪所得的财物，不具有本条前两款规定的“情节严重”情形，归案后认罪、悔罪、积极退赃，且系初犯、偶犯，犯罪情节轻微不需要判处刑罚的，可以免予刑事处罚。

第四章　窝藏、转移、隐瞒毒品、毒赃罪

【立案追诉标准】

窝藏、转移、隐瞒毒品、毒赃案（刑法第 349 条）

为走私、贩卖、运输、制造毒品的犯罪分子窝藏、转移、隐瞒毒品或者犯罪所得的财物的，应予立案追诉。

实施前款规定的行为，事先通谋的，以走私、贩卖、运输、制造毒品罪的共犯立案追诉。

《最高人民检察院、公安部关于公安机关管辖的刑事案件立案追诉标准的规定（三）》（2012 年 5 月 16 日，公通字〔2012〕26 号）

【犯罪构成及刑事责任】

窝藏、转移、隐瞒毒品、毒赃罪，是指明知是毒品或者毒品犯罪所得的财物而为犯罪分子窝藏、转移、隐瞒的行为。构成本罪需要具备以下四个要件：

1. 客体要件。窝藏、转移、隐瞒毒品、毒赃罪侵犯的客体，是国家对毒品的管制和国家司法机关的正常活动。

窝藏、转移、隐瞒毒品、毒赃的行为，不仅帮助犯罪分子隐匿罪证，妨碍司法机关的调查取证，使犯罪分子逃避法律的制裁，而且为毒品犯罪分子继续犯罪提供物质条件，这些毒品可以随时流入社会，危害他人身心健康。因此，窝藏、转移、隐瞒毒品、毒赃的犯罪行为具有严重的社会危害性，应依法予以惩处。

窝藏、转移、隐瞒毒品、毒赃罪的对象是特定对象，由刑法第 349 条的规定

可以看出，窝藏、转移、隐瞒毒品、毒赃罪的对象，必须是走私、贩卖、运输、制造毒品的犯罪分子的毒品、毒赃。因而应当认为走私、贩卖、运输、制造毒品罪为本罪的上游犯罪。窝藏、转移、隐瞒毒品、毒赃罪的犯罪对象应当是特定的，只能是走私、贩卖、运输、制造毒品罪的毒品及其犯罪所得。所谓毒品是指鸦片、海洛因、甲基苯丙胺、吗啡、大麻、可卡因以及国家规定管制的其他能够使人形成瘾癖的麻醉药品和精神药品。所谓毒赃，是指犯罪分子进行毒品犯罪所得的财物，以及由非法所得获取的收益。非法所得获取的收益，是指利用毒品违法犯罪所得的财物及孳息或者经营活动所获取的财物，以及有关财产方面的利益，包括金钱、物品、股票、利息、股息、红利、用毒品犯罪所得购置的房地产、经营的工厂、公司等。这些财物必须是毒品犯罪分子进行毒品犯罪所得，如果是其他犯罪所得，可构成窝赃罪。

2. 客观要件。窝藏、转移、隐瞒毒品、毒赃罪的客观方面表现为行为人为走私、贩卖、运输、制造毒品的犯罪分子窝藏、转移、隐瞒毒品、毒赃的行为。

窝藏是指将犯罪分子的毒品、毒赃窝藏在自己的住所或者其他隐蔽的场所，以逃避司法机关的追查。认定窝藏行为的关键在于判断毒品或者毒赃是否处在行为人的实际控制之下。对于窝藏的地点，并不必然要求一定是行为人自己所有的场所，如行为人将毒品、毒赃藏在荒郊野外同样也是窝藏。

转移是指将犯罪分子的毒品、毒赃从一地转移到另一地，以抗拒司法机关对毒品、毒赃的追缴，帮助犯罪分子逃避法律的制裁，或者便于犯罪分子进行毒品交易等犯罪活动。转移可以说是空间上的位移。

隐瞒是指在司法机关询问调查有关犯罪分子的情况时，自己明知犯罪分子的毒品、毒赃藏在何处，而有意对司法机关进行隐瞒。只要行为人实施了其中任一行为，就构成本罪。就词义而言，隐瞒可以有三种表现形式：一是“知情不举”，即明知真相而未予告发；二是“拒不吐实”，即在公安、司法机关询问时不予合作，拒不提供有关毒品或毒赃的真实情况；三是“以假乱真”，即在接受询问时，非但不提供有关毒品或毒赃的真实情况，而且有意提供不真实的情况，在客观上造成转移视线、干扰侦查活动的结果。对于本罪的“隐瞒”，以上三种情形，一般认为达到“拒不吐实”即可；“知情不举”不构成犯罪；“以假乱真”不应作为构成犯罪的必要条件。

在惩治毒品犯罪司法实践中，隐瞒通常是窝藏、转移行为的后续行为，单纯的隐瞒行为是较为少见的。由于窝藏、转移、隐瞒本属一罪中的数行为，所以没有必要对三者作细致的区分。

3. 主体要件。窝藏、转移、隐瞒毒品、毒赃罪的主体是一般主体，即任何具有刑事责任能力，达到刑事责任年龄，实施了窝藏毒品、毒赃行为的自然人，都有可能构成本罪。

本罪不能由单位和不满十六周岁的人或不具备刑事责任能力的自然人构成。

缉毒人员或者其他国家机关工作人员的身份不影响本罪的成立，但应从重处罚。也就是说，对特定人员犯本罪的，在处罚上要特别考虑，在定罪上应没有区分。

根据 2016 年《最高人民法院关于审理毒品犯罪案件适用法律若干问题的解释》的规定，为近亲属窝藏、转移、隐瞒毒品或者毒品犯罪所得的财物，不具有本条前两款规定的“情节严重”情形，归案后认罪、悔罪、积极退赃，且系初犯、偶犯，犯罪情节轻微不需要判处刑罚的，可以免予刑事处罚。因此，近亲属身份不影响本罪的成立，但符合法定条件的可以免予刑事处罚。

4. 主观要件。窝藏、转移、隐瞒毒品、毒赃罪的主观方面只能由故意构成，不包括过失的情况。即行为人明知是走私、贩卖、运输、制造毒品的犯罪分子的毒品或者毒赃而故意加以窝藏、转移、隐瞒，且并未与毒品犯罪分子共谋，反之则构成走私、贩卖、运输、制造毒品罪的共犯。故意犯罪在主观方面包括两个要素，意识要素是明知，意志要素是希望或放任。

窝藏、转移、隐瞒毒品、毒赃罪的“明知”，表现为必须明知包庇对象是毒品或走私、贩卖、运输、制造毒品的犯罪所得。如果不知对象是走私、贩卖、运输、制造毒品的犯罪分子的毒品、毒赃，即使客观上确实起到了窝藏、转移、隐瞒的作用，也不能构成窝藏、转移、隐瞒毒品、毒赃罪。但是要注意以下几种特殊情况：

（1）“明知”的转化。在惩治毒品犯罪司法实践中，会出现有的行为人在帮助犯罪分子时并不知道物品、资金是毒品、毒赃，但是经过一段时间以后了解到真相，却继续为犯罪分子提供窝藏、转移、隐瞒毒品、毒赃的帮助行为。在这种情况下，行为人的主观方面已经从“不知”转化成为“明知”。可以说是本罪典型的持续犯，行为人的“明知”只要出现在窝藏、转移、隐瞒行为的持续期间内，就达到了本罪的主观要求。相反，如果行为人在窝藏、转移、隐瞒的期间内自始至终都对自己窝藏、转移、隐瞒的对象不知是毒品、毒赃，那么就不能构成本罪。

（2）“明知”的程度。行为人在实施窝藏、转移、隐瞒的行为时，有可能对窝藏、转移、隐瞒的对象只有一个概括的了解，只知道是毒品犯罪所得而不知道是何种毒品犯罪所得。由于走私、贩卖、运输、制造毒品罪为本罪的上游犯罪，出现这种情况时，应该根据被窝藏、转移、隐瞒毒赃的犯罪分子的犯罪种类来确定行为人的罪行。如果被窝藏、转移、隐瞒毒赃的犯罪分子所犯的是走私、贩卖、运输、制造毒品罪，那么行为人应当构成本罪。反之，如果是其他类型的毒品犯罪，则应以刑法第 312 条的掩饰、隐瞒犯罪所得罪定罪处罚。

（3）“明知”的误差。司法实践中有可能发生行为人假想自己实施的是窝藏、转移、隐瞒毒品、毒赃的行为，但事实上被窝藏、转移、隐瞒的犯罪所得是其他类型的毒品犯罪所得的情况；或者行为人认为自己窝藏、转移、隐瞒的犯罪所得的所有人构成了走私、贩卖、运输、制造毒品罪，但是由于被窝藏、转移、隐瞒的犯罪所得人没有达到刑事责任年龄或者不具备刑事责任能力，因此无法构成走私、贩卖、运输、制造毒品罪，即无法构成上游犯罪。此时行为人的认识就与事实之间存在误差。对于第一种行为人假想的情况，仍可以认为行为人的认识可以被包含在概括的故意之中，不影响对犯罪的完成形态的认定，但是要根据被窝藏人具体实施的犯罪类型确定窝藏行为人究竟构成窝藏、转移、隐瞒毒品、毒赃罪，还是一般的窝藏罪。对于第二种将无罪人认定为有罪人的情况，根据 2009 年《最高人民法院关于审理洗钱等刑事案件具体应用法律若干问题的解释》第 4 条的规定，上游犯罪事实可以确认，因行为人死亡等原因依法不予追究刑事责任的，不影响刑法第 349 条规定的犯罪的认定。

行为人对窝藏的对象的真实状态缺乏足够的认识，无法达到“明知”是走私、贩卖、运输、制造毒品罪的毒品、毒赃的条件，故不能构成窝藏、转移、隐瞒毒品、毒赃罪，只能按照普通的窝藏罪定罪。如毒品犯罪分子的毒赃明明是走私、贩卖、运输、制造毒品所得，但是在其交给行为人窝藏、转移、隐瞒时却故意隐瞒真相，谎称为盗窃或抢劫所得，行为人信以为真，将其作为一般赃物进行窝藏、转移和隐瞒。

行为人误把赃物当成毒赃，不影响窝藏、转移、隐瞒毒品、毒赃罪的成立，在理论上可以认为构成本罪的对象不能犯未遂。如本是盗窃、抢劫所得，却谎称是毒品上游犯罪所得，而行为人信以为真，将其当作走私、贩卖、运输、制造毒品罪的毒品、毒赃进行窝藏、转移和隐瞒。

根据刑法第 349 条的规定：犯本罪，处三年以下有期徒刑、拘役或者管制；情节严重的，处三年以上十年以下有期徒刑。

犯前两款罪，事先通谋的，以走私、贩卖、运输、制造毒品罪的共犯论处。

【疑难指导】

窝藏、转移、隐瞒毒品、毒赃罪作为常见的毒品犯罪类型之一，其在司法认定上存在一些疑难问题。

一、窝藏、转移、隐瞒毒品、毒赃罪与非罪的区分

窝藏、转移、隐瞒毒品、毒赃罪的成立，除了行为本身之外没有其他任何附加的定罪条件，是典型的行为犯，定罪不受“数额”和“情节轻重”等条件的束缚。从原则上来说，窝藏、转移、隐瞒毒品、毒赃的行为都可构成犯罪，但根据刑法的相应规定，如果数额较小，情节显著轻微，危害不大的，不认为是犯罪。在惩治毒品犯罪司法实践中，要综合全案情况，具体分析，不能把一切窝藏、转移、隐瞒毒品、毒赃的行为都认定为犯罪，如果被窝藏、转移、隐瞒的毒品、毒赃数量很小，又是初犯、偶犯等，主观恶性比较小，一般不作为犯罪处罚。

二、窝藏、转移、隐瞒毒品、毒赃罪与其他犯罪的区分

窝藏、转移、隐瞒毒品、毒赃罪因犯罪对象及客观行为方式、法定刑等方面与其他犯罪存在差别，也容易与其他犯罪罪名混淆，在司法实务中应该着重注意区分。

（一）窝藏、转移、隐瞒毒品、毒赃罪与包庇毒品犯罪分子罪的区分

窝藏、转移、隐瞒毒品、毒赃罪与包庇毒品犯罪分子罪“同宗同源”，都是刑法第 349 条规定的罪名，窝藏、转移、隐瞒毒品、毒赃罪是规定在本条第 1 款后半部分的罪名，规制的是明知是毒品或者毒品犯罪所得的财物而为犯罪分子窝藏、转移、隐瞒的行为。两罪虽然同处于一个法条中，但是分别独立成罪，可见两罪

还是有本质的区别的。窝藏、转移、隐瞒毒品、毒赃罪与包庇毒品犯罪分子罪的界限主要在于犯罪对象、行为方式的不同。

1. 犯罪对象不同

窝藏、转移、隐瞒毒品、毒赃罪窝藏、转移、隐瞒的是毒品、毒赃，而包庇毒品犯罪分子罪的犯罪对象是人，即包庇的是走私、贩卖、运输、制造毒品的犯罪分子。

2. 行为方式不同

窝藏、转移、隐瞒毒品、毒赃罪表现为对毒品、毒赃的窝藏、转移、隐瞒行为，包庇毒品犯罪分子罪则表现为对走私、贩卖、运输、制造毒品犯罪分子的窝藏，提供假证明，帮助犯罪分子潜逃等行为。

（二）窝藏、转移、隐瞒毒品、毒赃罪与窝赃罪的区分

窝藏、转移、隐瞒毒品、毒赃罪与窝赃罪的区别主要在于对象和法定刑的不同。窝赃罪是指明知是犯罪所得的赃物而予以窝藏的行为。窝藏、转移、隐瞒毒品、毒赃罪保留了窝赃罪的基本性质，所不同的是对象是特定的，仅仅限于毒品或毒赃。[①] 而窝赃罪的对象的范围则要广泛得多，包括除毒品犯罪以外的所有的刑事犯罪所得的赃款、赃物。此外，窝藏、转移、隐瞒毒品、毒赃罪的法定刑要比窝赃罪的法定刑高，窝藏、转移、隐瞒毒品、毒赃罪的法定刑最高可达十年有期徒刑，而刑法第 312 条规定的窝赃罪，法定最高刑仅为七年有期徒刑。[②] 法定刑的差异表现出立法者对于这两种行为危害程度的高低给予了不同的评价，体现了从严打击毒品犯罪的目的。

（三）窝藏、转移、隐瞒毒品、毒赃罪与非法持有毒品罪的区分

窝藏毒品的行为，必然存在持有毒品的状态，所以在惩治毒品犯罪司法实践中，区分窝藏、转移、隐瞒毒品、毒赃罪与非法持有毒品罪还是具有重要意义的。其区别主要是：

1. 犯罪动机不同

窝藏、转移、隐瞒毒品、毒赃罪的主观故意是为毒品犯罪分子窝藏、转移、

---

① 高贵君：《毒品犯罪审判理论与实务》，人民法院出版社 2009 年版，第 269 页。

② 黄太云：《〈刑法修正案（六）〉的理解与适用（下）》，载《人民检察》2006 年第 8 期（上）。

隐瞒毒品、毒赃，达到逃避司法机关法律制裁的目的。非法持有毒品罪的主观故意是明知是鸦片、海洛因、甲基苯丙胺或者其他毒品，而非法持有。

2. 数额规定不同

窝藏、转移、隐瞒毒品、毒赃罪没有数额规定。而非法持有毒品罪规定了必须非法持有鸦片达到二百克以上、海洛因、甲基苯丙胺十克以上或者其他毒品数量较大的，才构成非法持有毒品罪。如窝藏、转移、隐瞒毒品犯罪人持有的毒品达到追究非法持有毒品罪数量的，应以非法持有毒品罪处罚。持有毒品未达到该数量的，可认定为窝藏、转移、隐瞒毒品、毒赃罪。

在司法实践中，一般只在无法认定行为人窝藏毒品罪的情况下，才会考虑以非法持有毒品罪定罪量刑。只要行为人主观上存在窝藏毒品的故意，而客观上又实施了为走私、贩卖、运输、制造毒品的犯罪分子窝藏毒品的行为，就足以构成窝藏毒品罪；在行为人为非法持有毒品罪的犯罪分子窝藏毒品，且有事先通谋的情况下，构成非法持有毒品罪的共犯；在行为人为非法持有毒品罪的犯罪分子窝藏毒品，但无事先通谋情况下，即不能构成窝藏毒品罪，因为窝藏毒品罪的范围，仅限于为走私、贩卖、运输、制造毒品的犯罪分子窝藏毒品，非法持有毒品罪不在其列，也不能构成普通的窝赃罪，因为毒品是违禁品，并非赃物，只能单独构成非法持有毒品罪。值得注意的是，非法持有毒品罪的法定刑最高为无期徒刑，而窝藏毒品罪的法定最高刑为十年有期徒刑，两罪相比，非法持有毒品罪为重罪，窝藏毒品罪为轻罪。从立法原意上理解，非法持有毒品罪既为补漏之罪，就应轻于其他毒品犯罪的刑罚；从危害程度上理解，非法持有毒品罪的行为人主要是为了满足自己的吸食之需，持有的毒品不再可能成为其他毒品犯罪的对象，而窝藏毒品的行为人是为了帮助走私、贩卖、运输、制造毒品的犯罪活动。

（四）窝藏、转移、隐瞒毒品、毒赃罪与洗钱罪的区分

窝藏、转移、隐瞒毒品、毒赃罪与洗钱罪，有的学者指出本罪与洗钱罪“在一定意义上，隐瞒毒赃罪与洗钱罪存在着竞合关系”[①]“是包容关系，成立法条竞合”[②]，

---

① 杨忠民：《查办毒品犯罪案件实用指南》，中国人民公安大学出版社 2007 年版，第 162 页。

② 黄华生：《论掩饰、隐瞒犯罪所得、犯罪所得收益罪对洗钱罪的补漏》，载《江西科技师范学院学报》2008 年第 1 期。

但也有学者认为“这两个法律条文（罪名）不可能存在什么包含或交叉关系，完全如两条平行线，各有各的范围”[①] 与理论上的争议不同，刑法规范和司法解释似乎更侧重于对犯罪的惩治，并力求淡化“在行为方式和行为性质上的差异”[②]，而对刑法条文的内在关系则不甚关心。窝藏、转移、隐瞒毒品、毒赃罪与洗钱罪，在司法实践中也存在容易混淆的情形，应注重予以区分。

1. 犯罪对象范围不同

在犯罪对象的范围上，虽然“毒品犯罪所得的财物”，是窝藏、转移、隐瞒毒品、毒赃罪与洗钱罪两罪的共同对象，但是洗钱罪的对象不包括毒品本身，并且洗钱罪中毒品犯罪之外的其他法定六类犯罪的违法所得及其产生的收益不能成为窝藏、转移、隐瞒毒品、毒赃罪的对象。[③] 同时，“犯罪产生的收益”可以成为洗钱罪的犯罪对象[④]，却未被列入窝藏、转移、隐瞒毒品、毒赃罪的犯罪对象之中，这可以由最高人民法院、最高人民检察院将后罪的犯罪对象称为“毒赃”（而不是诸如刑法第 312 条中的“犯罪所得利益”）佐证。

2. 行为方式不同

在具体的行为方式上，洗钱罪不包括“窝藏”，即为犯罪对象提供隐蔽的处所；而窝藏、转移、隐瞒毒品、毒赃罪则不包括“掩饰”。

3. 行为目的不同

在行为目的上，洗钱罪的成立要求行为人具有为了掩饰、隐瞒法定七类犯罪所得及其产生收益的来源和性质，从而达到“漂白”赃钱的目的，使之表面来源合法化；[⑤] 而窝藏、转移、隐瞒毒品、毒赃罪则无目的要求[⑥]，一般认为是行为人为了逃避司法机关的追查或者从中牟利，并没有转换、改变毒赃的来源和性质之“漂白”意图。

---

① 王小青：《论洗钱罪与赃物罪》，载《广东商学院学报》2001 年第 3 期。

② 刘岚：《依法打击洗钱犯罪切实履行国际公约》，载《人民法院报》2009 年 11 月 11 日。

③ 陈兴良：《协助他人掩饰毒品犯罪所得行为之定性研究——以汪某洗钱案为例的分析》，载《北方法学》2009 年第 2 期。

④ 陈兴良：《判例刑法学（下）》，中国人民大学出版社 2009 年版，第 148 页。

⑤ 邵沙平：《控制洗钱及相关犯罪法律问题研究》，人民法院出版社 2003 年版，第 13 页。

⑥ 王作富：《刑法分则实务研究》，中国方正出版社 2006 年版，第 587 页。

4. 主体不同

在犯罪主体方面，洗钱罪的主体包括自然人和单位，而窝藏、转移、隐瞒毒品、毒赃罪的主体只能是自然人，不包括单位在内。

（五）窝藏、转移、隐瞒毒品、毒赃罪与掩饰、隐瞒犯罪所得罪的区分

窝藏、转移、隐瞒毒品、毒赃罪与掩饰、隐瞒犯罪所得罪这两种犯罪所指的对象都包含犯罪所得，主观方面也均表现为故意。但窝藏、转移、隐瞒毒品、毒赃罪客观方面表现为明知是走私、贩卖、运输、制造毒品的犯罪所得而实施窝藏、转移、隐瞒行为；而掩饰、隐瞒犯罪所得罪则表现为明知是犯罪所得而予以窝藏、转移、收购、代为销售或者以其他方式掩饰、隐瞒的行为。由此可见，窝藏、转移、隐瞒毒品、毒赃罪只涉及走私、贩卖、运输、制造毒品犯罪分子的犯罪所得，而掩饰、隐瞒犯罪所得罪则泛指所有形式的犯罪所得。窝藏、转移、隐瞒毒品、毒赃罪的行为方式表现为窝藏、转移、隐瞒；而掩饰、隐瞒犯罪所得罪的行为方式除此之外还包括收购、代为销售或者以其他方式掩饰、隐瞒的行为，行为方式更为广泛。

为犯罪分子掩饰、隐瞒毒赃的，一般情况下应当以窝藏、转移、隐瞒毒赃罪论处；为犯罪分子掩饰、隐瞒毒赃以外其他犯罪所得的，应当以掩饰、隐瞒犯罪所得罪论处。

三、窝藏、转移、隐瞒毒品、毒赃罪的共犯与罪数

关于窝藏、转移、隐瞒毒品、毒赃罪的共犯，刑法第349条第3款规定，包庇毒品犯罪分子罪和窝藏、转移、隐瞒毒品、毒赃罪在事先通谋的情况下，均以走私、贩卖、运输、制造毒品罪的共犯论处。

关于窝藏、转移、隐瞒毒品、毒赃罪的罪数，值得注意的有以下几种情况：

（一）在窝藏毒品的同时又包庇毒品罪犯

行为人有时在窝藏毒品的同时也会包庇毒品犯罪分子。在这种情况下，行为人的行为究竟构成了单独一罪，还是包庇毒品犯罪分子罪和窝藏、转移、隐瞒毒品、毒赃罪这两个罪名，值得探讨。

可以说，刑法第349条规定了两个罪名，但采用的是同条同款的并列规定方式，两罪是选择性的关系。而且两罪的分立是由司法解释所规定的。我们认为比

较合适的做法是，如果行为人的一个行为涉及这两个罪名，选择其中一个罪名予以确定，可以将行为涉及两罪名作为量刑的参考因素。反之，如果将其定为两罪，则势必割裂了行为的内在关联。如果行为人的行为是两个独立的行为，涉及两个罪名，没有内在联系，应当构成两个罪名。

（二）在窝藏毒品的同时也窝藏赃物

行为人在窝藏毒品的同时还窝藏了别的赃物，此时应当认定行为人构成了一罪还是数罪？如行为人不仅窝藏毒品，还窝藏了别人盗窃或抢劫所来的财物，是构成一罪，还是窝赃罪与窝藏、转移、隐瞒毒品、毒赃罪两罪？

针对此种情况，对于行为人定为一罪较为合适。因为窝赃罪与窝藏、转移、隐瞒毒品、毒赃罪两罪虽然是分则中不同条款所规定的独立罪名，但事实上窝藏、转移、隐瞒毒品、毒赃罪是窝藏罪的特别条款，两罪除了一个的对象限于毒品、毒赃，另一个没有限制以外，没有任何区别。从刑法理论角度来说，行为人的上述行为是典型的想象竞合犯，一行为同时触犯两罪名，按照《最高人民法院关于审理洗钱等刑事案件具体应用法律若干问题的解释》第 3 条的规定，明知是犯罪所得及其产生的收益而予以掩饰、隐瞒，构成刑法第 312 条规定的犯罪，同时又构成刑法第 119 条或者第 349 条规定的犯罪的，依照处罚较重的规定定罪处罚。

（三）在窝藏毒品后又代为销售

窝藏行为人在窝藏行为持续期间，将所窝藏的毒品进行销售，那么在这种情况下，行为人的行为是构成一罪还是数罪？

毫无疑问，此时行为人的行为已经构成了窝藏毒品罪，而在窝藏的过程中又贩卖所窝藏的毒品，行为人的主观意图已经从窝藏转化为贩卖，也符合贩卖毒品罪的犯罪构成，应当认定为同时构成了窝藏毒品罪与贩卖毒品罪，数罪并罚。这种窝藏行为必须持续一段时间，不能只是短暂的窝藏。当行为人改变了主观意图之后，后行为已经是一个独立的犯罪，与之前的窝藏行为没有包容与被包容关系，也不是手段行为与目的行为的牵连关系，所以不能视为吸收犯或牵连犯以一罪论处。当然，如果行为人在窝藏之时就有贩卖的意图的话，那么这种窝藏行为就可以视为贩卖行为的犯罪预备行为，可以被随后的贩卖毒品罪的实行行为所吸收，或者将窝藏行为与贩卖行为分别视为手段行为与目的行为，按照牵连犯原则以一罪论处。

四、窝藏、转移、隐瞒毒品、毒赃罪的完成形态

从刑法的有关规定我们可以看出，窝藏、转移、隐瞒毒品、毒赃罪是较为典型的行为犯，即只要实施了特定行为即可认为达到既遂，不需要具备某些特殊情节或出现特定结果。因此，从本罪的性质来看，除了对象不能犯的情况外，构成本罪时几乎不存在未遂的情况。同时本罪也是典型的持续犯，对窝藏行为的认定也要求行为人的行为持续一段时间，非常短暂的窝藏不能构成犯罪。当行为人自以为在窝藏毒品、毒赃，而事实上这些物品并非毒品、毒赃时，即构成对象不能犯的未遂。

五、窝藏、转移、隐瞒毒品、毒赃罪量刑标准

依照刑法以及有关毒品犯罪司法解释的规定，为本罪设定的三个量刑档，每个量刑格所对应的量刑标准、情形分别为：

（一）三年以上十年以下有期徒刑

其对应的量刑要求为“情节严重”，结合刑法第 349 条以及根据 2016 年《最高人民法院关于审理毒品犯罪案件适用法律若干问题的解释》第 6 条的规定，为走私、贩卖、运输、制造毒品的犯罪分子窝藏、转移、隐瞒毒品或者毒品犯罪所得的财物，具有下列情形之一的，应当认定为刑法第 349 条第 1 款规定的“情节严重”：

1. 为犯罪分子窝藏、转移、隐瞒毒品达到刑法第 347 条第 2 款第 1 项或者本解释第 1 条第 1 款规定的“数量大”标准的；

2. 为犯罪分子窝藏、转移、隐瞒毒品犯罪所得的财物价值达到五万元以上的；

3. 为多人或者多次为他人窝藏、转移、隐瞒毒品或者毒品犯罪所得的财物的；

4. 严重妨害司法机关对该犯罪分子实施的毒品犯罪进行追究的；

5. 其他情节严重的情形。

刑法第 349 条第 2 款规定了“从重处罚”情形：

1. 缉毒人员掩护、包庇走私、贩卖、运输、制造毒品的犯罪分子的；

2. 其他国家机关工作人员掩护、包庇走私、贩卖、运输、制造毒品的犯罪分子的。

（二）三年以下有期徒刑、拘役或者管制

其对应的量刑情节无特殊要求，即只要实施了为犯罪分子窝藏、转移、隐瞒毒品或者犯罪所得的财物的行为即可。

（三）免予刑事处罚

结合刑法第349条以及2016年《最高人民法院关于审理毒品犯罪案件适用法律若干问题的解释》第6条的规定，为走私、贩卖、运输、制造毒品窝藏、转移、隐瞒毒品或者毒品犯罪所得的财物的近亲属，不具有本条前两款规定的“情节严重”情形，归案后认罪、悔罪、积极退赃，且系初犯、偶犯，犯罪情节轻微不需要判处刑罚的，可以免予刑事处罚。由此可见，行为人构成本罪可以免予刑事处罚的条件是：

1. 窝藏、转移、隐瞒毒品或者毒品犯罪所得的财物的近亲属，即行为人是走私、贩卖、运输、制造毒品犯罪分子的近亲属；

2. 不具有本条前两款规定的“情节严重”情形；

3. 归案后认罪、悔罪、积极退赃；

4. 系初犯、偶犯；

5. 犯罪情节轻微不需要判处刑罚的。

【办案依据】

一、刑法规定

第三百四十九条 包庇走私、贩卖、运输、制造毒品的犯罪分子的，为犯罪分子窝藏、转移、隐瞒毒品或者犯罪所得的财物的，处三年以下有期徒刑、拘役或者管制；情节严重的，处三年以上十年以下有期徒刑。

缉毒人员或者其他国家机关工作人员掩护、包庇走私、贩卖、运输、制造毒品的犯罪分子的，依照前款的规定从重处罚。

犯前两款罪，事先通谋的，以走私、贩卖、运输、制造毒品罪的共犯论处。

二、司法解释

(一)《最高人民法院关于审理毒品犯罪案件适用法律若干问题的解释》(2016年4月11日，法释〔2016〕8号)(节选)

第六条 包庇走私、贩卖、运输、制造毒品的犯罪分子，具有下列情形之一的，应当认定为刑法第三百四十九条第一款规定的“情节严重”:

(一)被包庇的犯罪分子依法应当判处十五年有期徒刑以上刑罚的;

(二)包庇多名或者多次包庇走私、贩卖、运输、制造毒品的犯罪分子的;

(三)严重妨害司法机关对被包庇的犯罪分子实施的毒品犯罪进行追究的;

(四)其他情节严重的情形。

为走私、贩卖、运输、制造毒品的犯罪分子窝藏、转移、隐瞒毒品或者毒品犯罪所得的财物，具有下列情形之一的，应当认定为刑法第三百四十九条第一款规定的“情节严重”:

(一)为犯罪分子窝藏、转移、隐瞒毒品达到刑法第三百四十七条第二款第一项或者本解释第一条第一款规定的“数量大”标准的;

(二)为犯罪分子窝藏、转移、隐瞒毒品犯罪所得的财物价值达到五万元以上的;

(三)为多人或者多次为他人窝藏、转移、隐瞒毒品或者毒品犯罪所得的财物的;

(四)严重妨害司法机关对该犯罪分子实施的毒品犯罪进行追究的;

(五)其他情节严重的情形。

包庇走私、贩卖、运输、制造毒品的近亲属，或者为其窝藏、转移、隐瞒毒品或者毒品犯罪所得的财物，不具有本条前两款规定的“情节严重”情形，归案后认罪、悔罪、积极退赃，且系初犯、偶犯，犯罪情节轻微不需要判处刑罚的，可以免予刑事处罚。

(二)《最高人民法院关于审理洗钱等刑事案件具体应用法律若干问题的解释》(2009年11月11日起施行，法释〔2009〕15号)(节选)

第三条 明知是犯罪所得及其产生的收益而予以掩饰、隐瞒，构成刑法第三百一十二条规定的犯罪，同时又构成刑法第一百九十一条或者第三百四十九条规定的犯罪的，依照处罚较重的规定定罪处罚。

第四条　刑法第一百九十一条、第三百一十二条、第三百四十九条规定的犯罪，应当以上游犯罪事实成立为认定前提。上游犯罪尚未依法裁判，但查证属实的，不影响刑法第一百九十一条、第三百一十二条、第三百四十九条规定的犯罪的审判。

上游犯罪事实可以确认，因行为人死亡等原因依法不予追究刑事责任的，不影响刑法第一百九十一条、第三百一十二条、第三百四十九条规定的犯罪的认定。

上游犯罪事实可以确认，依法以其他罪名定罪处罚的，不影响刑法第一百九十一条、第三百一十二条、第三百四十九条规定的犯罪的认定。

本条所称"上游犯罪"，是指产生刑法第一百九十一条、第三百一十二条、第三百四十九条规定的犯罪所得及其收益的各种犯罪行为。

第五章 非法生产、买卖、运输制毒物品罪

【立案追诉标准】

非法生产、买卖、运输制毒物品案（刑法第350条）

违反国家规定，非法生产、买卖、运输制毒物品，达到下列数量标准的，情节较重的，应予立案追诉。

一、非法生产、买卖、运输制毒物品，达到下列数量标准的，应当认定为刑法第三百五十条第一款规定的“情节较重”：

1. 麻黄碱（麻黄素）、伪麻黄碱（伪麻黄素）、消旋麻黄碱（消旋麻黄素）一千克以上不满五千克；

2. 1-苯基-2-丙酮、1-苯基-2-溴-1-丙酮、3，4-亚甲基二氧苯基-2-丙酮、羟亚胺二千克以上不满十千克；

3. 3-氧-2-苯基丁腈、邻氯苯基环戊酮、去甲麻黄碱（去甲麻黄素）、甲基麻黄碱（甲基麻黄素）四千克以上不满二十千克；

4. 醋酸酐十千克以上不满五十千克；

5. 麻黄浸膏、麻黄浸膏粉、胡椒醛、黄樟素、黄樟油、异黄樟素、麦角酸、麦角胺、麦角新碱、苯乙酸二十千克以上不满一百千克；

6. N-乙酰邻氨基苯酸、邻氨基苯甲酸、三氯甲烷、乙醚、哌啶五十千克以上不满二百五十千克；

7. 甲苯、丙酮、甲基乙基酮、高锰酸钾、硫酸、盐酸一百千克以上不满五百千克；

8. 其他制毒物品数量相当的。

二、非法生产、买卖、运输制毒物品，达到前款规定的数量标准最低值的百分之五十，且具有下列情形之一的，应当认定为刑法第三百五十条第一款规定的“情节较重”：

1. 曾因非法生产、买卖、运输制毒物品、走私制毒物品受过刑事处罚的；

2. 二年内曾因非法生产、买卖、运输制毒物品、走私制毒物品受过行政处罚的；

3. 一次组织五人以上或者多次非法生产、买卖、运输制毒物品、走私制毒物品，或者在多个地点非法生产制毒物品的；

4. 利用、教唆未成年人非法生产、买卖、运输制毒物品、走私制毒物品的；

5. 国家工作人员非法生产、买卖、运输制毒物品、走私制毒物品的；

6. 严重影响群众正常生产、生活秩序的；

7. 其他情节较重的情形。

易制毒化学品生产、经营、购买、运输单位或者个人未办理许可证明或者备案证明，生产、销售、购买、运输易制毒化学品，确实用于合法生产、生活需要的，不以制毒物品犯罪论处。

三、非法生产、买卖、运输制毒物品，具有下列情形之一的，应当认定为刑法第三百五十条第一款规定的“情节严重”：

1. 制毒物品数量在本解释第七条第一款规定的最高数量标准以上，不满最高数量标准五倍的；

2. 达到本解释第七条第一款规定的数量标准，且具有本解释第七条第二款第三项至第六项规定的情形之一的；

3. 其他情节严重的情形。

四、非法生产、买卖、运输制毒物品，具有下列情形之一的，应当认定为刑法第三百五十条第一款规定的“情节特别严重”：

1. 制毒物品数量在本解释第七条第一款规定的最高数量标准五倍以上的；

2. 达到前款第一项规定的数量标准，且具有本解释第七条第二款第三项至第六项规定的情形之一的；

3. 其他情节特别严重的情形。

《最高人民法院关于审理毒品犯罪案件适用法律若干问题的解释》（2016年4月11日，法释〔2016〕8号）

【犯罪构成及刑事责任】

非法生产、买卖、运输制毒物品罪，是指违反国家规定，在国内非法生产、买卖、运输醋酸酐、乙醚、三氯甲烷或者其他用于制造毒品的原料、配剂且数额较大的行为。构成本罪需要具备以下四个要件：

1. 客体要件。非法生产、买卖、运输制毒物品罪侵犯的客体，是国家对易制毒化学品的管理秩序，即国家对醋酸酐、乙醚、三氯甲烷或者其他用于制造毒品的原料或者配剂的管制。

用于制造毒品的原料或者配剂，既是医药和工农业生产的原料，又是制造毒品不可或缺的物品。我国对易制毒化学品实行由国家统一归口管理制度，国家对易制毒化学品的生产、经营、购买、运输和进口、出口实行分类管理和许可制度。根据《中华人民共和国禁毒法》的规定，国家对易制毒化学品的生产、经营、购买、运输实行许可制度。禁止非法生产、买卖、运输、储存、提供、持有、使用易制毒化学品。生产、买卖、运输易制毒化学品的，应当按照规定履行相关手续。

非法生产、买卖、运输制毒物品罪的犯罪对象是国家统一管制的醋酸酐、乙醚、三氯甲烷或者其他用于制造毒品的原料或配剂。至于“其他用于制造毒品的原料或配剂”，法律没有具体规定，需要国务院有关主管部门参照联合国公约作出具体规定。目前，可以参照《联合国禁止非法贩运麻醉药品和精神药物公约》中附表所列的几种可用于制造毒品的化学物品，这些物品是麻黄碱、麦角新碱、麦角胺、麦角酸、1-苯基-2-丙酮、伪麻黄碱、醋酸酐、丙酮、邻氨基苯甲酸、乙醚、苯乙酸、哌啶，并规定这些物质可能存在的盐类包括在内。

2. 客观要件。非法生产、买卖、运输制毒物品罪的客观方面表现为违反国家有关规定，在境内非法实施了生产、买卖、运输醋酸酐、乙醚、三氯甲烷或者其他用于制造毒品的原料或者配剂的行为。

非法生产、买卖、运输制毒物品罪所称制毒物品是指制造毒品的原料和配剂。这些原料和配剂在日常生活中既可以用来生产其他合法产品，也可以用来生产毒品，因此又称为易制毒化学品，也就是说《易制毒化学品管理条例》中所列化学物品均属于本法所称制毒物品。2018 年 9 月 18 日《易制毒化学品管理条例》（国务院令第 445 号）中列出了 23 种易制毒化学品：第一类是可以用于制毒的主要原料，第二类、第三类是可以用于制毒的化学配剂。

但是在法学理论上，“制毒物品”与“易制毒化学品”是存在于不同法域的两个概念，虽然从词语含义来说，一切用于制造毒品的易制毒化学品都是制毒物品，但是反过来说，所有的制毒物品却不都属于易制毒化学品的范围。[①] 从法律意义而言，易制毒化学品并不简单等同于其字面的意思，即容易用以制毒的化学品。比如，高锰酸钾因为具有氧化和漂白的作用，被制毒犯罪分子当作添加剂用于生产海洛因。氯化铵在化学反应中具有提纯的作用，也被普遍适用于制造毒品。[②] 但是，高锰酸钾已经被列入了《易制毒化学品管理条例》的易制毒化学品名单并加以管制，二氯化铵却并没有被纳入。所以学理上的“制毒物品”与“易制毒化学品”的语词困惑，就要求在司法实务领域，一定要坚持罪刑法定原则，禁止类推解释，防止对公民的自由造成严重危险。[③]

根据 2016 年《最高人民法院关于审理毒品犯罪案件适用法律若干问题的解释》的规定，制毒物品种类包括：

（1）麻黄碱（麻黄素）、伪麻黄碱（伪麻黄素）、消旋麻黄碱（消旋麻黄素）；

---

① 肖卓然：《论制度物品相关行为的刑法规制》，湘潭大学 2017 年硕士学位论文。

② 聂鹏、张梨、李文君：《制毒物品与易制毒化学品：禁毒学两个基本概念辨析》，载《北京警察学院学报》2013 年第 6 期。

③ 黎宏：《刑法学总论》，法律出版社 2016 年版，第 18~19 页。

（2）1-苯基-2-丙酮、1-苯基-2-溴-1-丙酮、3，4-亚甲基二氧苯基-2-丙酮、羟亚胺；

（3）3-氧-2-苯基丁腈、邻氯苯基环戊酮、去甲麻黄碱（去甲麻黄素）、甲基麻黄碱（甲基麻黄素）；

（4）醋酸酐；

（5）麻黄浸膏、麻黄浸膏粉、胡椒醛、黄樟素、黄樟油、异黄樟素、麦角酸、麦角胺、麦角新碱、苯乙酸；

（6）N-乙酰邻氨基苯酸、邻氨基苯甲酸、三氯甲烷、乙醚、哌啶；

（7）甲苯、丙酮、甲基乙基酮、高锰酸钾、硫酸、盐酸；

（8）其他制毒物品。

《最高人民法院、最高人民检察院、公安部关于〈办理走私、非法买卖麻黄碱类复方制剂等刑事案件适用法律若干问题的意见〉的理解与适用》指出，以非法买卖制毒物品罪定罪处罚的，应当以涉案麻黄碱类复方制剂中麻黄碱类物质的含量作为涉案制毒物品数量。因麻黄碱类复方制剂是由麻黄碱类物质和其他成分混合而成的药物制剂，其中的麻黄碱类物质才是制毒物品，其他成分不属于制毒物品，若不考虑其他成分的含量，直接按照涉案麻黄碱类复方制剂数量定罪量刑不合理，可能导致处罚过重，有违罪刑相适应原则。关于麻黄碱类物质含量的折算方法，对于正规厂家出产的成品药剂，可结合数量按照其药品批准证明文件中列明的成分、含量进行计算；对于已拆除包装、改变形态的麻黄碱类复方制剂，则需要进行含量鉴定。

根据《中华人民共和国刑法修正案（九）》与《最高人民法院、最高人民检察院关于执行〈中华人民共和国刑法〉确定罪名的补充规定（六）》的规定，非法生产、买卖、运输制毒物品罪的行为可以分为非法生产、买卖、运输，其中“生产”，包括制造、加工、提炼等不同环节。

根据2009年《最高人民法院、最高人民检察院、公安部关于办理制毒物品犯罪案件适用法律若干问题的意见》的规定，非法买卖制毒物品行为包括：

（1）未经许可或者备案，擅自购买、销售易制毒化学品的；

（2）超出许可证明或者备案证明的品种、数量范围购买、销售易制毒化学品的；

（3）使用他人的或者伪造、变造、失效的许可证明或者备案证明购买、销售易制毒化学品的；

（4）经营单位违反规定，向无购买许可证明、备案证明的单位、个人销售易制毒化学品的，或者明知购买者使用他人的或者伪造、变造、失效的购买许可证明、备案证明，向其销售易制毒化学品的；

（5）以其他方式非法买卖易制毒化学品的。

3. 主体要件。非法生产、买卖、运输制毒物品罪的主体是一般主体，即凡是达到刑事责任年龄具有刑事责任能力，实施了非法生产、买卖、运输制毒物品的人，均可构成本罪。年满十六周岁的完全刑事责任能力人都可以构成本罪的犯罪主体。

单位也可以成为非法生产、买卖、运输制毒物品罪的主体，根据刑法第350条第3款："单位犯前两款罪的，对单位判处罚金，并对其直接负责的主管人员和其他直接责任人员，依照前两款的规定处罚。"这里的"直接负责的主管人员"，是指对以单位名义进行上述违法犯罪活动，直接起决定、策划、组织或指挥作用的人员，主要是单位的领导或业务主管人员。"其他直接责任人员"是指上述人员以外的在违法犯罪活动中起主要、骨干作用的人员。由于本罪行为所指向的乃是制毒物品，而制毒物品本身并不为法律所禁止，其中许多物品本身属于生产药物的前体，现实中存在大量生产、销售该类物品的企业，而由于巨大的利益驱使再加上监管环节可能存在的漏洞，这些企业就完全有可能成为实施本罪的主体。

4. 主观要件。非法生产、买卖、运输制毒物品罪在主观方面表现为故意，即行为人明知其生产、买卖、运输的物品是可以用作制造毒品的原料或者配剂。如果确实不知道生产、买卖、运输或者携带进出境的是制毒原料或配剂而实施生产、买卖、运输的行为，不构成犯罪。

本罪主观上要求明知，即行为人对其所生产、运输、携带的物质性质有明确的认知。认定本罪主观方面的焦点在于如何判断直接故意，即行为人对自己携带、运输上述物品性质的明知。根据2009年《最高人民法院、最高人民检察院、公安部关于办理制毒物品犯罪案件适用法律若干问题的意见》规定："对于走私或者非法买卖制毒物品行为，有下列情形之一，且查获了易制毒化学品，结合犯罪嫌疑人、被告人的供述和其他证据，经综合审查判断，可以认定其‘明知’是制毒物品而走私或者非法买卖，但有证据证明确属被蒙骗的除外：

“1. 改变产品性状、包装或者使用虚假标签、商标等产品标志的；

“2. 以藏匿、夹带或者其他隐蔽方式运输、携带易制毒化学品逃避检查的；

“3. 抗拒检查或者在检查时丢弃货物逃跑的；

“4. 以伪报、藏匿、伪装等蒙蔽手段逃避海关、边防等检查的；

“5. 选择不设海关或者边防检查站的路段绕行出入境的；

“6. 以虚假身份、地址办理托运、邮寄手续的；

“7. 以其他方法隐瞒真相，逃避对易制毒化学品依法监管的。”

2012 年《最高人民法院、最高人民检察院、公安部关于办理走私、非法买卖麻黄碱类复方制剂等刑事案件适用法律若干问题的意见》对办理麻黄碱类案件的主观方面作出了具体规定。涉麻黄碱的案件中，“对于本意见规定的犯罪嫌疑人、被告人的主观目的与明知，应当根据物证、书证、证人证言以及犯罪嫌疑人、被告人供述和辩解等在案证据，结合犯罪嫌疑人、被告人的行为表现，重点考虑以下因素综合予以认定：

“1. 购买、销售麻黄碱类复方制剂的价格是否明显高于市场交易价格；

“2. 是否采用虚假信息、隐蔽手段运输、寄递、存储麻黄碱类复方制剂；

“3. 是否采用伪报、伪装、藏匿或者绕行进出境等手段逃避海关、边防等检查；

“4. 提供相关帮助行为获得的报酬是否合理；

“5. 此前是否实施过同类违法犯罪行为；

“6. 其他相关因素。”

关于主观明知的认定，如果确有证据证明是被蒙骗的，应当认定其主观并不明知。2009 年《最高人民法院、最高人民检察院、公安部关于办理制毒物品犯罪案件适用法律若干问题的意见》也明确指出：“有证据证明确属被蒙骗的除外。”

根据刑法第 350 条的规定：犯本罪，情节较重的，处三年以下有期徒刑、拘役或者管制，并处罚金；情节严重的，处三年以上七年以下有期徒刑，并处罚金；

情节特别严重的，处七年以上有期徒刑，并处罚金或者没收财产。

明知他人制造毒品而为其生产、买卖、运输前款规定的物品的，以制造毒品罪的共犯论处。

单位犯前两款罪的，对单位判处罚金，并对其直接负责的主管人员和其他直接责任人员，依照前两款的规定处罚。

【疑难指导】

近年来，毒品制造形势发生了很大变化，大多数毒品是利用易制毒化学品经过化学加工合成的，易制毒化学品是国家规定管制的可用于制造毒品的化学原料和配剂，同时也是化工、医疗行业中不可或缺的重要原料。非法生产、买卖、运输制毒物品的违法犯罪活动日益猖獗，大量易制毒化学品流入地下毒品加工厂被利用于制造毒品，因此依法惩治非法生产、买卖、运输制毒物品犯罪迫在眉睫。非法生产、买卖、运输制毒物品罪是刑法第350条规定的罪名，《中华人民共和国刑法修正案（九）》增加规定了非法生产、运输制毒物品的犯罪[①]，加大了对这类犯罪的惩治力度，同时修改了本条的刑罚规定，提高了本条规定的法定刑，并增加了没收财产的规定。非法生产、买卖、运输制毒物品罪作为常见的毒品犯罪类型之一，其在司法认定上存在一些疑难问题。

一、非法生产、买卖、运输制毒物品罪与非罪的区分

非法生产、买卖、运输制毒物品罪的主观方面要求是故意，即行为人明知是制毒物品而非法加以买卖。如果行为人误以为是其他化学物品而加以买卖，或者受人欺骗为他人购买的，不构成非法买卖制毒物品罪。

2009年《最高人民法院、最高人民检察院、公安部关于办理制毒物品犯罪案件适用法律若干问题的意见》第1条第3项规定了可不以非法买卖制毒物品罪论处的情形。易制毒化学品生产、经营、使用单位或者个人未办理许可证明或者备案证明，购买、销售易制毒化学品，如果有证据证明确实用于合法生产、生活需

---

① 叶晓颖、马岩、方文军、李静然：《〈关于审理毒品犯罪案件适用法律若干问题的解释〉的理解与适用》，载《人民司法（应用）》2016年第13期。

要，依法能够办理只是未及时办理许可证明或者备案证明，且未造成严重社会危害的，可不以非法买卖制毒物品罪论处。

如果行为人非法买卖的制毒物品尚未达到司法解释所规定的数量标准，则不构成本罪，属于一般违法行为。

二、非法生产、买卖、运输制毒物品罪与其他犯罪的区分

非法买卖制毒物品行为同时构成其他犯罪的，依照处罚较重的规定定罪处罚。

2009 年《最高人民法院、最高人民检察院、公安部关于办理制毒物品犯罪案件适用法律若干问题的意见》第 1 条第 4 项规定："为了制造毒品或者走私、非法买卖制毒物品犯罪而采用生产、加工、提炼等方法非法制造易制毒化学品的，根据刑法第二十二条的规定，按照其制造易制毒化学品的不同目的，分别以制造毒品、走私制毒物品、非法买卖制毒物品的预备行为论处。"

非法生产、买卖、运输制毒物品罪与走私制毒物品罪都是限于国家严格管制的醋酸酐、乙醚、三氯甲烷或者其他用于制造毒品的原料或者配剂。两罪区别的关键是行为方式不同：本罪的行为是买卖制毒物品，包括未经有关主管部门批准而擅自出售或者购买制毒物品，以及虽经有关主管部门批准但违规或超量买卖制毒物品的行为；而走私制毒物品罪的行为方式则是走私制毒物品。不过就处罚结果而言，两罪刑罚处罚的依据都是刑法第 350 条。

2012 年《最高人民法院、最高人民检察院、公安部关于办理走私、非法买卖麻黄碱类复方制剂等刑事案件适用法律若干问题的意见》第 1 条第 4 款规定了走私、非法买卖麻黄碱类复方制剂等行为构成非法经营罪、走私普通货物、物品罪等的适用标准。根据此款规定，行为人非法运输、携带、寄递麻黄碱类复方制剂进出境，没有证据证明系用于制造毒品或者走私、非法买卖毒品，或者未达到走私制毒物品罪的定罪数量标准，构成非法经营罪、走私普通货物、物品罪等其他犯罪的，依法定罪处罚。本款规定对走私、非法买卖麻黄碱类复方制剂等行为的处理具有一定的兜底作用。

三、非法生产、买卖、运输制毒物品罪的既遂与未遂

采用加工、提炼的方法非法制造易制毒化学品，是非法买卖制毒物品犯罪的预备行为[①]，属于犯罪预备，可以比照既遂犯减轻处罚。[②]

2012 年《最高人民法院、最高人民检察院、公安部关于办理走私、非法买卖麻黄碱类复方制剂等刑事案件适用法律若干问题的意见》之所以对犯罪预备、未遂作出专门规定，是因为根据现行法律规定，麻黄碱类复方制剂本身既不是毒品，也不是制毒物品，属于毒品前体（制毒物品）的前体。实践中，不法分子主观上具有毒品犯罪故意，客观上将麻黄碱类复方制剂作为“准制毒物品”进行走私、非法买卖或者利用其加工、提炼麻黄碱类物质，并进一步用以制造毒品，虽然可以定性为相应毒品犯罪，但是其相对于通常的走私、非法买卖制毒物品和制造毒品犯罪而言，在社会危害程度上存在一定差别，犯罪形态也理当根据具体情况有所区分。一般情况下，实施意见规定的行为，原则上应当按照相应毒品犯罪的预备犯、未遂犯论处；对于行为人已经着手实施制造毒品罪或者走私、非法买卖制毒物品罪的犯罪行为，按照实行行为吸收预备行为、重行为吸收轻行为的原则，应当结合具体情况依法认定犯罪未遂或者犯罪既遂。

四、非法生产、买卖、运输制毒物品罪的共同犯罪

一般共同犯罪，即基于共同的犯罪故意，即两个或两个以上行为人，基于共同的走私制毒物品的故意，共同实施走私制毒物品的行为应当认定为共犯。在司法实践中，大部分有关毒品的犯罪都是二人及二人以上的共同犯罪，甚至是组织严密的集团犯罪。明知他人实施非法买卖制毒物品罪，而为其运输、储存或者以其他方式提供便利的，以非法生产、买卖、运输制毒物品罪的共犯论处。明知他人系制造毒品而卖给他人制毒物品的，应当以制造毒品罪的共犯处罚。若没有实施毒品犯罪的共同故意，仅在客观上为相互关联的毒品犯罪上下家，不构成共同犯罪。

在非法买卖制毒物品罪的审判过程中，应注意区分主犯与从犯。正确区分主犯与从犯，应当以各共同犯罪人在毒品共同犯罪中的地位和作用为根据。只要认定为从犯，无论主犯是否到案，均应依照刑法关于从犯的规定从轻、减轻或者免

---

① 阎二鹏：《预备行为实行化的法教义学审视与重构——基于〈中华人民共和国刑法修正案（九）的思考〉》，载《法商研究》2016 年第 5 期。

② 商浩文：《预备行为实行化的罪名体系与司法限缩》，载《法学评论》2017 年第 6 期。

除处罚。为了非法买卖制毒物品犯罪而采用加工、提炼的方法非法制造易制毒化学品，是非法买卖制毒物品犯罪的预备行为，并在共同犯罪中起辅助作用，系从犯，应当从轻处罚。

在非法生产、买卖、运输制毒物品罪的审判过程中，也要正确认定共同犯罪案件中主犯和从犯的毒品犯罪数量。对非法买卖制毒物品犯罪集团的首要分子，应当按照集团毒品犯罪的总数量处罚；对一般共同犯罪的主犯，应当按照其所参与的或者组织、指挥的毒品犯罪数量处罚；对从犯，应当按照其所参与的毒品犯罪的数量处罚。

另外，不管是其他毒品犯罪的实行行为还是帮助行为，都应当以其构成的具体犯罪来追究刑事责任。

五、非法生产、买卖、运输制毒物品罪的罪数形态

涉毒品犯罪往往不是单一的行为，而是多种行为互相衔接完成，比如源头的非法买卖制毒物品，然后加工制造成毒品，再进行非法运输、销售，甚至走私到境外，且司法实践中查获的毒品犯罪类型也鲜有只实施一种毒品犯罪行为的。因此，正确处理不同毒品犯罪类型在司法实践上具有重要意义。

2009 年《最高人民法院、最高人民检察院、公安部关于办理制毒物品犯罪案件适用法律若干问题的意见》第 1 条第 6 项规定："走私、非法买卖制毒物品行为同时构成其他犯罪的，依照处罚较重的规定定罪处罚。"但在司法实践中，往往不是严格按照处罚较重的规定定罪处罚。

牵连犯是指犯罪的手段行为或结果行为，与目的行为或原因行为分别触犯不同罪名的情况。对于牵连犯的处理，刑法总则没有明确规定其处罚原则，理论上一般认为对牵连犯应从一重罪处罚。因此，以制造毒品为目的而非法买卖制毒物品的，应当以制造毒品罪依法追究刑事责任；以走私制毒物品为目的而进行非法买卖制毒物品的，应当以走私制毒物品罪依法追究刑事责任。

关于法条竞合的情况。2009 年《最高人民法院、最高人民检察院、公安部关于办理制毒物品犯罪案件适用法律若干问题的意见》第 1 条第 6 项规定："走私、非法买卖制毒物品行为同时构成其他犯罪的，依照处罚较重的规定定罪处罚。"2012 年《最高人民法院、最高人民检察院、公安部关于办理走私、非法买卖麻黄碱类复方制剂等刑事案件适用法律若干问题的意见》第 1 条第 1 款规定："以加工、提炼制毒物品制造毒品为目的，购买麻黄碱类复方制剂，或者运输、携带、寄递麻黄碱类复方制剂进出境的，依照刑法第三百四十七条的规定，以制造毒品罪定罪处罚。"该条第 2 款规定："以加工、提炼制毒物品为目的，购买麻黄碱类复方制剂，或者运输、携带、寄递麻黄碱类复方制剂进出境的，依照刑法第三百五十条第一款、第三款的规定，分别以非法买卖制毒物品罪、走私制毒物品罪定罪处罚。"

该条第 5 款还规定了犯罪竞合的处断原则。该款具体规定："实施第一款、第二款规定的行为，同时构成其他犯罪的，依照处罚较重的规定定罪处罚。"具体而言，实施第 1 款规定的行为与非法经营罪，走私普通货物、物品罪等其他犯罪竞合的，由于刑法对于制造毒品罪的法定刑设置较高，按照制造毒品罪处罚通常较重；实施第 2 款规定的行为与非法经营罪，走私普通货物、物品罪等其他犯罪竞合的，根据麻黄碱类复方制剂的涉案金额及其中麻黄碱类物质的数量的大小，会出现不同的适用关系。具体而言，根据涉案金额适用非法经营罪等其他犯罪的法定刑高于根据麻黄碱类物质的数量适用有关制毒物品犯罪的法定刑时，则适用非法经营罪等其他犯罪；反之，以有关制毒物品犯罪定罪处罚。

六、非法生产、买卖、运输制毒物品罪量刑标准

依照刑法以及有关毒品犯罪司法解释的规定，为本罪设定的三个量刑档，每个量刑格所对应的量刑标准、情形分别为：

（一）七年以上有期徒刑，并处罚金或者没收财产

其对应的量刑要求为"情节特别严重"，结合刑法第 350 条第 1 款以及 2016 年《最高人民法院关于审理毒品犯罪案件适用法律若干问题的解释》第 7 条、第 8 条的规定，非法生产、买卖、运输制毒物品，具有下列情形之一的：

1. 制毒物品数量在三年以下有期徒刑、拘役或者管制量刑最低档规定的最高数量标准五倍以上的；

2. 达到三年以下有期徒刑、拘役或者管制量刑最低档规定的数量标准，且具有以下情形之一的：

（1）一次组织五人以上或者多次非法生产、买卖、运输制毒物品、走私制毒

物品，或者在多个地点非法生产制毒物品的；

（2）利用、教唆未成年人非法生产、买卖、运输制毒物品、走私制毒物品的；

（3）国家工作人员非法生产、买卖、运输制毒物品、走私制毒物品的；

（4）严重影响群众正常生产、生活秩序的。

3. 其他情节特别严重的情形。

（二）三年以上七年以下有期徒刑，并处罚金

其对应的量刑为三年以上七年以下有期徒刑，并处罚金。其对应的量刑情节为“情节严重”。结合刑法第 350 条第 1 款以及 2016 年《最高人民法院关于审理毒品犯罪案件适用法律若干问题的解释》第 7 条、第 8 条的规定，非法生产、买卖、运输制毒物品，具有下列情形之一的：

1. 制毒物品数量在三年以下有期徒刑、拘役或者管制量刑最低档规定的最高数量标准以上，不满最高数量标准五倍的；

2. 达到三年以下有期徒刑、拘役或者管制量刑最低档规定的数量标准，且具有以下情形之一的：

（1）一次组织五人以上或者多次非法生产、买卖、运输制毒物品、走私制毒物品，或者在多个地点非法生产制毒物品的；

（2）利用、教唆未成年人非法生产、买卖、运输制毒物品、走私制毒物品的；

（3）国家工作人员非法生产、买卖、运输制毒物品、走私制毒物品的；

（4）严重影响群众正常生产、生活秩序的。

3. 其他情节严重的情形。

（三）三年以下有期徒刑、拘役或者管制，并处罚金

其对应的量刑情节为“情节较重”。结合刑法第 350 条以及 2016 年《最高人民法院关于审理毒品犯罪案件适用法律若干问题的解释》第 7 条的规定，情节较重的情况包括两大类：一类是数量情节；一类是行为情节。二者的关系是，特定制毒物品达到一定的数量即构成本罪，在特定物品数量未达到起刑点数量但超过起刑点数量 50%的情况下，满足特定条件的也认定构成“情节较重”。

1. 数量情节

达到下列数量标准的，应当认定为刑法第 350 条第 1 款规定的“情节较重”：

（1）麻黄碱（麻黄素）、伪麻黄碱（伪麻黄素）、消旋麻黄碱（消旋麻黄素）一千克以上不满五千克；

（2）1-苯基-2-丙酮、1-苯基-2-溴-1-丙酮、3，4-亚甲基二氧苯基-2-丙酮、羟亚胺二千克以上不满十千克；

（3）3-氧-2-苯基丁腈、邻氯苯基环戊酮、去甲麻黄碱（去甲麻黄素）、甲基麻黄碱（甲基麻黄素）四千克以上不满二十千克；

（4）醋酸酐十千克以上不满五十千克；

（5）麻黄浸膏、麻黄浸膏粉、胡椒醛、黄樟素、黄樟油、异黄樟素、麦角酸、麦角胺、麦角新碱、苯乙酸二十千克以上不满一百千克；

（6）N-乙酰邻氨基苯酸、邻氨基苯甲酸、三氯甲烷、乙醚、哌啶五十千克以上不满二百五十千克；

（7）甲苯、丙酮、甲基乙基酮、高锰酸钾、硫酸、盐酸一百千克以上不满五百千克；

（8）其他制毒物品数量相当的。

2. 行为情节

根据《最高人民法院关于审理毒品犯罪案件适用法律若干问题的解释》第7条第2款的规定，违反国家规定，非法生产、买卖、运输制毒物品、走私制毒物品，达到前款规定的数量标准最低值的百分之五十，且具有下列情形之一的，应当认定为刑法第350条第1款规定的“情节较重”：

（1）曾因非法生产、买卖、运输制毒物品、走私制毒物品受过刑事处罚的；

（2）二年内曾因非法生产、买卖、运输制毒物品、走私制毒物品受过行政处罚的；

（3）一次组织五人以上或者多次非法生产、买卖、运输制毒物品、走私制毒物品，或者在多个地点非法生产制毒物品的；

（4）利用、教唆未成年人非法生产、买卖、运输制毒物品、走私制毒物品的；

（5）国家工作人员非法生产、买卖、运输制毒物品、走私制毒物品的；

（6）严重影响群众正常生产、生活秩序的；

（7）其他情节较重的情形。

【办案依据】

一、刑法规定

第三百五十条 违反国家规定，非法生产、买卖、运输醋酸酐、乙醚、三氯甲烷或者其他用于制造毒品的原料、配剂，或者携带上述物品进出境，情节较重的，处三年以下有期徒刑、拘役或者管制，并处罚金；情节严重的，处三年以上七年以下有期徒刑，并处罚金；情节特别严重的，处七年以上有期徒刑，并处罚金或者没收财产。

明知他人制造毒品而为其生产、买卖、运输前款规定的物品的，以制造毒品罪的共犯论处。

单位犯前两款罪的，对单位判处罚金，并对其直接负责的主管人员和其他直接责任人员，依照前两款的规定处罚。

二、司法解释

《最高人民法院关于审理毒品犯罪案件适用法律若干问题的解释》（2016年4月11日，法释〔2016〕8号）（节选）

第七条 违反国家规定，非法生产、买卖、运输制毒物品、走私制毒物品，达到下列数量标准的，应当认定为刑法第三百五十条第一款规定的“情节较重”：

（一）麻黄碱（麻黄素）、伪麻黄碱（伪麻黄素）、消旋麻黄碱（消旋麻黄素）一千克以上不满五千克；

（二）1-苯基-2-丙酮、1-苯基-2-溴-1-丙酮、3，4-亚甲基二氧苯基-2-丙酮、羟亚胺二千克以上不满十千克；

（三）3-氧-2-苯基丁腈、邻氯苯基环戊酮、去甲麻黄碱（去甲麻黄素）、甲基麻黄碱（甲基麻黄素）四千克以上不满二十千克；

（四）醋酸酐十千克以上不满五十千克；

（五）麻黄浸膏、麻黄浸膏粉、胡椒醛、黄樟素、黄樟油、异黄樟素、麦角酸、麦角胺、麦角新碱、苯乙酸二十千克以上不满一百千克；

（六）N-乙酰邻氨基苯酸、邻氨基苯甲酸、三氯甲烷、乙醚、哌啶五十千克以上不满二百五十千克；

（七）甲苯、丙酮、甲基乙基酮、高锰酸钾、硫酸、盐酸一百千克以上不满五百千克；

（八）其他制毒物品数量相当的。

违反国家规定，非法生产、买卖、运输制毒物品、走私制毒物品，达到前款规定的数量标准最低值的百分之五十，且具有下列情形之一的，应当认定为刑法第三百五十条第一款规定的“情节较重”：

（一）曾因非法生产、买卖、运输制毒物品、走私制毒物品受过刑事处罚的；

（二）二年内曾因非法生产、买卖、运输制毒物品、走私制毒物品受过行政处罚的；

（三）一次组织五人以上或者多次非法生产、买卖、运输制毒物品、走私制毒物品，或者在多个地点非法生产制毒物品的；

（四）利用、教唆未成年人非法生产、买卖、运输制毒物品、走私制毒物品的；

（五）国家工作人员非法生产、买卖、运输制毒物品、走私制毒物品的；

（六）严重影响群众正常生产、生活秩序的；

（七）其他情节较重的情形。

易制毒化学品生产、经营、购买、运输单位或者个人未办理许可证明或者备案证明，生产、销售、购买、运输易制毒化学品，确实用于合法生产、生活需要的，不以制毒物品犯罪论处。

第八条 违反国家规定，非法生产、买卖、运输制毒物品、走私制毒物品，具有下列情形之一的，应当认定为刑法第三百五十条第一款规定的“情节严重”：

（一）制毒物品数量在本解释第七条第一款规定的最高数量标准以上，不满最高数量标准五倍的；

（二）达到本解释第七条第一款规定的数量标准，且具有本解释第七条第二款第三项至第六项规定的情形之一的；

（三）其他情节严重的情形。

违反国家规定，非法生产、买卖、运输制毒物品、走私制毒物品，具有下列情形之一的，应当认定为刑法第三百五十条第一款规定的“情节特别严重”：

（一）制毒物品数量在本解释第七条第一款规定的最高数量标准五倍以上的；

（二）达到前款第一项规定的数量标准，且具有本解释第七条第二款第三项至第六项规定的情形之一的；

（三）其他情节特别严重的情形。

三、司法文件

（一）《最高人民法院、最高人民检察院、公安部关于办理走私、非法买卖麻黄碱类复方制剂等刑事案件适用法律若干问题的意见》（2012年6月18日，法发〔2012〕12号）（节选）

一、关于走私、非法买卖麻黄碱类复方制剂等行为的定性

以加工、提炼制毒物品制造毒品为目的，购买麻黄碱类复方制剂，或者运输、携带、寄递麻黄碱类复方制剂进出境的，依照刑法第三百四十七条的规定，以制造毒品罪定罪处罚。

以加工、提炼制毒物品为目的，购买麻黄碱类复方制剂，或者运输、携带、寄递麻黄碱类复方制剂进出境的，依照刑法第三百五十条第一款、第三款的规定，分别以非法买卖制毒物品罪、走私制毒物品罪定罪处罚。

将麻黄碱类复方制剂拆除包装、改变形态后进行走私或者非法买卖，或者明知是已拆除包装、改变形态的麻黄碱类复方制剂而进行走私或者非法买卖的，依照刑法第三百五十条第一款、第三款的规定，分别以走私制毒物品罪、非法买卖制毒物品罪定罪处罚。

非法买卖麻黄碱类复方制剂或者运输、携带、寄递麻黄碱类复方制剂进出境，没有证据证明系用于制造毒品或者走私、非法买卖制毒物品，或者未达到走私制毒物品罪、非法买卖制毒物品罪的定罪数量标准，构成非法经营罪、走私普通货物、物品罪等其他犯罪的，依法定罪处罚。

实施第一款、第二款规定的行为，同时构成其他犯罪的，依照处罚较重的规定定罪处罚。

二、关于利用麻黄碱类复方制剂加工、提炼制毒物品行为的定性

以制造毒品为目的，利用麻黄碱类复方制剂加工、提炼制毒物品的，依照刑法第三百四十七条的规定，以制造毒品罪定罪处罚。

以走私或者非法买卖为目的，利用麻黄碱类复方制剂加工、提炼制毒物品的，依照刑法第三百五十条第一款、第三款的规定，分别以走私制毒物品罪、非法买卖制毒物品罪定罪处罚。

三、关于共同犯罪的认定

明知他人利用麻黄碱类制毒物品制造毒品，向其提供麻黄碱类复方制剂，为其利用麻黄碱类复方制剂加工、提炼制毒物品，或者为其获取、利用麻黄碱类复方制剂提供其他帮助的，以制造毒品罪的共犯论处。

明知他人走私或者非法买卖麻黄碱类制毒物品，向其提供麻黄碱类复方制剂，为其利用麻黄碱类复方制剂加工、提炼制毒物品，或者为其获取、利用麻黄碱类复方制剂提供其他帮助的，分别以走私制毒物品罪、非法买卖制毒物品罪的共犯论处。

四、关于犯罪预备、未遂的认定

实施本意见规定的行为，符合犯罪预备或者未遂情形的，依照法律规定处罚。

五、关于犯罪嫌疑人、被告人主观目的与明知的认定

对于本意见规定的犯罪嫌疑人、被告人的主观目的与明知，应当根据物证、书证、证人证言以及犯罪嫌疑人、被告人供述和辩解等在案证据，结合犯罪嫌疑人、被告人的行为表现，重点考虑以下因素综合予以认定：

1. 购买、销售麻黄碱类复方制剂的价格是否明显高于市场交易价格；
2. 是否采用虚假信息、隐蔽手段运输、寄递、存储麻黄碱类复方制剂；
3. 是否采用伪报、伪装、藏匿或者绕行进出境等手段逃避海关、边防等检查；
4. 提供相关帮助行为获得的报酬是否合理；
5. 此前是否实施过同类违法犯罪行为；
6. 其他相关因素。

六、关于制毒物品数量的认定

实施本意见规定的行为，以走私制毒物品罪、非法买卖制毒物品罪定罪处罚的，应当以涉案麻黄碱类复方制剂中麻黄碱类物质的含量作为涉案制毒物品的数量。

实施本意见规定的行为，以制造毒品罪定罪处罚的，应当将涉案麻黄碱类复

方制剂所含的麻黄碱类物质可以制成的毒品数量作为量刑情节考虑。

多次实施本意见规定的行为未经处理的，涉案制毒物品的数量累计计算。

七、关于定罪量刑的数量标准

实施本意见规定的行为，以走私制毒物品罪、非法买卖制毒物品罪定罪处罚的，涉案麻黄碱类复方制剂所含的麻黄碱类物质应当达到以下数量标准：麻黄碱、伪麻黄碱、消旋麻黄碱及其盐类五千克以上不满五十千克；去甲麻黄碱、甲基麻黄碱及其盐类十千克以上不满一百千克；麻黄浸膏、麻黄浸膏粉一百千克以上不满一千千克。达到上述数量标准上限的，认定为刑法第三百五十条第一款规定的“数量大”。

实施本意见规定的行为，以制造毒品罪定罪处罚的，无论涉案麻黄碱类复方制剂所含的麻黄碱类物质数量多少，都应当追究刑事责任。

八、关于麻黄碱类复方制剂的范围

本意见所称麻黄碱类复方制剂是指含有《易制毒化学品管理条例》（国务院令第445号）品种目录所列的麻黄碱（麻黄素）、伪麻黄碱（伪麻黄素）、消旋麻黄碱（消旋麻黄素）、去甲麻黄碱（去甲麻黄素）、甲基麻黄碱（甲基麻黄素）及其盐类，或者麻黄浸膏、麻黄浸膏粉等麻黄碱类物质的药品复方制剂。

（二）《最高人民法院、最高人民检察院、公安部关于办理制毒物品犯罪案件适用法律若干问题的意见》（2009年6月23日，公通字〔2009〕33号）（节选）

一、关于制毒物品犯罪的认定

（一）本意见中的“制毒物品”，是指刑法第三百五十条第一款规定的醋酸酐、乙醚、三氯甲烷或者其他用于制造毒品的原料或者配剂，具体品种范围按照国家关于易制毒化学品管理的规定确定。

（二）违反国家规定，实施下列行为之一的，认定为刑法第三百五十条规定的非法买卖制毒物品行为：

1. 未经许可或者备案，擅自购买、销售易制毒化学品的；

2. 超出许可证明或者备案证明的品种、数量范围购买、销售易制毒化学品的；

3. 使用他人的或者伪造、变造、失效的许可证明或者备案证明购买、销售易制毒化学品的；

4. 经营单位违反规定，向无购买许可证明、备案证明的单位、个人销售易制毒化学品的，或者明知购买者使用他人的或者伪造、变造、失效的购买许可证明、备案证明，向其销售易制毒化学品的；

5. 以其他方式非法买卖易制毒化学品的。

（三）易制毒化学品生产、经营、使用单位或者个人未办理许可证明或者备案证明，购买、销售易制毒化学品，如果有证据证明确实用于合法生产、生活需要，依法能够办理只是未及时办理许可证明或者备案证明，且未造成严重社会危害的，可不以非法买卖制毒物品罪论处。

（四）为了制造毒品或者走私、非法买卖制毒物品犯罪而采用生产、加工、提炼等方法非法制造易制毒化学品的，根据刑法第二十二条的规定，按照其制造易制毒化学品的不同目的，分别以制造毒品、走私制毒物品、非法买卖制毒物品的预备行为论处。

（五）明知他人实施走私或者非法买卖制毒物品犯罪，而为其运输、储存、代理进出口或者以其他方式提供便利的，以走私或者非法买卖制毒物品罪的共犯论处。

（六）走私、非法买卖制毒物品行为同时构成其他犯罪的，依照处罚较重的规定定罪处罚。

二、关于制毒物品犯罪嫌疑人、被告人主观明知的认定

对于走私或者非法买卖制毒物品行为，有下列情形之一，且查获了易制毒化学品，结合犯罪嫌疑人、被告人的供述和其他证据，经综合审查判断，可以认定其“明知”是制毒物品而走私或者非法买卖，但有证据证明确属被蒙骗的除外：

1. 改变产品形状、包装或者使用虚假标签、商标等产品标志的；

2. 以藏匿、夹带或者其他隐蔽方式运输、携带易制毒化学品逃避检查的；

3. 抗拒检查或者在检查时丢弃货物逃跑的；

4. 以伪报、藏匿、伪装等蒙蔽手段逃避海关、边防等检查的；

5. 选择不设海关或者边防检查站的路段绕行出入境的；

6. 以虚假身份、地址办理托运、邮寄手续的；

7. 以其他方法隐瞒真相，逃避对易制毒化学品依法监管的。

三、关于制毒物品犯罪定罪量刑的数量标准

（一）违反国家规定，非法运输、携带制毒物品进出境或者在境内非法买卖制毒物品达到下列数量标准的，依照刑法第三百五十条第一款的规定，处三年以下有期徒刑、拘役或者管制，并处罚金：

1. 1-苯基-2-丙酮五千克以上不满五十千克；

2. 3，4-亚甲基二氧苯基-2-丙酮、去甲麻黄素（去甲麻黄碱）、甲基麻黄素（甲基麻黄碱）、羟亚胺及其盐类十千克以上不满一百千克；

3. 胡椒醛、黄樟素、黄樟油、异黄樟素、麦角酸、麦角胺、麦角新碱、苯乙酸二十千克以上不满二百千克；

4. N-乙酰邻氨基苯酸、邻氨基苯甲酸、哌啶一百五十千克以上不满一千五百千克；

5. 甲苯、丙酮、甲基乙基酮、高锰酸钾、硫酸、盐酸四百千克以上不满四千千克；

6. 其他用于制造毒品的原料或者配剂相当数量的。

（二）违反国家规定，非法买卖或者走私制毒物品，达到或者超过前款所列最高数量标准的，认定为刑法第三百五十条第一款规定的“数量大的”，处三年以上十年以下有期徒刑，并处罚金。

第六章 走私制毒物品罪

【立案追诉标准】

走私制毒物品案（刑法第350条）

违反国家规定，走私制毒物品，达到下列数量标准的，情节较重的，应予立案追诉。

一、走私制毒物品，达到下列数量标准的，应当认定为刑法第三百五十条第一款规定的“情节较重”：

1. 麻黄碱（麻黄素）、伪麻黄碱（伪麻黄素）、消旋麻黄碱（消旋麻黄素）一千克以上不满五千克；

2. 1-苯基-2-丙酮、1-苯基-2-溴-1-丙酮、3，4-亚甲基二氧苯基-2-丙酮、羟亚胺二千克以上不满十千克；

3. 3-氧-2-苯基丁腈、邻氯苯基环戊酮、去甲麻黄碱（去甲麻黄素）、甲基麻黄碱（甲基麻黄素）四千克以上不满二十千克；

4. 醋酸酐十千克以上不满五十千克；

5. 麻黄浸膏、麻黄浸膏粉、胡椒醛、黄樟素、黄樟油、异黄樟素、麦角酸、麦角胺、麦角新碱、苯乙酸二十千克以上不满一百千克；

6. N-乙酰邻氨基苯酸、邻氨基苯甲酸、三氯甲烷、乙醚、哌啶五十千克以上不满二百五十千克；

7. 甲苯、丙酮、甲基乙基酮、高锰酸钾、硫酸、盐酸一百千克以上不满五百千克；

8. 其他制毒物品数量相当的。

二、走私制毒物品，达到前款规定的数量标准最低值的百分之五十，且具有下列情形之一的，应当认定为刑法第三百五十条第一款规定的“情节较重”：

1. 曾因走私制毒物品受过刑事处罚的；

2. 二年内曾因走私制毒物品受过行政处罚的；

3. 一次组织五人以上或者多次走私制毒物品，或者在多个地点非法生产制毒物品的；

4. 利用、教唆未成年人走私制毒物品的；

5. 国家工作人员走私制毒物品的；

6. 严重影响群众正常生产、生活秩序的；

7. 其他情节较重的情形。

易制毒化学品生产、经营、购买、运输单位或者个人未办理许可证明或者备案证明，生产、销售、购买、运输易制毒化学品，确实用于合法生产、生活需要的，不以制毒物品犯罪论处。

三、走私制毒物品，具有下列情形之一的，应当认定为刑法第三百五十条第一款规定的“情节严重”：

1. 制毒物品数量在本解释第七条第一款规定的最高数量标准以上，不满最高数量标准五倍的；

2. 达到本解释第七条第一款规定的数量标准，且具有本解释第七条第二款第三项至第六项规定的情形之一的；

3. 其他情节严重的情形。

四、走私制毒物品，具有下列情形之一的，应当认定为刑法第三百五十条第一款规定的“情节特别严重”：

1. 制毒物品数量在本解释第七条第一款规定的最高数量标准五倍以上的；

2. 达到前款第一项规定的数量标准，且具有本解释第七条第二款第三项至第六项规定的情形之一的；

3. 其他情节特别严重的情形。

《最高人民法院关于审理毒品犯罪案件适用法律若干问题的解释》（2016年4月11日，法释〔2016〕8号）

【犯罪构成及刑事责任】

走私制毒物品罪，是指违反国家规定，非法运输、携带醋酸酐、乙醚、三氯甲烷或者其他用于制造毒品的原料或者配剂进出境的行为。构成本罪需要具备以下四个要件：

1. 客体要件。走私制毒物品罪侵犯的客体，是国家对醋酸酐、乙醚、三氯甲烷或者其他用于制造毒品的原料或者配剂进出口的管制和国家对外贸易管制，是复杂客体。

国家对易制毒化学品的进口、出口实行许可制毒。国务院有关部门按照规定的职责，对进口、出口易制毒化学品依法进行管理。禁止走私易制毒化学品。进出口易制毒化学品的，应当履行相关手续。用于制造毒品的原料或者配剂，既是医药和工农业生产的原料，又是制造毒品不可或缺的物品。我国政府十分重视对制毒物品的原料或者配剂的进出口管理工作，实行由国家统一归口管理制度，严禁任何单位和个人非法运输、携带制毒化学物品进出国（边）境。

《联合国禁止非法贩运麻醉药品和精神药物公约》第3条第1款第4项规定，明知其用途或目的是非法生产或制造麻醉药品或精神药品而制造、运输、分销设备、材料表一和表二所列的物质，各缔约国应采取可能必要的措施将其故意行为确定为国内法中的刑事犯罪。我国是该公约的缔约国，所以刑法明文将其规定为独立的犯罪，以利于打击非法运输、携带制毒化学物品进出国（边）境的犯罪分子。

2. 客观要件。走私制毒物品罪的客观方面表现为违反国家制毒物品管理法规和海关法规，逃避海关监管，非法运输、携带数量较大的醋酸酐、乙醚、三氯甲烷或者其他用于制造毒品的原料或者配剂等制毒物品进出国（边）境的行为。

运输制毒物品进出境，是指利用飞机、火车、汽车、船只等交通工具，将制毒物品从境外运入境或由境内运往境外；携带制毒物品进出境，是指过境人员将制毒物品随身带入境或者带出境。这两种行为并不要求全部具备，只要实施其中之一者，即可构成犯罪。

走私制毒物品的常见手段有绕过海关和关卡，偷运制毒物品进出国（边）境的；采用藏匿、伪装、假报等欺骗手段，逃避海关对制毒物品监管的；超越经营范围将制毒物品以合法形式进出国（边）境的；向走私犯罪分子直接收购制毒物品的；没有合法证明在内海海域运输、贩卖、收购制毒物品的。

走私制毒物品罪所称制毒物品是指制造毒品的原料和配剂。又称为易制毒化学品，也就是说，《易制毒化学品管理条例》中所列化学物品均属于本法所称制毒物品。《易制毒化学品管理条例》中列管了23种易制毒化学品：第一类是可以用于制毒的主要原料，第二类、第三类是可以用于制毒的化学配剂。

根据2016年《最高人民法院关于审理毒品犯罪案件适用法律若干问题的解释》的规定，制毒物品种类包括：

（1）麻黄碱（麻黄素）、伪麻黄碱（伪麻黄素）、消旋麻黄碱（消旋麻黄素）；

（2）1-苯基-2-丙酮、1-苯基-2-溴-1-丙酮、3，4-亚甲基二氧苯基-2-丙酮、羟亚胺；

（3）3-氧-2-苯基丁腈、邻氯苯基环戊酮、去甲麻黄碱（去甲麻黄素）、甲基麻黄碱（甲基麻黄素）；

（4）醋酸酐；

（5）麻黄浸膏、麻黄浸膏粉、胡椒醛、黄樟素、黄樟油、异黄樟素、麦角酸、麦角胺、麦角新碱、苯乙酸；

（6）N-乙酰邻氨基苯酸、邻氨基苯甲酸、三氯甲烷、乙醚、哌啶；

（7）甲苯、丙酮、甲基乙基酮、高锰酸钾、硫酸、盐酸；

（8）其他制毒物品。

3. 主体要件。走私制毒物品罪的主体是一般主体，即凡是达到刑事责任年龄具有刑事责任能力，实施了走私制毒物品行为的人，均可构成本罪。年满十六周岁的完全刑事责任能力人都可以构成本罪的犯罪主体。

单位也可以成为走私制毒物品罪的主体，根据刑法第 350 条第 3 款“单位犯前两款罪的，对单位判处罚金，并对其直接负责的主管人员和其他直接责任人员，依照前两款的规定处罚”之规定，这里的“直接负责的主管人员”，是指对以单位名义进行上述违法犯罪活动，直接起决定、策划、组织或指挥作用的人员，主要是单位的领导或业务主管人员。“其他直接责任人员”是指上述人员以外的在违法犯罪活动中起主要、骨干作用的人员。由于本罪行为所指向的乃是制毒物品，而制毒物品本身并不为法律所禁止，其中许多物品本身属于生产药物的前体，现实中存在大量生产、销售该类物品的企业，而由于巨大的利益驱使再加上监管环节可能存在的漏洞，这些企业就完全有可能成为实施本罪的主体。

4. 主观要件。走私制毒物品罪在主观方面表现为故意，即行为人明知是国家管制的用于制造毒品的原料或配剂，而携带、运输进出国（边）境的行为。如果确实不知道运输或者携带进出境的是制毒原料或配剂而运输、携带进出境的行为，不构成犯罪。

本罪主观上要求明知，即行为人对其运输、携带的物质性质有明确的认知。认定本罪主观方面的焦点在于如何判断直接故意，即行为人对自己携带、运输上述物品性质的明知。根据 2009 年《最高人民法院、最高人民检察院、公安部关于办理制毒物品犯罪案件适用法律若干问题的意见》的规定：“对于走私或者非法买卖制毒物品行为，有下列情形之一，且查获了易制毒化学品，结合犯罪嫌疑人、被告人的供述和其他证据，经综合审查判断，可以认定其‘明知’是制毒物品而走私或者非法买卖，但有证据证明确属被蒙骗的除外：

“1. 改变产品性状、包装或者使用虚假标签、商标等产品标志的；

“2. 以藏匿、夹带或者其他隐蔽方式运输、携带易制毒化学品逃避检查的；

“3. 抗拒检查或者在检查时丢弃货物逃跑的；

“4. 以伪报、藏匿、伪装等蒙蔽手段逃避海关、边防等检查的；

“5. 选择不设海关或者边防检查站的路段绕行出入境的；

“6. 以虚假身份、地址办理托运、邮寄手续的；

“7. 以其他方法隐瞒真相，逃避对易制毒化学品依法监管的。”

2012 年《最高人民法院、最高人民检察院、公安部关于办理走私、非法买卖麻黄碱类复方制剂等刑事案件适用法律若干问题的意见》对办理麻黄碱类案件的主观方面作出了具体规定。涉麻黄碱的案件应当按照如下条文的规定：“对于本意见规定的犯罪嫌疑人、被告人的主观目的与明知，应当根据物证、书证、证人证言以及犯罪嫌疑人、被告人供述和辩解等在案证据，结合犯罪嫌疑人、被告人的行为表现，重点考虑以下因素综合予以认定：

“1. 购买、销售麻黄碱类复方制剂的价格是否明显高于市场交易价格；

“2. 是否采用虚假信息、隐蔽手段运输、寄递、存储麻黄碱类复方制剂；

“3. 是否采用伪报、伪装、藏匿或者绕行进出境等手段逃避海关、边防等检查；

“4. 提供相关帮助行为获得的报酬是否合理；

“5. 此前是否实施过同类违法犯罪行为；

“6. 其他相关因素。”

关于主观明知的认定，如果确有证据证明是被蒙骗的，应当认定其主观并不明知。2009 年《最高人民法院、最高人民检察院、公安部关于办理制毒物品犯罪案件适用法律若干问题的意见》也明确指出：“有证据证明确属被蒙骗的除外。”

根据刑法第 350 条的规定：犯本罪，情节较重的，处三年以下有期徒刑、拘役或者管制，并处罚金；情节严重的，处三年以上七年以下有期徒刑，并处罚金；情节特别严重的，处七年以上有期徒刑，并处罚金或者没收财产。

明知他人制造毒品而为其生产、买卖、运输前款规定的物品的，以制造毒品罪的共犯论处。

单位犯前两款罪的，对单位判处罚金，并对其直接负责的主管人员和其他直接责任人员，依照前两款的规定处罚。

【疑难指导】

为了消除境外生产制造毒品所需要的化学物品的来源，配合国际禁毒斗争，我国加大了对易制毒化学品的管制力度。随着化学合成技术的日新月异，国内也不断出现新型合成毒品，而有些用于制造这些新型合成毒品的原料等化学品却尚未列入管制。近年来，由于泰国、缅甸等国家对有关化学物品的生产、进口、运输、使用等环节进行了严格的管理和控制，境外的制毒犯罪分子有时转而从我国“进口”相关化学品，因此依法打击惩治走私制毒物品犯罪迫在眉睫，任重而道远。

走私制毒物品罪与非法生产、买卖、运输制毒物品罪都是刑法第350条规定的罪名，《中华人民共和国刑法修正案（九）》修改了该条的刑罚规定，提高了该条规定的法定刑，并增加了没收财产的规定。走私制毒物品罪作为常见的毒品犯罪类型之一，其在司法认定上存在一些疑难问题。

一、走私制毒物品罪与非罪的区分

区分走私制毒物品罪与非罪的关键考量因素主要有以下三个方面：首先，是否经过批准，即行为人是否持有有效的特殊化学品出口准许证。如果行为人经过国家授权的主管部门批准，取得了有关准许证，办理了相关手续，而运输、携带制毒物品出入国（边）境，则是合法行为，不能认定为犯罪。其次，是否明知，包括确定的明知和应当知道的明知。行为人已经被告知其携带、运输的物品是国家规定管制的制毒物品，或者根据行为人的知识和经验，在具体案件中特定的环境和条件下应该认识到携带、运输的物品是国家规定管制的制毒物品，则构成犯罪。如果运输、携带者在某种特殊条件下（如受人欺骗），根本无法认识到所运输、携带的物品属于制毒物品的，便不具备走私制毒物品的故意，也不能构成犯罪。当然，如果行为人主观上具有犯罪过失，应当按照刑法规定的过失犯罪的相关罪名定罪处罚。最后，数量标准，如果行为人非法运输、携带出入国（边）境的制毒物品的数量没有达到有关司法解释所要求的数量标准，属于数量较小的，则不能认定为犯罪，应以一般违法走私制毒物品行为处理。但是，如果数量已经接近标准，而行为人又有其他恶劣情节，如系多次走私制毒物品的，或者以武装掩护走私制毒物品的，或者有暴力抗拒缉私情节的，或者利用未成年人进行走私活动的，也可以犯罪论处。

二、走私制毒物品罪与其他犯罪的区分

在司法实践中，应注意走私制毒物品罪与走私毒品罪的区别。构成走私制毒物品罪的关键是行为人须有走私制毒物品的行为。走私制毒物品罪的行为与走私毒品罪的行为方式相同，但所走私的对象不同。走私制毒物品罪走私的是制毒物品，即醋酸酐、乙醚、三氯甲烷以及丙酮、麻黄碱、麦角胺、苯乙酸等用于制造毒品的原料或者配剂。走私毒品罪走私的则是鸦片、海洛因等毒品。走私制毒物品的行为，具体表现为违反国家规定，非法运输、携带醋酸酐、乙醚、三氯甲烷或者其他用于制造毒品的原料或者配剂进出国（边）境，以及直接向走私人非法收购走私进口的制毒物品。本罪与走私毒品罪的另一个区别在于，走私毒品罪不论数量多少，都追究刑事责任。走私制毒物品罪数量较大才构成本罪。

走私制毒物品罪与其他走私类犯罪的区别也主要在于犯罪对象不同。例如走私普通货物、物品罪的对象是普通货物、物品，且偷逃应缴税额在5万元以上的，才追究刑事责任。

三、走私制毒物品罪的既遂与未遂

判断走私制毒物品罪的既遂与未遂，应以制造毒品的原料或者配剂是否被运输或者携带出境或者入境为标准。走私制造毒品的原料或者配剂已经被运输或者携带出境或者入境的，认定为既遂，反之则为未遂。

2012年《最高人民法院、最高人民检察院、公安部关于办理走私、非法买卖麻黄碱类复方制剂等刑事案件适用法律若干问题的意见》第4条规定了有关走私麻黄碱类复方制剂的犯罪预备、未遂的认定问题。根据刑法第22条和第23条的规定，“犯罪预备”是指为了犯罪，准备工具、制造条件的行为。对于预备犯，可以比照既遂犯从轻、减轻处罚或者免除处罚。“犯罪未遂”是指已经着手实行犯罪，由于犯罪分子意志以外的原因而未得逞的，是犯罪未遂。对于未遂犯，可以比照既遂犯从轻或者减轻处罚。麻黄碱类复方制剂本身既不是毒品，也不是制毒物品，属于毒品前体（制毒物品）的前体。实践中，不法分子主观上具有毒品犯罪故意，客观上将麻黄碱类复方制剂作为“准制毒物品”进行走私、非法买卖或者利用其加工、提炼麻黄碱类物质，并进一步制造毒品，虽然可以定性为相应毒品犯罪，但是其相对于通常的走私、非法买卖制毒物品和制造毒品犯罪而言，在社会危害程度上存在一定差别，犯罪形态也理当根据具体情况有所区分。一般情况下，实施意见规定的行为，原则上应当按照相应毒品犯罪的预备犯、未遂犯论处；对于行为人已经着手实施制造毒品罪或者走私、非法买卖制毒物品罪的犯罪行为，按照实行行为吸收预备行为、重行为吸收轻行为的原则，应当结合具体情况依法认定犯罪未遂或者犯罪既遂。

四、走私制毒物品罪的共同犯罪

通常情况下走私制毒物品罪的共同犯罪容易认定。刑法第 350 条第 2 款规定："明知他人制造毒品而为其生产、买卖、运输前款规定的物品的，以制造毒品罪的共犯论处。"那么，如何认定行为人的走私制毒物品行为是构成走私制毒物品罪还是制造毒品罪？区分的关键在于行为人的主观方面。因为醋酸酐、乙醚、三氯甲烷或者其他用于制造毒品的原料或者配剂，除了是用化学方法制造毒品不可或缺的物品外，还可以用于制造业和其他工业生产。行为人如果明知他人非法制造毒品而向其提供制毒物品的，而且该制毒物品是行为人走私入境的，那么行为人的行为不仅构成走私制毒物品罪，还为他人制造毒品提供了便利条件，所以符合共同犯罪的特征，构成制造毒品罪。根据刑法第 350 条第 2 款的规定，在此种情形下，对走私制毒物品的行为人按照制造毒品罪的共犯论处，不再单独构成走私制毒物品罪，也不与制造毒品罪实行数罪并罚。如果行为人走私制毒物品后并不是提供给制造毒品者，或者不明知对方是毒品制造者而提供的，都不能与制造毒品者共同构成制造毒品罪，而只能构成走私制毒物品罪。

走私制毒物品罪多是团伙犯罪。司法实践中，对为走私制毒物品犯罪提供运输、存储、拆改包装等帮助行为的人应当作为共犯处理，但是量刑时应具体考量其行为性质和在共同犯罪中所起的作用。对于不具备上述主观明知，单纯受雇、受托提供帮助等行为的，或者明显处于从属、辅助地位，情节显著轻微危害不大的，不作为犯罪处理。

五、走私制毒物品罪的罪数形态

行为人往往在走私制毒物品的同时，走私毒品或者其他物品，此种情况应该如何处理，值得探讨。

行为人一次同时走私物品既包括制毒物品，又包括毒品或者其他物品的情况，应按数罪并罚处理。但如果行为人一次同时走私两种或者两种以上的制毒物品的，或者行为人走私制毒物品两次或两次以上之后再被抓获或案发的，应按走私制毒物品罪一罪予以处罚。

在走私普通货物、物品或者废物的同时，藏匿其他特定走私货物、物品的，实行数罪并罚。在走私普通货物、物品或者废物的同时，又涉嫌走私武器弹药罪，或走私核材料罪，走私伪造货币、走私文物、走私贵重金属、走私珍贵动物制品罪，走私国家禁止进出口货物物品罪，走私淫秽物品、走私废物、走私毒品罪，走私制毒物品罪的，依据2006年《最高人民法院关于审理走私刑事案件具体应用法律若干问题的解释（二）》第5条的规定，对在走私的普通货物、物品或者废物中藏匿刑法第151条、第152条、第347条、第350条规定的货物、物品，构成犯罪的，以实际走私的货物、物品定罪处罚；构成数罪的，实行数罪并罚。

六、走私制毒物品罪量刑标准

依照刑法以及有关毒品犯罪司法解释的规定，为本罪设定的三个量刑档，每个量刑格所对应的量刑标准、情形分别为：

（一）七年以上有期徒刑，并处罚金或者没收财产

其对应的量刑要求为“情节特别严重”，结合刑法第350条第1款以及2016年《最高人民法院关于审理毒品犯罪案件适用法律若干问题的解释》第7条、第8条的规定，走私制毒物品，具有下列情形之一的：

1. 制毒物品数量在三年以下有期徒刑、拘役或者管制量刑最低档规定的最高数量标准五倍以上的；

2. 达到三年以下有期徒刑、拘役或者管制量刑最低档规定的数量标准，且具有以下情形之一的：

（1）一次组织五人以上或者多次非法生产、买卖、运输制毒物品、走私制毒物品，或者在多个地点非法生产制毒物品的；

（2）利用、教唆未成年人非法生产、买卖、运输制毒物品、走私制毒物品的；

（3）国家工作人员非法生产、买卖、运输制毒物品、走私制毒物品的；

（4）严重影响群众正常生产、生活秩序的。

3. 其他情节特别严重的情形。

（二）三年以上七年以下有期徒刑，并处罚金

其对应的量刑情节为“情节严重”。结合刑法第350条第1款以及2016年

《最高人民法院关于审理毒品犯罪案件适用法律若干问题的解释》第7条、第8条的规定，走私制毒物品，具有下列情形之一的：

1. 制毒物品数量在三年以下有期徒刑、拘役或者管制量刑最低档规定的最高数量标准以上，不满最高数量标准五倍的；

2. 达到三年以下有期徒刑、拘役或者管制量刑最低档规定的数量标准，且具有以下情形之一的：

（1）一次组织五人以上或者多次非法生产、买卖、运输制毒物品、走私制毒物品，或者在多个地点非法生产制毒物品的；

（2）利用、教唆未成年人非法生产、买卖、运输制毒物品、走私制毒物品的；

（3）国家工作人员非法生产、买卖、运输制毒物品、走私制毒物品的；

（4）严重影响群众正常生产、生活秩序的。

3. 其他情节严重的情形。

（三）三年以下有期徒刑、拘役或者管制，并处罚金

其对应的量刑情节为“情节较重”。结合刑法第350条以及2016年《最高人民法院关于审理毒品犯罪案件适用法律若干问题的解释》第7条的规定，情节较重的情况包括两大类：一类是数量情节；一类是行为情节。二者的关系是，特定制毒物品达到一定的数量即构成本罪，在特定物品数量未达到起刑点数量但超过起刑点数量50%的情况下，满足特定条件的也认定构成“情节较重”。

1. 数量情节

达到下列数量标准的，应当认定为刑法第350条第1款规定的“情节较重”：

（1）麻黄碱（麻黄素）、伪麻黄碱（伪麻黄素）、消旋麻黄碱（消旋麻黄素）一千克以上不满五千克；

（2）1-苯基-2-丙酮、1-苯基-2-溴-1-丙酮、3，4-亚甲基二氧苯基-2-丙酮、羟亚胺二千克以上不满十千克；

（3）3-氧-2-苯基丁腈、邻氯苯基环戊酮、去甲麻黄碱（去甲麻黄素）、甲基麻黄碱（甲基麻黄素）四千克以上不满二十千克；

（4）醋酸酐十千克以上不满五十千克；

（5）麻黄浸膏、麻黄浸膏粉、胡椒醛、黄樟素、黄樟油、异黄樟素、麦角酸、

麦角胺、麦角新碱、苯乙酸二十千克以上不满一百千克；

（6）N-乙酰邻氨基苯酸、邻氨基苯甲酸、三氯甲烷、乙醚、哌啶五十千克以上不满二百五十千克；

（7）甲苯、丙酮、甲基乙基酮、高锰酸钾、硫酸、盐酸一百千克以上不满五百千克；

（8）其他制毒物品数量相当的。

2. 行为情节

违反国家规定，非法生产、买卖、运输制毒物品、走私制毒物品，达到前款规定的数量标准最低值的百分之五十，且具有下列情形之一的，应当认定为刑法第350条第1款规定的“情节较重”：

（1）曾因非法生产、买卖、运输制毒物品、走私制毒物品受过刑事处罚的；

（2）二年内曾因非法生产、买卖、运输制毒物品、走私制毒物品受过行政处罚的；

（3）一次组织五人以上或者多次非法生产、买卖、运输制毒物品、走私制毒物品，或者在多个地点非法生产制毒物品的；

（4）利用、教唆未成年人非法生产、买卖、运输制毒物品、走私制毒物品的；

（5）国家工作人员非法生产、买卖、运输制毒物品、走私制毒物品的；

（6）严重影响群众正常生产、生活秩序的；

（7）其他情节较重的情形。

【办案依据】

一、刑法规定

第三百五十条 违反国家规定，非法生产、买卖、运输醋酸酐、乙醚、三氯甲烷或者其他用于制造毒品的原料、配剂，或者携带上述物品进出境，情节较重的，处三年以下有期徒刑、拘役或者管制，并处罚金；情节严重的，处三年以上七年以下有期徒刑，并处罚金；情节特别严重的，处七年以上有期徒刑，并处罚金或者没收财产。

明知他人制造毒品而为其生产、买卖、运输前款规定的物品的，以制造毒品罪的共犯论处。

单位犯前两款罪的，对单位判处罚金，并对其直接负责的主管人员和其他直接责任人员，依照前两款的规定处罚。

二、司法解释

《最高人民法院关于审理毒品犯罪案件适用法律若干问题的解释》（2016年4月11日，法释〔2016〕8号）（节选）

内容详见本书第五章“办案依据”部分。

三、司法文件

（一）《最高人民法院、最高人民检察院、公安部关于办理走私、非法买卖麻黄碱类复方制剂等刑事案件适用法律若干问题的意见》（2012年6月18日，法发〔2012〕12号）（节选）

内容详见本书第五章“办案依据”部分。

（二）《最高人民法院、最高人民检察院、公安部关于办理制毒物品犯罪案件适用法律若干问题的意见》（2009年6月23日，公通字〔2009〕33号）（节选）

内容详见本书第五章“办案依据”部分。

第七章　非法种植毒品原植物罪

【立案追诉标准】

非法种植毒品原植物案（刑法第351条）

非法种植罂粟、大麻等毒品原植物，涉嫌下列情形之一的，应予立案追诉：

（一）非法种植罂粟五百株以上的；

（二）非法种植大麻五千株以上的；

（三）非法种植其他毒品原植物数量较大的；

（四）非法种植罂粟二百平方米以上、大麻二千平方米以上或者其他毒品原植物面积较大，尚未出苗的；

（五）经公安机关处理后又种植的；

（六）抗拒铲除的。

……

非法种植罂粟或者其他毒品原植物，在收获前自动铲除的，可以不予立案追诉。

《最高人民检察院、公安部关于公安机关管辖的刑事案件立案追诉标准的规定（三）》（2012年5月16日，公通字〔2012〕26号）

【犯罪构成及刑事责任】

非法种植毒品原植物罪，是指违反国家关于毒品原植物种植的管理规定，非法种植罂粟、大麻以及其他毒品原植物，数量较大或者具有其他严重情节的行为。构成本罪需要具备以下四个要件：

1. 客体要件。非法种植毒品原植物罪侵犯的客体是国家对毒品原植物种植的管理制度。

为了应对高发的犯罪率，有法典，自然会颁布单行的成文法。[①] 为了严惩非法种植毒品原植物等犯罪活动，我国先后颁布了一系列的法律法规、法令通知。此外，我国一些经审批允许种植部分毒品原植物的地方，也纷纷出台了相关的管理规定，比如《云南省工业大麻种植加工许可规定》以法规形式允许工业大麻种植；《黑龙江省禁毒条例》明确将工业用大麻和毒品大麻区分开，并允许工业用大麻的种植。在这些法律法规中，对毒品原植物种植方面的管理有着严格的规定，如果违法种植，构成犯罪的，依照刑法追究刑事责任。

2. 客观要件。非法种植毒品原植物罪的客观方面表现为非法种植罂粟、大麻等毒品原植物，数量较大的行为或者非法种植毒品原植物，同时具有经公安机关处理后又种植或者抗拒铲除等严重违法情节的行为。

（1）关于“种植”的理解。在日常生活中，“种植”一般指的是种植种子和幼苗的农作活动。按照相关汉语词典的解释[②]，“种植”是指“把植物的种子埋在土里，把植物的幼苗栽到土里”或者“播种种子和栽培幼苗”。但是在刑法的语境中，毒品原植物的种植并非仅指播种、栽培，而是从“种”到“收”的整个过程，包括种、栽、灌、收等一系列行为。依照《最高人民检察院、公安部关于公安机关管辖的刑事案件立案追诉标准的规定（三）》第7条的规定，非法种植毒品原植物罪中的“种植”，是指播种、育苗、移栽、插苗、施肥、灌溉、割取津液或者收取种子等行为。

但对于什么是种植，理论界有较多争议。有的观点认为，种植就是播种、插栽、施肥、割收津液和种子的行为。[③] 有的观点认为，种植是以收获为目的的播

---

① ［日］穗积陈重：《法典论》，李求轶译，商务印书馆2014年版。

② 参见“种植”词条，载辞海网，https://www.cihai.com，2021年10月7日访问。

③ 周道鸾、张军：《刑法罪名精释》，人民法院出版社2003年版，第641页。

种、培植，包括自己种植、培植和自己生长或他人播种由自己培植两种情况。[①] 还有的观点认为，行为人只要参与了其中一种，即可构成种植。[②] 有的观点认为，只要是为种植毒品原植物而播下种子，即使尚未实施管理和收割，也可以认定行为人实施了种植毒品原植物的行为。[③] 但有的观点认为，因为法律规定了种植株数，所以一般来说，只有行为人实施了非法种植毒品原植物的行为，且已经见苗，可以计算数量时，其行为才能作为犯罪处理。我们认为，按照上述立案追诉标准中对“种植”的定义，播种、育苗、移栽、插苗、施肥、灌溉、割取津液、收取种子属于并列规定，成立作出一个“行为”即构成“种植”，并非全部成立才能构成“种植”。因此，无论行为人是实施其中一个行为还是几个行为，都应认定为“种植”。

（2）关于“毒品原植物”的理解。毒品原植物，一般指的是用来提炼、加工成鸦片、海洛因、甲基苯丙胺、吗啡、可卡因等麻醉药品和精神药品的原植物。刑法第351条中明确规定了“罂粟”“大麻”属于毒品原植物。对于其他可以用于制作毒品的植物，将其规定为“其他毒品原植物”。

3. 主体要件。非法种植毒品原植物罪的主体是一般主体，即年满十八周岁，达到刑事责任年龄，具有刑事责任能力的个人可以构成。

值得注意的是，本罪不同于刑法第347条走私、贩卖、运输、制造毒品罪，第350条非法生产、买卖、运输制毒物品、走私制毒物品罪以及第355条非法提供麻醉药品、精神药品罪，在这些罪名中，刑法明确规定单位可以构成犯罪。但本罪中，该法没有规定单位可以构成犯罪，因此不能成立单位犯罪。

《中华人民共和国禁毒法》第20条规定：“国家确定的麻醉药品药用原植物种植企业，必须按照国家有关规定种植麻醉药品药用原植物”，这些企业如果违法种植麻醉药品药用原植物完全有可能构成单位犯罪，因此在立法上有必要增加该罪的单位犯罪。我们认为，本罪没有规定单位犯罪是合理的。因为具有合法种植资

---

① 何秉松：《刑法教科书》，中国法制出版社1994年版，第781页。

② 娄云生：《刑法新罪名集解》，中国检察出版社1994年版，第255页。

③ 桑红华：《毒品犯罪》，警官教育出版社1993年版，第191页。

质的企业，一来较为固定，便于监管；二来在种植时有完备、严格的申报、审核、监督等程序，即使存在违法种植，对于该企业也可以通过其他行政手段予以规制。当然在今后对刑法的修正中，立法部门可以论证本罪是否应当增加单位犯罪。因此，在目前该法没有规定单位犯罪的情况下，如果司法实践中存在以单位作为犯罪主体实施的非法种植毒品原植物的情况，则对直接或者共同参与实施非法种植毒品原植物的行为人个人进行定罪处罚。

4. 主观要件。非法种植毒品原植物罪的主观方面表现为故意，即要求行为人明知自己种植的是违反国家规定的毒品原植物。如果没有确实、充分的证据证明行为人明知，则不能认定本罪。比如没有充足的证据证明行为人明知是制造毒品的原植物而非法种植，或者混杂在其他植物种子中共同播种的，行为人播种前未能知晓的或者受蒙蔽而进行种植，原植物发芽生长后尚未达到识别的程度，行为人确实不明知的，不应作为犯罪处理。而对于欺骗、利用他人进行毒品原植物种植的行为人，属于刑法理论上的“间接正犯”，如果数量或者情节达到入罪的标准，则按本罪定罪处罚。

根据刑法第 351 条的规定：非法种植罂粟、大麻等毒品原植物的，一律强制铲除。有下列情形之一的，处五年以下有期徒刑、拘役或者管制，并处罚金：

（一）种植罂粟五百株以上不满三千株或者其他毒品原植物数量较大的；

（二）经公安机关处理后又种植的；

（三）抗拒铲除的。

非法种植罂粟三千株以上或者其他毒品原植物数量大的，处五年以上有期徒刑，并处罚金或者没收财产。

非法种植罂粟或者其他毒品原植物，在收获前自动铲除的，可以免除处罚。

【疑难指导】

除了少部分毒品可以通过化学合成的方法进行制造外，毒品原植物是绝大多数毒品生产的源头。同时，毒品原植物也是部分药品生产或者其他工业、农业生产的必需品。因此，国家对毒品原植物的种植是严格管理和控制的，严禁私自种植或者违规种植。

刑法在修订时专门设置了非法种植毒品原植物罪，就是为了从源头上打击、遏制毒品犯罪。

一、对于毒品原植物的鉴定问题

前文所述，毒品原植物存在外观上近似、相似但不具有毒品功效的其他同属植物。按照罪刑法定和证据裁判的原则，应当对涉案的原植物进行检验、鉴定，以确定是刑法所规制的毒品原植物。

2016年，最高人民法院、最高人民检察院、公安部联合制定的《办理毒品犯罪案件毒品提取、扣押、称量、取样和送检程序若干问题的规定》第34条规定："对毒品原植物及其种子、幼苗，应当委托具备相应资质的鉴定机构进行鉴定。当地没有具备相应资质的鉴定机构的，可以委托侦办案件的公安机关所在地的县级以上农牧、林业行政主管部门，或者设立农林相关专业的普通高等学校、科研院所出具检验报告。"

一般来讲，毒品原植物的检验、鉴定分为三种：外观检验、理化检验和DNA检验。大部分的毒品原植物，鉴定部门或者专业部门经过外观即可鉴别，如果丧失了植物形态或者不具备外观检验条件的，可以采取理化检验和DNA检验的方法进行确定。

二、对"经公安机关处理后又种植"的理解和把握

"经公安机关处理后又种植"属于本罪的入罪条件之一，需要注意以下三个方面：

（一）准确理解"处理"的含义

"处理"本身不是一个法律概念和用语，一般来讲，"处理"包括行政处罚和刑事处罚。如果行为人因种植毒品原植物受到罚款、拘留或者被判刑，必然属于"处理"，这一点没有争议。但对于"公安机关处理"的理解，有两种不同的观点：一是指公安机关采取的行政处罚措施，如罚款、拘留等；二是指除了行政处罚手段外，还包括教育、批评、警告等执法措施。① 我们认为，应当采取第二种观

① 郭旨龙、肖雅菁：《"行政处罚后又实施"入罪的限缩性司法适用》，载《江西社会科学》2020年第8期。

点。主要有两点考虑：一是“处理”的外延要大于“处罚”，显然刑法条文在制定时已经考虑，否则在本罪的刑法条文中就会使用“处罚”而非“处理”；二是无论是经公安机关批评教育还是行政处罚后又种植毒品原植物，均说明行为人的主观恶性深，社会危害大，应作为犯罪行为予以打击。

（二）“处理”的主体仅限公安机关

《中华人民共和国禁毒法》第19条第2款规定：“地方各级人民政府发现非法种植毒品原植物的，应当立即采取措施予以制止、铲除。村民委员会、居民委员会发现非法种植毒品原植物的，应当及时予以制止、铲除，并向当地公安机关报告。”可见，地方政府相关部门、村民委员会、居民委员会都有制止、铲除非法种植毒品原植物行为的权利和义务，但这些主体的“处理”仅是从全民禁毒、全面禁毒的角度出发，并不属于公安机关“处理”的范畴。如果要对行为人依据“处理后又种植”而入罪，则只能是经公安机关处理才行。

同时，从证据裁判的角度看，以“经公安机关处理后又种植”入罪的，公安机关应当提供相应的证据，如行政处罚手续、询问笔录、视听资料等证明行为人确因非法种植毒品原植物而受到公安机关的处理。

（三）“经公安机关处理后又种植”前后种植的数量和间隔时间

对于数量的问题，也有两种不同的观点：一是不论处理前后两次种植的数量多少，只要有种植行为就应当入罪；二是处理前后的两次种植数量应当累计达到相关司法解释规定的五百株（罂粟）或者五千株（大麻）。[①]

我们认为，应当采取第一种观点。主要原因有两点：一是刑法规定的“经公安机关处理后又种植”与种植毒品原植物数量均是入罪的要件，法律条文本身并未要求处理后又种植的前后数量要达到相应的数量；二是该条款的立法本意就是约束那些不听规劝、对抗法律的人，公安机关第一次处理时已明确告知行为人种植毒品原植物的违法性，那么再次种植的，即使数量不大也说明行为人主观恶性深，应予追究刑事责任。当然，如果两次确实种植量很少，可以考虑适用刑法第13条的规定，因情节显著轻微，而不作为犯罪处理，也可以考虑定罪免刑或者适

① 胡冬阳：《犯罪定量因素配置研究》，西南政法大学2019年博士学位论文。

用缓刑等。

对于间隔时间的问题，一般有五年、十年、不限时间等不同的观点。① 我们认为，鉴于本罪一般是判处五年以下有期徒刑以及参照累犯的规定，可以考虑以五年为限。但也并非绝对，比如再次种植时具有其他恶劣情节的，可以在保障公平正义的前提下不拘泥于具体时间的限制。

三、对“抗拒铲除”的理解和把握

本罪将“抗拒铲除”这种公然挑战法律的行为作为入罪条件之一，在具体认定时应当注意以下几个方面：

（一）“抗拒铲除”的主体

以“抗拒铲除”这种行为入罪时，“抗拒铲除”的主体只能是实施或者参与非法种植毒品原植物的行为人，而不是其他参与“抗拒铲除”的人。因为其他人虽然实施了“抗拒铲除”的行为，但缺乏构成非法种植毒品原植物罪共犯的成立条件，如果以暴力、胁迫方法抗拒铲除，阻碍国家机关工作人员依法执行职务，构成犯罪的，应当依照妨害公务罪定罪处罚，而不能认定为非法种植毒品原植物罪。

（二）对行为人“抗拒”对象的认定

前文所述，认定“经公安机关处理后又种植”入罪时，将“处理”机关限定为公安机关，不包括其他机关。但需要注意的是，在认定“抗拒铲除”入罪时，被行为人抗拒的机关不应只限于公安机关，还应当包括其他政府有关职能部门，但不包括村民委员会、居民委员会等群众性自治组织。主要有以下原因：“抗拒铲除”是指非法种植毒品原植物的行为人，在公安机关或者政府有关部门依法强制铲除这些毒品原植物时，使用暴力、威胁、设置障碍等方法拒不铲除的。② 由此可见，铲除机关包括公安机关，还包括政府其他有关部门，但排除了群众性自治组织。行为人如果抗拒村民委员会、居民委员会的铲除，不能认定为本罪入罪条件中的“抗拒铲除”，如果抗拒过程中有伤害、杀人行为的，则按照故意伤害罪、故

① 胡冬阳：《犯罪定量因素配置研究》，西南政法大学2019年博士学位论文。

② 胡剑锋：《“行政处罚后又实施”入罪的反思及限缩》，载《政治与法律》2014年第8期。

意杀人罪定罪处罚。

（三）“抗拒铲除”的具体表现

“抗拒铲除”具体表现为行为人使用暴力、威胁、设置障碍等方法进行抗拒。暴力是指殴打、捆绑等强制行为；威胁是指以伤害身体、侵害财产、破坏名誉等胁迫行为；设置障碍是指利用工具、地形使人无法接近等阻拦行为。上述这些“抗拒铲除”的行为，应当要达到足以抵抗相关部门的铲除工作或者对铲除工作造成极大困难和阻碍的程度。实际上，这种以暴力、威胁、设置障碍等方法进行抗拒的行为属于妨害公务的一种表现形式，目的就是“维护”种植毒品原植物的违法行为，“保护”非法成果。从刑法理论上看，与非法种植毒品原植物属于牵连犯，择一重罪，按照本罪处理。

当然，如果行为人只是采用轻微的抗拒行为，比如软磨硬泡、强词夺理、胡搅蛮缠、吵闹漫骂等方式，不足以妨碍和阻拦相关部门机关铲除的，如果数量尚未达到入罪标准，则应采用行政处罚的方式，不作为犯罪处理。

（四）“抗拒铲除”入罪时不要求达到数量标准

同认定“经公安机关处理后又种植”时不要求毒品原植物达到入罪数量标准的理由一样，存在“抗拒铲除”行为的，同样不要求达到“种植罂粟五百株以上不满三千株或者其他毒品原植物数量较大”的数量标准，即存在“抗拒铲除”行为的，就应认定为犯罪。当然，如果毒品原植物数量很少，可以考虑适用刑法第13条“但书”部分出罪，也可以考虑定罪免刑或者适用缓刑等较为轻缓的处罚。

四、对“收获前自动铲除的，可以免除处罚”的理解和把握

（一）对自动铲除行为免除处罚不应设置前提条件

有部分观点认为，该款适用的前提是行为人的行为不符合第1款规定的三种情况，即未达到数量较大标准、不属于公安机关处理后又种植、没有抗拒铲除行为。[①] 我们认为，此种观点不妥。主要是因为：第一，该款是刑法第351条第3款，与包含上述三种情况的第1款是并列关系，并不存在前款是后款的前提，后款依存于前款的关系；第二，从立法本意和打击犯罪的角度看，本罪设置第3款

---

① 顾一杰：《免予刑事处罚研究》，华东政法大学2019年硕士学位论文。

的目的在于鼓励行为人在收获前主动铲除，从而消除潜在的毒源，减少甚至消除了更严重的社会危害性，也节约执法和司法资源，因此不宜设置前提条件；第三，该款规定的“收获前自动铲除”是“可以免除”，就赋予了司法机关根据具体案情，综合考虑被告人的主观恶性、种植数量、影响程度、认罪悔罪表现等进行是否免除的判断和决定权，如果存在数量大、有其他恶劣情节的，也可以不免除处罚，不会违背罪责刑相适应的原则。综上，对于毒品原植物收获前自动铲除可以免除处罚的情况，不应设置其他前提条件。

（二）“自动铲除”须具备主动性、彻底性

我们认为，认定行为人在毒品原植物收获前“自动铲除”，应重点把握以下两点：

第一，“自动铲除”需要具备主动性，即行为人是自愿、主动地进行铲除，而不是在执法人员的强制下铲除，当然行为人在初步接受教育、提示等非强制手段下主动铲除的，亦应认定其具备主动性。

第二，“自动铲除”需要具备彻底性，即对毒品原植物进行彻底、有效的铲除，而不能敷衍了事，导致毒品原植物复生、复长甚至扩散。“铲除”就是对毒品原植物已经实施了种植行为，应当铲除干净。本罪将该款作为可以免除处罚的条款，就是要求行为人必须达到“铲除”的目的和效果。

五、非法种植毒品原植物罪的共同犯罪

如前所述，“种植”包括播种、育苗、移栽、插苗、施肥、灌溉、割取津液或者收取种子等行为，行为人只要实施其中一项或者几项行为即可认定为“种植”。即使没有参与前期播种、育苗等培育行为，而仅参与后续的收割等行为，同样属于“种植”的范围，成立共同犯罪。

六、非法种植毒品原植物罪的既遂与未遂

有观点认为，非法种植毒品原植物，如果尚未出苗，应当按照犯罪未遂处理。[①] 我们对此持不同意见，其主要原因是：

第一，按照立案追诉标准中对“种植”的定义，是包括播种、栽培等一系列

① 李云：《破解非法种植毒品原植物犯罪惩治难题》，载《中国检察官》2014 年第 12 期。

行为，即播种就是认定“种植”成立的表现形式之一，出苗与否并非“种植”成立与否的条件。

第二，按照《最高人民法院关于审理毒品犯罪案件适用法律若干问题的解释》第 9 条的相关规定，种植毒品原植物尚未出苗但种植面积达到相应标准的即可入罪。可见，即使没有出苗，亦可以构成本罪。因此，出苗与否与犯罪既遂还是未遂没有对应关系。

综上，行为人播种毒品原植物种子后，即使尚未出苗，也应当认定为既遂。尚未出苗的情节，可以作为酌定因素在定罪量刑时予以综合考虑。当然，如果因毒品原植物种子、幼苗出现问题，本身即无法出苗或者无法生长为毒品原植物的，这属于行为人意志以外的原因而未得逞，可以认定为犯罪未遂。

七、非法种植毒品原植物罪与制造毒品罪的区分

毒品原植物是制造毒品的源头，因此种植毒品原植物与制造毒品之间的关系相对比较紧密。如何准确认定犯罪和确定罪数形态是司法实践中经常遇到的问题。在具体案件中，我们要综合全案证据，结合具体事实、情节，准确认定和划分犯罪行为的性质和形态。

如果有确实、充分的证据证明行为人种植毒品原植物就是为了制造毒品，且以种植的原植物为原料来制造毒品，那么制造行为和种植行为之间“手段”和“目的”的牵连关系就比较紧密，应当按照刑法理论中牵连犯“择一重处断”的原则，对行为人按照制造毒品罪定罪处罚。在这种情况下，被告人关于为了制造毒品而种植毒品原植物的供述是比较稳定一致的，而且种植毒品原植物和制造毒品在行为上具有关联性，在时间上具有紧密性。

如果被告人供述并非制造毒品或者供述不真实、不稳定，或者在案证据证明种植行为和制造行为的关联度并非十分紧密，再结合案件中已查获了毒品原植物，亦查明了制造毒品的事实，从证据裁判的角度，一般倾向于认定行为人属于种植毒品原植物，又实施其他制造毒品行为的情形，以非法种植毒品原植物罪和制造毒品罪数罪并罚。

八、非法种植毒品原植物罪量刑标准

依照刑法为本罪设定的两个量刑档，每个量刑档所对应的标准、情形分别为：

（一）五年以上有期徒刑，并处罚金或者没收财产

五年以上有期徒刑，并处罚金或者没收财产的上限如何把握。依照刑法第45条的规定，有期徒刑的期限除减刑和数罪并罚外，为六个月以上十五年以下。非法种植毒品原植物罪的主刑是五年以上有期徒刑，理论上可以判处五年以上十五年以下的有期徒刑。在司法实践中，如果存在种植毒品原植物数量特别巨大或者同时具有其他严重情节的，可以根据毒品原植物的数量、犯罪的具体情节在五年以上十五年以下确定相应的有期徒刑量刑。

根据刑法第351条第2款以及《最高人民法院关于审理毒品犯罪案件适用法律若干问题的解释》第9条第2款的规定，非法种植毒品原植物，“数量大”的情形指的是达到第9条第1款规定的最高数量标准的，即分别是：

1. 非法种植罂粟三千株以上的；

2. 非法种植大麻三万株以上的；

3. 非法种植罂粟一千二百平方米以上、大麻一万二千平方米以上，尚未出苗的；

4. 对于非法种植其他毒品原植物数量大的。这里的“数量大”应当与前两种情形中大麻、罂粟“数量大”的危害性相当。

（二）五年以下有期徒刑、拘役或者管制，并处罚金

五年以下有期徒刑、拘役或者管制的刑罚中，附加刑规定的是“并处罚金”，而五年以上有期徒刑的刑罚中，附加刑中规定的是“并处罚金或者没收财产”。这样的刑罚设置无疑是科学的，因为判处五年以上有期徒刑针对的是被告人种植毒品原植物数量大的情况，这种犯罪行为的罪行程度更为严重，社会危害性更大，因此附加刑中增加了“没收财产”这一刑罚选项，可以使得司法机关在打击此类违法犯罪中，能够更好地从经济上制裁被告人，更大程度上减少再犯的机会。另外，审判机关在处理非法种植毒品原植物案件时，在量刑上要注意刑法规定的是“并处罚金”，而不是“单处罚金”，也就是说，量刑时必须既要判处主刑，又要判处附加刑。

根据刑法第351条第1款第1项以及《最高人民法院关于审理毒品犯罪案件适用法律若干问题的解释》第9条第1款的规定，非法种植毒品原植物，“数量较

大”的情形是：

1. 非法种植罂粟五百株以上不满三千株的；

2. 非法种植大麻五千株以上不满三万株的；

3. 非法种植罂粟二百平方米以上不满一千二百平方米、大麻二千平方米以上不满一万二千平方米，尚未出苗的；

4. 非法种植其他毒品原植物数量较大的。

此外，对于非法种植毒品原植物未达到上述数量标准的，但具有“经公安机关处理后又种植”“抗拒铲除”这两种行为的，也构成非法种植毒品原植物罪，判处五年以下有期徒刑、拘役或者管制，并处罚金。

【办案依据】

一、刑法规定

第三百五十一条　非法种植罂粟、大麻等毒品原植物的，一律强制铲除。有下列情形之一的，处五年以下有期徒刑、拘役或者管制，并处罚金：

（一）种植罂粟五百株以上不满三千株或者其他毒品原植物数量较大的；

（二）经公安机关处理后又种植的；

（三）抗拒铲除的。

非法种植罂粟三千株以上或者其他毒品原植物数量大的，处五年以上有期徒刑，并处罚金或者没收财产。

非法种植罂粟或者其他毒品原植物，在收获前自动铲除的，可以免除处罚。

二、司法解释

《最高人民法院关于审理毒品犯罪案件适用法律若干问题的解释》（2016年4月11日，法释〔2016〕8号）（节选）

第九条　非法种植毒品原植物，具有下列情形之一的，应当认定为刑法第三百五十一条第一款第一项规定的“数量较大”：

（一）非法种植大麻五千株以上不满三万株的；

（二）非法种植罂粟二百平方米以上不满一千二百平方米、大麻二千平方米以上不满一万二千平方米，尚未出苗的；

（三）非法种植其他毒品原植物数量较大的。

非法种植毒品原植物，达到前款规定的最高数量标准的，应当认定为刑法第三百五十一条第二款规定的“数量大”。

第八章　非法买卖、运输、携带、持有毒品原植物种子、幼苗罪

【立案追诉标准】

非法买卖、运输、携带、持有毒品原植物种子、幼苗罪案（刑法第352条）

非法买卖、运输、携带、持有未经灭活的罂粟等毒品原植物种子或者幼苗，涉嫌下列情形之一的，应予立案追诉：

（一）罂粟种子五十克以上、罂粟幼苗五千株以上；

（二）大麻种子五十千克以上、大麻幼苗五万株以上；

（三）其他毒品原植物种子、幼苗数量较大的。

《最高人民检察院、公安部关于公安机关管辖的刑事案件立案追诉标准的规定（三）》（2012年5月16日，公通字〔2012〕26号）

【犯罪构成及刑事责任】

非法买卖、运输、携带、持有毒品原植物种子、幼苗罪，是指违反国家关于毒品原植物的管理规定，非法买卖、运输、携带、持有毒品原植物种子、幼苗，数量较大的行为。构成本罪需要具备以下四个要件：

1. 客体要件。非法买卖、运输、携带、持有毒品原植物种子、幼苗罪的客体是国家对毒品原植物种子、幼苗的管理制度。

2005年国务院颁布的《麻醉药品和精神药品管理条例》取代了《麻醉药品管

理办法》，虽然没有直接对毒品原植物种子、幼苗进行规定，但明确规定了“对麻醉药品药用原植物以及麻醉药品和精神药品实行管制”，当然也就包括属于原植物初始、萌芽形态的种子和幼苗。

2. 客观要件。非法买卖、运输、携带、持有毒品原植物种子、幼苗罪的客观方面表现为非法买卖、运输、携带、持有未经灭活的罂粟、大麻等毒品原植物种子或者幼苗，数量较大的行为。

本罪的犯罪对象是未经灭活的罂粟、大麻等毒品原植物的种子、幼苗。关于“未经灭活”的理解，应当重点把握以下几点：

①“未经灭活”是指罂粟、大麻等毒品原植物的种子和幼苗未经专门的灭活程序进行处理。幼苗一般通过高温、去根等方式，目前没有固定的手段，只要是将幼苗的成长活性去掉，使其不能再继续生长即可。种子一般经过蒸煮、微波、放射性照射等手段，使其丧失萌发、繁殖能力，无法发芽生长，目前较为通行的做法是将毒品原植物种子使用钴 60 放射线进行辐照灭活处理。[①]

②在具体案件中，如何认定毒品原植物种子、幼苗是否经过灭活，一般需要鉴定机构或者其他专业机构出具鉴定或者检验报告，如果认定行为人构成本罪，则必须证明涉案的种子、幼苗属于“未经灭活”。对于幼苗而言，认定是否未经灭活相对简单，经过目测、检测或者试验性栽培等可以得出相应结论。对于种子而言，目前通行的做法是经鉴定部门或者专门机构进行“发芽率”试验，如果涉案种子能够继续萌发，则认定为“未经灭活”。这里需要注意的是，不同案件中，种子的发芽率有高有低，但目前法律没有规定按照发芽率的高低来区分是否灭活。因此，在司法实践中，对于涉案种子经检测或者鉴定能够发芽的，均应认定为“未经灭活”。如果确实存在发芽率极低的情况，可以根据案件具体情况，对行为人进行从轻、减轻处理或者定罪免刑；如果情节显著轻微的，可以不起诉或者依据刑法第 13 条“但书”部分作出罪处理。

③“未经灭活”是指人为地通过相应的灭活程序对毒品原植物种子、幼苗进行处理，而不是指种子、幼苗的自然灭活。有观点认为，“‘灭活’是人为造成植

① 周建华：《论毒品犯罪》，安徽大学 2005 年硕士学位论文。

物死亡的手段，‘死亡’是植物经过‘灭活’后生命的终止。‘灭活’是植物死亡原因之一，但植物不经灭活，也可能或者最终总是会自然死亡。因此，刑法第352条所称的‘未经灭活’，不仅是看毒品原植物的种子或者幼苗有无死亡，更重要的是看有没有经过人为的灭活处理。如果涉案的毒品原植物的种子或者幼苗虽然已经死亡，但并未经过灭活处理的，仍有可能构成本罪”。[①] 我们认为，这种观点是可取的。在这种情况下，因已不具备毒品原植物种子、幼苗的活性，应认定为本罪的犯罪未遂，可以比照既遂犯从轻或者减轻处罚，也可以根据案件具体情节，决定不起诉。

本罪是选择性罪名。具体案件中，司法机关根据行为方式、犯罪对象的不同，分别确定相应的罪名。构成本罪的四种行为方式具体如下：

（1）非法买卖。“非法买卖”，是指行为人以金钱或者实物作价非法购买或者出售未经灭活的毒品原植物种子、幼苗的行为。

需要注意的是，“买卖”不同于“贩卖”。对于“买”和“卖”这两种行为，均按照本罪定罪处罚。而贩卖毒品罪中的“贩卖”，只处罚“卖”的行为，“买”的行为如果达到相应的数额标准，一般按照非法持有毒品罪处罚；如果没有其他行为，毒品数额达不到非法持有的标准，则不构成犯罪。

另外，需要注意的是，按照《武汉会议纪要》的规定，贩毒分子被抓获后，对于从其住所、车辆等处查获的毒品，一般均应认定为其贩卖的毒品。但是本罪不同于贩卖毒品罪，行为人买卖毒品原植物种子、幼苗被抓获后，从其住所、车辆等处查获的其他毒品原植物种子、幼苗，不宜归入买卖的数量当中，对行为人应认定为非法买卖、持有毒品原植物种子、幼苗罪。

（2）非法运输。“非法运输”，是指未经国家有关部门批准，私自将未经灭活的毒品原植物种子、幼苗从一个地方运送到另一个地方的行为。本罪中，对于“运输”的理解和把握，应当与刑法第347条运输毒品罪中的“运输”相同，即“运输”的特征就是行为人使用交通工具、邮寄快递或者人工搬运等方式，使得毒品原植物种子、幼苗发生空间上的位移。

---

① 张涛、刘畅：《大麻种植和加工风险问题研究》，载《云南警官学院学报》2020年第1期。

（3）非法携带。“非法携带”，是指违反国家规定，没有合法的携带权，随身携带或者物品中夹带未经灭活的毒品原植物种子、幼苗的行为。

“携带”这一行为方式，在刑法所有涉及毒品的罪名中，只有本罪进行了规定。并且，本罪属于选择性罪名，需要司法机关依据查明的事实确定准确的罪名。因此，对于“携带”的理解和区分，在认定本罪的过程中非常重要。我们认为，应当重点把握以下两点：

①“携带”和“运输”的区别。如果把携带行为认定为无法确认有运输的目的的行为，即仅仅能查明行为人随身带有未经灭活的毒品原植物种子、幼苗，但无法证明有其他毒品犯罪的目的。则是从犯罪目的这一主观要素来区分“携带”和“运输”。这值得商榷。刑法既然将本罪“携带”和“运输”两种行为模式并列规定，则依据具体行为这一客观要素来区分即可。如果行为人采取随身携带或者行李夹带的方式运输毒品原植物种子、幼苗的，在这种情况下，行为人的主要犯罪行为以及犯罪目的就是“运输”，“携带”行为是用来完成“运输”行为的一种手段，按照牵连犯的理论，此时按“非法运输毒品原植物种子、幼苗罪”认定即可。如果行为人准备采取乘坐交通工具的方式进行运输，尚未上车或者尚未开车时被公安机关查获随身携带毒品原植物种子、幼苗的，在这种情况下，行为人同时属于“携带”和“运输”（未遂），按照吸收犯的理论，此时按“非法携带毒品原植物种子、幼苗罪”认定即可。

②“携带”与“持有”的区别。我们认为，在本罪中，“携带”的主要特征是随身性和同步性，比如将毒品原植物种子、幼苗藏匿在身上，或者打包在行李中；“持有”的主要特征是占有性和支配性，比如放置在住所内，或者存放于行为人可控的处所和范围内。这样看来，“携带”与“持有”的确存在一定范围的重合，比较来看，“持有”的范畴要大于“携带”。

在司法实践中，区分“携带”与“持有”的重点在于考察是否具有“随身性”和“同步性”。比如查获行为人衣服口袋内或者随身行李中藏匿有毒品原植物种子、幼苗的，或者不在行为人随身衣物、行李中但能够证明行为人将毒品原植物种子、幼苗藏匿于同行人员的衣物、行李中的，应认定为“携带”。除此之外的其他情况，比如藏匿、存放在家中、单位或其他隐蔽处所的情况，则应认定为

“持有”。

（4）非法持有。“非法持有”，是指违反国家规定，没有合法的根据，占有、控制或支配未经灭活的毒品原植物种子、幼苗的行为。本罪中的“持有”，在理解、把握和认定上与其他持有型毒品犯罪中的“持有”相同。本书在相关章节中已有详细论述，不再赘述。

3. 主体要件。非法买卖、运输、携带、持有毒品原植物种子、幼苗罪的主体是一般主体，即年满十八周岁，达到刑事责任年龄，具有刑事责任能力的个人可以构成。

对于是否有必要在刑法中增加本罪的单位犯罪的问题。本书第七章非法种植毒品原植物罪的犯罪主体部分已有相似论述，不再赘述。在现行刑法中没有规定单位犯罪的情况下，如果司法实践中存在以单位作为犯罪主体实施非法买卖、运输、携带、持有毒品原植物种子、幼苗的情况，则对直接或者共同参与实施犯罪行为的个人进行定罪处罚。

4. 主观要件。非法买卖、运输、携带、持有毒品原植物种子、幼苗罪的主观方面表现为故意，即要求行为人明知自己非法买卖、运输、携带、持有的是罂粟、大麻或者其他毒品原植物的种子或者幼苗。

值得注意的是，毒品原植物的种子、幼苗等，不像毒品原植物的成品一样容易识别、辨认，行为人如果是受蒙蔽、欺骗等实施了买卖、运输、携带、持有等行为，不能作为犯罪处理。对于利用他人不明知而实施犯罪的行为人，从刑法理论上讲属于“间接正犯”，应该按照本罪依法处罚。在具体案件中，如果没有确实、充分的证据证明行为人属于主观明知，则不能认定行为人构成本罪。

根据刑法第352条的规定：犯本罪，数量较大的，处三年以下有期徒刑、拘役或者管制，并处或者单处罚金。

【疑难指导】

毒品原植物可以用来提炼、加工成鸦片、海洛因、甲基苯丙胺、吗啡、可卡因等毒品和一系列麻醉药品和精神药品。众所周知，种子经播种，幼苗经栽培，都可以成长为原植物。因此，如果说毒品原植物是毒品的源头，那么毒品原植物种子和幼苗就可以称为毒品源头的“源头”。如果不加以严格管控，势必会造成毒品原植物乃至毒品的泛滥和蔓延。

《联合国禁止非法贩运麻醉药品和精神药物公约》规定，对罂粟籽严格加以管制。《中华人民共和国禁毒法》第 59 条规定：“有下列行为之一，构成犯罪的，依法追究刑事责任；尚不构成犯罪的，依法给予治安管理处罚……（四）非法买卖、运输、携带、持有未经灭活的毒品原植物种子或者幼苗的……”因此，无论是在国内还是在国际上，对于毒品原植物的种子、幼苗都是进行严格管控的。

刑法第 352 条专门设置了非法买卖、运输、携带、持有毒品原植物种子、幼苗罪，就是为了严厉打击与毒品原植物种子、幼苗相关的违法犯罪活动，从而从源头上管控和遏制毒品犯罪。

一、毒品原植物种子重量计算的问题

未经灭活的毒品原植物种子的重量是本罪入罪的标准。前文所述，证明涉案的种子属于“未经灭活”的鉴定意见或者检测报告是认定本罪的关键证据。按照通行的做法，一般以发芽率作为评价是否灭活的标准。需要特别注意的是，认定涉案毒品原植物种子的重量应当以“未经灭活”的全部种子为准，而不能仅计算能够发芽的种子的重量，即不能以查获的种子的重量乘以“发芽率”来得出涉案种子的重量。在司法实践中，计算毒品原植物种子的重量是各级法院尤其应该注意的问题。

二、关于跨国（边）境运送毒品原植物种子、幼苗行为的定性

一般来说，运输的范围应当限定在国（边）境内。如果行为人跨国（边）境运送毒品的，按照刑法第 347 条选择性罪名的规定，以走私毒品罪定罪处罚。但本罪当中，选择性罪名中并未规定“走私”这一行为方式。我们认为，如果运输毒品原植物种子、幼苗跨越国（边）境的，构成本罪，主要有以下三方面的原因：

第一，跨国（边）境运输毒品原植物种子、幼苗的，从行为方式上完全符合本罪“运输”的特征，即从一地运送至另一地。本罪选择性罪名中既然没有“走私”，那么对于符合“运输”特征的，就应当按照非法运输毒品原植物种子、幼苗罪定罪处罚。

第二，即使跨国（边）境运送毒品原植物种子、幼苗的行为同时构成走私普通货物、物品罪，那与本罪也属于法条竞合的关系，本罪属于特别规定，依照特别规定优于普通规定的一般原则，对行为人也应按照本罪定罪处罚。

第三，跨国（边）境运输毒品原植物种子、幼苗的行为，按照本罪的运输定罪，符合通常的群众认知和司法观念。在人民法院审理的具体案件中，也按照本罪处理。

三、本罪的罪数形态问题

本罪常与非法种植毒品原植物罪，制造、运输毒品罪及生产有毒、有害食品罪交织在一起。根据案件的不同情况，在罪数形态、数罪并罚方面一般重点把握以下三个问题：

（一）存在其他关联毒品犯罪行为的处理

我们认为，从司法实践的角度出发，一般情况下如果构成本罪的同时构成其他毒品犯罪的，应以数罪并罚为原则。主要基于以下考虑：假如存在非法种植毒品原植物后买卖、运输种子、幼苗，或者为了种植毒品原植物而买卖、持有种子、幼苗，再或者是制造毒品鸦片后继续持有罂粟种子等情况，因上述犯罪基本均以数量作为入罪标准，如果存在数罪，那么必然要求在案证据证明毒品、毒品原植物以及毒品原植物种子、幼苗的情况。客观地讲，很难能有充足的证据和充分的论理来证明行为之间存在明确、紧密的牵连关系或者吸收关系。在这种情况下，以数罪并罚处理较为妥当。当然，如果证据确实、充分，符合牵连犯或者吸收犯成立的情况，则择一重罪处理。

（二）存在不同犯罪对象的处理

在实际工作中，比较常见的是行为人非法同时运输、持有罂粟壳和罂粟种子这种情况。我们认为，因为犯罪对象的不同，行为人侵犯了不同的客体，触犯了不同罪名，而且从证据角度看，也不能证明涉案的罂粟壳和罂粟种子之间存在关联。因此，如果分别达到入罪的数量标准时，应按照运输毒品罪或者非法持有毒品罪与本罪数罪并罚。

当然，还存在另一种情况，如果行为人买卖、运输、持有的是整个罂粟果实，此时是否还应数罪并罚？我们认为，此时不应数罪并罚。因为行为人的犯罪对象是罂粟壳和罂粟种子尚未分离的果实，如果数量达到入罪标准，从刑法理论上应属于吸收犯，按照重行为吸收轻行为的原则，按照贩卖、运输毒品罪或者非法持有毒品罪处罚。

（三）本罪与生产有毒、有害食品罪的并罚

在实践中，比较高发的案件是食品经营者违法购买罂粟果实，将罂粟壳碾碎、打粉后添加在火锅、面汤、卤水中，对于罂粟种子一般则自己保存。在这些案件中，能够查获的罂粟壳数量相对较少，基本达不到入罪标准，尚不能构成非法持有毒品罪。因此，这些案件中，持有罂粟种子达到本罪入罪标准的，则应按照本罪和生产有毒、有害食品罪数罪并罚。

【办案依据】

一、刑法规定

第三百五十二条 非法买卖、运输、携带、持有未经灭活的罂粟等毒品原植物种子或者幼苗，数量较大的，处三年以下有期徒刑、拘役或者管制，并处或者单处罚金。

二、司法解释

《最高人民法院关于审理毒品犯罪案件适用法律若干问题的解释》（2016 年 4 月 11 日，法释〔2016〕8 号）（节选）

第十条 非法买卖、运输、携带、持有未经灭活的毒品原植物种子或者幼苗，具有下列情形之一的，应当认定为刑法第三百五十二条规定的“数量较大”：

（一）罂粟种子五十克以上、罂粟幼苗五千株以上的；

（二）大麻种子五十千克以上、大麻幼苗五万株以上的；

（三）其他毒品原植物种子或者幼苗数量较大的。

第九章 引诱、教唆、欺骗他人吸毒罪

【立案追诉标准】

引诱、教唆、欺骗他人吸毒案（刑法第353条）

引诱、教唆、欺骗他人吸食、注射毒品的，应予立案追诉。

《最高人民检察院、公安部关于公安机关管辖的刑事案件立案追诉标准的规定（三）》（2012年5月16日，公通字〔2012〕26号）

【犯罪构成及刑事责任】

引诱、教唆、欺骗他人吸毒罪，是指以引诱、教唆、欺骗等方式和手段，致使他人吸食、注射毒品的行为。构成本罪需要具备以下四个要件：

1. 客体要件。引诱、教唆、欺骗他人吸毒罪的客体是国家对毒品的管制以及他人的身心健康权利。这里的“他人”，指的是从未吸毒的人，也包括曾经有过吸毒经历但已戒除毒瘾或者拒绝吸毒的人。

2. 客观要件。引诱、教唆、欺骗他人吸毒罪的客观方面表现为通过引诱、教唆、欺骗的方式，促使他人吸食、注射毒品的行为。本罪属于选择性罪名，行为人实施了“引诱、教唆、欺骗”三种行为中的一种即可构成本罪。

引诱、教唆、欺骗他人吸毒罪的客观方面具有以下三个特征：一是行为的非法性，即行为人引诱、教唆、欺骗他人吸毒的行为违反国家关于麻醉药品、精神药品的管理法规。二是行为手段的多种多样，即行为人采取了引诱、教唆、欺骗手段。三是行为导致了一定的后果，即行为人非法引诱、教唆、欺骗行为必须导致了他人吸毒这一结果。

（1）关于“引诱他人吸毒”的理解。一般来讲，“引诱”是指以特定的利益进行勾引、诱惑。具体到本罪当中，“引诱”可划分为以下两种方式：

第一种是行为人宣扬吸毒能产生诸如“提神”“减肥”“醒酒”等功效，或者宣扬吸毒能获得“飘飘欲仙”的快感，再或者宣扬吸毒是一种“时尚潮流”等，利用这些精神刺激进行引诱。

第二种是通过给予金钱、好处或者其他物质性的利益进行引诱，使得无吸毒意愿的人吸食、注射毒品。

（2）关于“教唆他人吸毒”的理解。一般来讲，“教唆”包括劝说、鼓动、唆使、怂恿等多种方式。从这个角度来看，“教唆”与“引诱”确实存在一定程度的重合。我们认为，以宣扬吸毒后的体验来劝说、怂恿，故意唆使他人产生吸毒的意图并进而吸毒的行为属于应定性为“引诱”。

刑法既然将引诱他人吸毒和教唆他人吸毒这两种行为均规定成犯罪，那么在实践当中，就要确定一定的规则和标准，将两种行为进行区分。我们认为，本罪中的“教唆”，一般是指利用物质引诱、精神诱惑等手段之外的其他教唆行为，比如通过“你试试”“你来两口”“这东西没事”“别那么胆小”等言语进行劝说、怂恿，或者是通过“推、让、递”等具体动作进行鼓动、唆使。即“教唆”的侧重点在于利用具体的语言、行为来唆使他人，而非用物质、精神利益来勾引他人。此外，本罪中的“教唆”还包括另一种情形，就是通过当面示范吸毒、教授吸毒方法等行为，唆使他人吸食、注射毒品。

（3）关于“欺骗他人吸毒”的理解。欺骗他人吸毒罪中的“欺骗”，是指行为人通过隐瞒真相的方式致使他人吸毒。我们认为，“欺骗”中的隐瞒真相，应当是针对“毒品”本身而言，即通过言语欺骗等方式，将毒品谎称为其他物品，以及乘人不备，通过投放、夹带等方式将毒品掺杂在食品、饮品、药品当中或者通过“偷梁换柱”的方式将毒品与正常的食品、饮品、药品替换。对于行为人声称“吸毒不上瘾”“吸毒对身体没有影响”等行为的定性，我们认为，虽然这些行为的确也属于隐瞒真相的一种，但隐瞒的是吸毒危害性的真相，以此让被害人放松警惕，而不是隐瞒毒品本身，还是应当根据具体情节认定为“引诱”或者“唆使”较为合适。

由此可以看出，本罪当中的“引诱、唆使”与“欺骗”的区别还是比较明显的，即“引诱、唆使”通过诱使、鼓动的方式，使他人产生了或者强化了吸毒意愿，他人对于吸毒这一行为最终还是基于自愿的、明确知情的；而“欺骗”是隐瞒了毒品这一违禁品的真相，吸毒者是在错误认识的情况下或者根本不知情的情况下吸毒。因此，我们认为，行为人在一次犯罪中，针对一名被害人，“引诱、唆使”是可能并存的，但“引诱、教唆”和“欺骗”是不能并存的。在司法实践中，我们要认真分析、判断行为人的行为性质、特征，从而准确地适用选择性罪名。

具体到案件中，“欺骗”一般划分为以下两种方式：

第一种是行为人对被害人隐瞒真相，将毒品说成或者包装成非毒品的食品、药品或者其他物品，使他人陷入错误认识，不能认识到自己吸食、注射的物品为毒品。

第二种是行为人趁被害人不备，私自将毒品添加在食品、饮料、药品或者其他物品中，致使被害人因不知情而吸食、注射了毒品。

3. 主体要件。引诱、教唆、欺骗他人吸毒罪的主体是一般主体，即任何具有刑事责任能力，达到刑事责任年龄，实施了引诱、教唆、欺骗他人吸毒行为的自然人，都有可能构成本罪。

本罪不能由单位和不满十六周岁的人或不具备刑事责任能力的自然人构成。

4. 主观要件。引诱、教唆、欺骗他人吸毒罪的主观方面表现为故意，即要求行为人为了达到致使他人吸食、注射毒品的目的，故意采取引诱、教唆或者欺骗等方式实施犯罪。一般来说，本罪故意内容包含以下两点，一是意识到他人并没有吸毒的意图，或者认识到他人吸毒意图并不坚定；二是认识到自己的引诱、教唆、欺骗行为会导致没有吸毒恶习的人或虽曾吸毒但已戒除的人吸食、注射毒品的后果，并对这一结果持希望或放任态度。从司法实践来看，行为人引诱、教唆、欺骗他人吸毒罪的动机多种多样，有纯粹让他人享受吸毒快感的一般动机，也有为了控制他人、报复陷害或者意图贩卖毒品等其他非法动机，但这些动机不影响该罪的认定，即只要实施了引诱、教唆、欺骗他人吸毒的行为，即可构成该罪。

值得注意的是，在现实生活中，存在一部分行为人为了减轻他人甚至家人的病痛，采取了违法诱导、唆使、欺骗他人吸食、注射麻醉或精神类药品的情况，这类案件在司法实践中一般应按照犯罪处理，但在量刑时酌情考虑；确实情节轻微、危害不大的，根据查明的案情以及案件存在的特殊情况，可以考虑不作为犯罪处理。

根据刑法第353条的规定：犯本罪，处三年以下有期徒刑、拘役或者管制，并处罚金；情节严重的，处三年以上七年以下有期徒刑，并处罚金。

引诱、教唆、欺骗或者强迫未成年人吸食、注射毒品的，从重处罚。

【疑难指导】

吸毒是一种违法行为，虽然不构成犯罪，但却对吸毒者的身体、精神造成严重损害，由此引发一系列治安问题和社会问题，甚至引发其他严重的违法犯罪行为。《中华人民共和国禁毒法》、国务院《戒毒条例》等一系列法律法规中，均对禁止吸毒以及强制戒毒进行了规定。《中华人民共和国治安管理处罚法》第72条规定，对吸食、注射毒品的违法行为，处十日以上十五日以下拘留，可以并处人民币二千元以下罚款；情节较轻的，处五日以下拘留或者人民币五百元以下罚款。

在目前吸毒者群体中，有很大一部分人是因为受到他人的引诱、教唆、欺骗而吸食、注射毒品，随后沾染上毒瘾。因此，我们不仅要严禁吸毒，更要侧重于打击和制裁那些引诱、教唆、欺骗他人吸毒的不法分子。

根据《联合国禁止非法贩运麻醉药品和精神药物公约》的规定，各缔约国应当采取可能的必要的措施，将以任何手段公开鼓动或引诱他人去犯按照本条约确定的任何罪行或非法使用麻醉药品或精神药物的行为，确定为国内法中的刑事犯罪。刑法在修订时专门设置了引诱、教唆、欺骗他人吸毒罪，将这些行为作为犯罪予以打击。在司法实践中，引诱、教唆、欺骗他人吸毒罪存在以下疑难复杂问题。

一、引诱、教唆、欺骗他人吸毒致人重伤、死亡的处理

如果行为人基于故意伤害或者故意杀人的主观目的，故意引诱、教唆、欺骗他人吸毒，最终导致他人重伤或者死亡的后果，则属于刑法理论上的牵连犯，按照“择一重处断”的一般原则，按照故意伤害罪或者故意杀人罪定罪处罚。

如果查明行为人确实没有故意伤害、故意杀人的主观目的，仅仅是意图通过引诱、教唆、欺骗的手段促使他人吸食、注射毒品，导致他人重伤、死亡的，应当认定行为人对重伤、死亡后果存在过失。从刑法理论上看，这实际上属于引诱、教唆、欺骗他人吸毒罪和过失致人重伤罪或过失致人死亡罪的想象竞合犯。因为刑法及相关司法解释规定本罪“情节严重”包括“对他人身体健康造成严重危害的”这一情形，故在处断时直接按照本罪定罪处罚。

二、欺骗他人吸毒罪与强迫他人吸毒罪的区分

是否可以认为，欺骗他人吸毒罪与引诱、教唆他人吸毒罪存在本质区别，与强迫他人吸毒罪的本质更加接近或者类似，因此应当将欺骗他人吸毒罪纳入强迫他人吸毒罪中。我们认为，这种观点值得商榷。主要是因为：

第一，从行为表现方式上看，强迫他人吸毒罪中，行为人采取的是“暴力、威胁、捆绑、控制”等手段，具有暴力性、强制性；而引诱、教唆、欺骗他人吸毒罪中，行为人采取的是“引诱、教唆、欺骗”的手段，不具有暴力性、强制性。

第二，从主观认知上看，强迫他人吸毒罪中，被害人因受到暴力、威胁产生恐惧心理或者身体受限无法反抗，从而被迫吸毒，主观认知的重点是“被迫”，即内心还是具备反抗意识；而欺骗他人吸毒罪中，被害人属于陷入错误认识或者不知情的状态，虽然也可以视为一种“无法反抗”的形式，但不存在面对他人胁迫的问题，主观认知的重点是“不知”，即内心不存在反抗意识。

因此，欺骗他人吸毒罪与强迫他人吸毒罪还是存在本质区别，不应混为一谈。

此外，是否可以认为，基于刑事责任年龄并结合民法的相关规定，十四周岁以下的未成年人不具备认识自身重要人身权利的能力，因此引诱、教唆、欺骗不满十四周岁的未成年人吸毒的，应当以强迫他人吸毒罪定罪处罚。我们认为，这种观点也有待商榷，主要是因为：这种观点混淆了本罪与强迫他人吸毒罪的区别，理由如前，不再赘述。此外，刑法第353条第3款已经规定，引诱、教唆、欺骗或者强迫未成年人吸食、注射毒品的要从重处罚，即法律已经对本罪侵害未成年人权益规定了更严厉的处罚，无须再通过转换罪名的方式进行处罚。

三、引诱、教唆、欺骗他人吸毒罪与教唆犯罪的界限

教唆犯罪，是指故意唆使他人实施犯罪的行为。本罪的教唆行为与教唆犯罪十分相似，但引诱、教唆、欺骗他人吸毒并不属于刑法中所说的教唆犯。因为第一，教唆行为成立则被教唆人也应该犯有吸食毒品罪。但在我国刑法中未对吸食毒品规定为罪，所以本罪不属于教唆犯，而是新刑法中规定的独立的，以引诱、教唆、欺骗为手段的犯罪，与吸毒本身是否有罪无关。第二，本罪有独立的法定刑，有确定的犯罪客体。并且其他具有教唆犯罪的性质的行为，在刑法上，有的也已经单独规定为犯罪，不按共同犯罪处理。同样，鉴于教唆、欺骗他人吸食、注射毒品本身就是具有危害性的行为，故刑法将其规定为罪，而不以吸毒行为构成犯罪作为前提。具体而言，这两者的区别在于：（1）罪名不同。教唆犯并非独立罪名，但对教唆犯罪行为按照行为人所教唆的罪来定罪。而教唆他人吸毒是一个独立的罪名。（2）侵犯客体不同。本罪的客体是确定的，它侵犯了国家对毒品的管制制度和他人的身体健康；而教唆犯侵犯的客体具有不确定性，要具体地根据教唆犯的教唆之罪来判定其侵犯客体。（3）教唆内容不同。本罪教唆内容只能是唆使他人吸食、注射毒品，而教唆犯罪则是唆使他人实施任何犯罪行为。（4）教唆对象不尽相同。本罪教唆对象为一切人，而教唆犯的教唆对象只能限于达到刑事责任年龄具有刑事责任能力的人，如果教唆的是未达到刑事责任年龄的人或者没有刑事责任能力的人，则属于间接正犯。（5）处罚原则不同。本罪按照刑法第 352 条规定的刑罚处罚即可，但教唆犯必须根据其教唆的犯罪和在共同犯罪中所起作用处罚。如果被教唆者没有犯被教唆之罪，对于教唆犯，可以从轻或者减轻处罚。

四、引诱、教唆、欺骗他人吸毒罪的既遂与未遂

关于本罪的既未遂问题，有两种不同的观点。

第一种观点认为：本罪是结果犯①，只有被引诱、教唆、欺骗的人实际吸食、注射了毒品，行为人才构成本罪的既遂，否则就是未遂。

第二种观点认为：本罪是行为犯②，即行为人只要实施了引诱、教唆、欺骗他人吸食、注射毒品的行为，就构成了本罪的既遂；至于他人是否产生吸毒意图或者实际吸食、注射毒品，均不影响本罪既遂形态的成立；如果行为人实施了引诱、

---

① 娄云生：《刑法新罪名集解》，中国检察出版社 1994 年版，第 257 页。

② 娄云生：《刑法新罪名集解》，中国检察出版社 1994 年版，第 257 页。

教唆、欺骗的行为但他人并未吸毒的，可以在量刑时作为酌定因素予以考虑。

我们同意第一种观点，主要有以下三点理由：

第一，从本罪设立目的以及社会危害性上看，如果将行为人单纯的引诱、教唆、欺骗行为认定成立犯罪既遂，未免造成本罪打击范围过大、刑罚过于严重的问题，与罪责刑相一致的原则和精神不符。

第二，从司法认定的普遍观念上看，如果行为人对他人实施了引诱、教唆、欺骗的行为，但因他人不同意或者开始同意后又反悔，开始不知情后又有所察觉而未吸食、注射毒品，抑或是他人还未吸毒时即被公安机关抓获，此时应当认定为犯罪未遂。

第三，从证据收集和工作实际的角度上看，如果被害人没有吸食、注射毒品，在具体案件中也很难获取确实、充分的证据来证明行为人实施了引诱、教唆、欺骗的行为。在这种情况下考虑成立犯罪既遂的问题，很难在案件审判层面有实际意义。

因此，综合法理、逻辑、实践等多方面的考虑，本罪应当属于结果犯，即只有被引诱、教唆、欺骗的人实际吸食、注射毒品，才能认定为犯罪既遂。当然，如果行为人引诱、教唆、欺骗他人吸毒后，因毒品本身的问题比如系假毒品而导致他人实质上并未吸毒的，应当对行为人认定为本罪的犯罪未遂。

五、引诱、教唆、欺骗他人吸毒罪一罪与数罪问题

引诱、教唆、欺骗他人吸毒罪包括引诱、教唆、欺骗三种行为手段，属于典型的选择性罪名。行为人只要采取了其中一种行为手段实施本罪行为，在符合其他构成要件的情形下，即可构成本罪。成立本罪并不要求行为人必须同时采取上述三种手段实施本罪行为，行为人所犯具体罪名应由其实施的具体行为方式来确定。即使行为人同时采取引诱、教唆、欺骗方法促使他人吸毒，也只能定一罪，而不能定数罪。如果行为人对同一对象在不同地点、时间内分别实行了上述三种行为，也只能构成一罪。但对不同对象分别实施了引诱、教唆、欺骗行为如何定罪，理论上有不同主张，有的主张只定一罪①，有的主张应定数罪。② 笔者认为应

① 宣炳昭：《特别刑法罪刑论》，中国政法大学出版社 1993 年版，第 357 页。

② 赵玉亮：《新罪行各论》，群众出版社 1996 年版，第 395 页。

当具体情况具体分析，如果行为人引诱、教唆、欺骗他人吸毒行为是基于一个概况的故意，而针对不同的对象实施，则应定一罪；如果行为人的这种针对不同对象分别实施的引诱、教唆、欺骗他人吸毒行为，是在不同时间、不同地点，并基于不同的故意内容，则构成数罪，但处罚上仍裁判为一罪，从重处罚。这种做法比较符合刑法理论。

对于那些出于贩毒目的而引诱、教唆、欺骗他人吸毒而且也实施了贩毒行为的人，应按照牵连犯处理，因为刑法对此没有明文规定实行数罪并罚，所以应适用从一重罪处断原则，按贩卖毒品罪从重处罚。如果行为人所实施的本罪行为和贩卖毒品行为之间没有牵连关系，其前后行为均为独立的犯罪行为，则按本罪与贩卖毒品罪实行并罚。

为招徕顾客在卤汁里添加罂粟壳，该行为如何定性，是涉嫌构成生产、销售有毒有害食品罪等食品犯罪，还是构成欺骗他人吸毒罪，抑或是非法持有毒品罪？笔者认为该行为只需定生产、销售有毒、有害食品罪一罪即可。理由如下：商家为牟取非法利益，往食品里添加有毒、有害的罂粟壳，不但触及我国有关法律法规，而且还威胁到公众身体健康和饮食安全，其行为构成生产、销售有毒、有害食品罪要素。虽然该行为具有欺骗他人的特征，但其并非直接提供毒品，而是将少量毒品掺入食品，其目的也不是欺骗他人吸食毒品，而是销售食品牟取非法利润，所以，该行为不符合欺骗他人吸毒罪的构成要件。另，非法持有毒品罪是一种兜底性罪名，该行为是附从于生产、销售有毒、有害食品牟利的主行为，即为刑法理论上的吸收犯，对于非法持有毒品的行为，因被生产、销售有毒、有害食品的行为吸收，因而不再单独定为非法持有毒品罪。

六、引诱、教唆、欺骗他人吸毒罪的“情节严重”

2016 年《最高人民法院关于审理毒品犯罪案件适用法律若干问题的解释》对引诱、教唆、欺骗他人吸食、注射毒品“情节严重”的情形予以了列举，即具有下列情形之一的，应当认定为刑法第 353 条第 1 款规定的“情节严重”：1. 引诱、教唆、欺骗多人或者多次引诱、教唆、欺骗他人吸食、注射毒品的；2. 对他人身体健康造成严重危害的；3. 导致他人实施故意杀人、故意伤害、交通肇事等犯罪行为的；4. 国家工作人员引诱、教唆、欺骗他人吸食、注射毒品的；5. 其他情节严重的情形。

认定引诱、教唆、欺骗他人吸毒罪的“情节严重”时，需要注意以下四个问题：

第一个问题是，按照刑事案件认定事实的一般规则，“引诱、教唆、欺骗多人或者多次引诱、教唆、欺骗他人吸食、注射毒品”中“多人”应当要求达到三人以上，“多次”应当要求达到三次以上。其中，多人的认定以个人为单位进行计算，多次的认定以次数为单位进行计算。此外，人数可以累加计算，如果一次引诱、教唆、欺骗多人的，即按照“多人”认定；如果一次一人，还有一次三人，也可以按照“多人”认定。

第二个问题是，认定引诱、教唆、欺骗他人吸毒对他人身体健康造成严重危害，应当是指对吸毒者造成重伤以上的危害后果。如果经法医学鉴定，被害人因吸毒达到了重伤的程度，则应认定被告人引诱、教唆、欺骗他人吸毒的行为，情节严重。同时，对他人身体健康造成严重危害，不仅包括重伤，还包括死亡的后果。在具体案件认定上，应当有相应证据证明被害人的死亡后果是吸毒引发身体中毒或者引发其他疾病所致。

第三个问题是，认定引诱、教唆、欺骗他人吸毒，导致他人实施故意杀人、故意伤害、交通肇事等犯罪行为的，应当有相应的证据证明吸毒人员实施其他犯罪行为与被引诱、教唆、欺骗吸毒之间存在因果关系，而不能简单地认为吸毒与犯罪行为之间必然存在关联。要根据在案的物证、被害人陈述、被告人供述、证人证言等相关证据予以评判，还有综合吸毒者实施其他犯罪行为的时间、地点、精神状态等情节和因素，必要时应当通过药物检测、精神鉴定等予以认定。

第四个问题是，“其他情节严重的情形”是兜底性条款，在具体认定上，指的是引诱、教唆、欺骗他人吸毒，有其他恶劣、严重的情节，这些情节不能被前述司法解释中认定“情节严重”中规定的前四项所囊括。法官在依据兜底性条款认定时，应当严格贯彻罪责刑相一致的基本原则，采取审慎的态度，依据确实、充分的证据来认定。

【办案依据】

一、刑法规定

第三百五十三条 引诱、教唆、欺骗他人吸食、注射毒品的，处三年以下有期徒刑、拘役或者管制，并处罚金；情节严重的，处三年以上七年以下有期徒刑，并处罚金。

强迫他人吸食、注射毒品的，处三年以上十年以下有期徒刑，并处罚金。

引诱、教唆、欺骗或者强迫未成年人吸食、注射毒品的，从重处罚。

二、司法解释

《最高人民法院关于审理毒品犯罪案件适用法律若干问题的解释》（2016 年 4 月 11 日，法释〔2016〕8 号）（节选）

第十一条 引诱、教唆、欺骗他人吸食、注射毒品，具有下列情形之一的，应当认定为刑法第三百五十三条第一款规定的“情节严重”：

（一）引诱、教唆、欺骗多人或者多次引诱、教唆、欺骗他人吸食、注射毒品的；

（二）对他人身体健康造成严重危害的；

（三）导致他人实施故意杀人、故意伤害、交通肇事等犯罪行为的；

（四）国家工作人员引诱、教唆、欺骗他人吸食、注射毒品的；

（五）其他情节严重的情形。

第十章　强迫他人吸毒罪

【立案追诉标准】

强迫他人吸毒案（刑法第353条）

违背他人意志，以暴力、胁迫或者其他强制手段，迫使他人吸食、注射毒品的，应予立案追诉。

《最高人民检察院、公安部关于公安机关管辖的刑事案件立案追诉标准的规定（三）》（2012年5月16日，公通字〔2012〕26号）

【犯罪构成及刑事责任】

关于强迫他人吸毒罪的概念，1994年，《最高人民法院关于执行〈全国人民代表大会常务委员会关于禁毒的决定〉的若干问题的解释》（法发〔1994〕30号）第10条作出规定："……强迫他人吸毒罪，是指违背他人意志，使用暴力、胁迫或者其他方法，迫使他人吸食、注射毒品的行为。被强迫的人吸食、注射毒品后是否成瘾，不影响本罪的成立。"虽然该解释已被2013年1月18日起实施的《最高人民法院关于废止1980年1月1日至1997年6月30日期间发布的部分司法解释和司法解释性质文件（第九批）的决定》废止，但是其对强迫他人吸毒罪概念的表述，基本得到了理论界、实务界的认可、沿用。

强迫他人吸毒罪，是指违背他人意志，使用暴力、胁迫或者其他方法，迫使他人吸食、注射毒品的行为。构成本罪需要具备以下四个要件：

1. 客体要件。强迫他人吸毒罪侵犯的客体是复杂客体，既包括国家对毒品的管制制度，也包括公民的健康权利。犯罪对象是不愿吸食、注射毒品的人。

从毒品犯罪的性质而言，相关犯罪均侵犯了国家对毒品的管制制度，并且直接或者间接地侵犯他人的身体健康。与其他的毒品犯罪罪名相比，强迫他人吸毒罪直接作用于被害人，而非毒品，更主要的是侵犯他人身体健康，故，强迫他人吸毒罪侵犯的主要客体、直接客体是他人身体健康，次要客体、间接客体是国家对毒品的管制制度，鉴于罪名中涉及毒品，本罪方被纳入刑法分则的毒品犯罪章节。

2. 客观要件。强迫他人吸毒罪客观方面表现为违背他人意志，用暴力、胁迫或者其他方法，迫使他人吸食、注射毒品的行为。这是强迫他人吸毒罪的本质特征，也是同其他毒品犯罪的根本区别。

（1）关于“强迫”的理解。强迫他人吸毒罪的“强迫”是指行为人采用一定的方式或手段，使被害人违背本身的意愿吸食、注射毒品。对于“强迫”的内涵，我们可以从以下三个方面进行理解：

①“强迫”的手段。从强迫他人吸毒罪的概念来看，构成强迫主要包括三种手段：暴力、胁迫、其他方法。

暴力，是指对不愿意吸毒的被害人的身体进行强制和打击，比如捆绑、殴打、拘禁等足以危及人身安全的强制手段，使他人不敢反抗或者不能反抗，从而迫使其吸毒。刑法分则里的暴力即“分则条款所具体规定具体犯罪中的强制性的侵害行为”[①] 是典型的刑法学上的暴力。以强迫作为犯罪手段的犯罪行为，其主体犯罪的性质及后果（刑罚配置）等直接决定了“暴力”的强度，不同罪名对“暴力”之程度、后果的要求不同，强迫他人吸毒罪中的“暴力”应注意与其他罪名区分。比如，根据法律规定，抢劫罪中对暴力的程度和后果是不加限制的，其法定刑足以实现对以暴力致被害人重伤或者死亡后果之行为的处罚，故在抢劫犯罪中，即使造成被害人重伤或者死亡后果的“暴力”，也属于抢劫罪的“暴力”之范畴，而无须再以故意伤害罪或故意杀人罪对行为人进行判罚。但是，在其他的强迫犯罪中，由于没有法律的规定，且其法定刑配置明显不足以处罚致人重伤或死亡后

① 邢曼媛：《试论我国刑法中的暴力手段》，载《中国刑事法杂志》2000 年第 3 期。

果之行为，此时“暴力”应以轻微伤害为限，如造成重伤或死亡后果，需再定伤害罪或者杀人罪。

胁迫，是指以对被害人的人身、财产、名誉等进行损害相威胁，使被害人不敢反抗，迫使其吸毒，以“威胁”之手段达到“迫使”之效果。对于“胁迫”，应从以下四个方面进行理解：

第一，关于“胁迫”的方式。“胁迫”可以使用语言、文字表示，也可以使用动作表示，无论采用明示或默示，直接告知还是通过第三者告知，以文字告知时署真名还是署假名或不署名，只要能使被害人认识到此威胁的内容即可，没有具体方式上的限制。

第二，关于“胁迫”的对象。应限定为被胁迫者本人或者与其有密切关系的人，与被胁迫人无特定关系的人，不宜成为“胁迫”的对象。

第三，关于“胁迫”的可实现性。胁迫的内容必须是行为人可以左右的，即行为人可以决定是否实现胁迫的内容，只有如此，才足以使被害人产生恐惧心理。如果行为人所提出的胁迫内容是其本人根本无法控制的，而且胁迫内容无法实现的事实是一个正常的社会普通人均可认识的，则不能认为是“胁迫”，只能认为是警告，比如，说对方将被雷击等；如果行为人提出的胁迫内容是由第三人实现，并使被害人知道行为人居于足以影响第三人行为的地位，就应认为是“胁迫”，至于行为人实际上能否居于这种地位则不影响胁迫的成立。

第四，关于“胁迫”的效果。胁迫的内容必须足以使对方产生恐惧心理，一般来讲，以下情形可认定足以致对方产生恐惧心理：其一，行为既足以使一般人产生恐惧心理，事实上也使被害人产生了恐惧心理。此时应认定为“胁迫”。其二，行为足以使一般人产生恐惧心理，但事实上没有使被害人产生恐惧心理。此时应认定为“胁迫”。但如果被害人并非因为该胁迫，而是出于同情等原因作出一定行为的，则不宜认定为“胁迫”。其三，行为不足以使一般人产生恐惧心理，但事实上使被害人产生恐惧心理。此时一般不能认定为“胁迫”。但如果行为人事先调查并得知被害人的特殊情况，并有针对性地提出胁迫内容，则应认为该胁迫足以对被害人产生心理影响，从而成立“胁迫”。

其他方法，是指除以上提及的暴力、胁迫手段之外，性质与暴力、胁迫手段相当，足以导致被害人不敢反抗、不能反抗的一切手段。比如，利用或致使他人醉酒、昏迷、病重等状态而使他人吸毒等。当然，此处的其他方法造成的结果，也必须限定在造成被害人重伤或者死亡后果以外。

②“强迫”的方式。通常情况下，“强迫”表现为行为人逼迫被害人自己吸毒，属于间接强迫。当然，实践中也存在行为人直接将毒品输入被害人体内的情况，属于直接强迫。

具体而言，间接强迫是指行为人通过暴力、胁迫或者其他方法，造成被害人的恐惧，导致其不敢反抗，迫使被害人吸食或者注射毒品。间接强迫既包含暴力手段，也包含胁迫手段。

直接强迫是指行为人造成被害人丧失反抗能力，导致其不能反抗，行为人直接自己动手将毒品输入被害人体内。比如将被害人捆绑固定，在锡箔上点燃海洛因以后，强行让被害人嗅吸。又如将被害人捆绑固定后强行给被害人注射吗啡等毒品。直接强迫包含暴力手段，但不包含胁迫手段。

③“强迫”的性质。强迫吸毒的行为需要具备违法性，所谓违法性，是指行为人对被害人使用麻醉药品、精神药品的行为违反了国家对麻醉药品、精神药品的管理和使用规定，即行为人使用毒品不具有正当性。如果这种“强迫”的行为，是发生在正常的医务活动中，医务人员出于治疗的必需，而强迫病人吸食、注射麻醉药品、精神药品的，属于正当的业务活动，“强迫”之行为不具备违法性，不能构成强迫他人吸毒罪。需要注意的是，如果医务人员系以治病为幌子，强迫病人吸食、注射毒品的，则其行为具备违法性，构成强迫他人吸毒罪。

（2）关于“他人”的理解。只要是违背他人意志，强迫他人吸食、注射毒品的，均应构成强迫他人吸毒罪，此处的“他人”不应将吸毒人员等特殊群体排除在外。原因有二：第一，无论受强迫而吸毒之人为何种人员，此种行为已侵害了国家对毒品的管制制度；第二，无论受强迫而吸毒之人为何种人员，此种行为已侵害其健康权利。从健康权利角度来说，虽然吸毒人员主动吸食毒品已一定程度上自损其健康权利，但这不能成为行为人强迫被害人损害其健康权利的理由。吸毒人员对自身健康权利的损害，应当是自由意志控制之下的选择，违背其自由意志而损害其身体健康权利的行为，则侵犯了公民健康权利这一客体。

3. 主体要件。强迫他人吸毒罪的主体是一般主体，凡达到刑事责任年龄、具有刑事责任能力的，均可构成。

在把握强迫他人吸毒罪主体时，有两点值得我们注意：一是本罪的行为模式为强迫，具有很强的人身属性，其主体宜限定为自然人，单位不能成为本罪的主体；二是本罪的主体年龄下限是已满十六周岁，已满十四周岁不满十六周岁的人不满足本罪的主体要求。因为刑法第 17 条第 2 款规定，已满十四周岁，未满十六周岁的人，只对故意杀人、故意伤害致人重伤或者死亡、强奸、抢劫、贩卖毒品、放火、爆炸、投放危险物质罪负刑事责任。

4. 主观要件。强迫他人吸毒罪的主观方面表现为故意，即要求行为人明知是毒品而强迫他人吸食、注射。如果行为人不知是毒品，或者不具有强迫他人吸食、注射毒品的故意，则不构成本罪。关于主观方面，我们还需要注意以下几个方面：

第一，本罪主观方面的故意，只能是直接故意，间接故意不能构成本罪。从认识因素上看，行为人必须认识到其所强迫他人吸食、注射的物质是毒品，至于行为人的动机究竟是发展吸毒人员作为买家或单纯娱乐不影响本罪的成立，但可以作为酌定情节在量刑时予以考虑。从意志因素上看，行为人希望他人吸食、注射毒品，如果仅为放任则不可能构成强迫。

第二，强迫他人吸食、注射毒品是否必须以营利为目的，刑法没有明确规定。从司法实践看，一般都具有营利的目的，也有的是出于报复等其他目的。不以目的作为本罪主观方面要件，可以更有力地打击出于不同目的强迫他人吸毒的犯罪分子。

根据刑法第 353 条的规定：犯本罪，处三年以上十年以下有期徒刑，并处罚金。

引诱、教唆、欺骗或者强迫未成年人吸食、注射毒品的，从重处罚。

【疑难指导】

强迫他人吸毒罪，在司法实践中适用的频率较低，是一种相对较为生僻的罪名。1979 年刑法中是没有规定此项罪名的。但是强迫他人吸毒一方面易致人染毒瘾，成为吸毒者，进而导致吸毒者身体虚弱、智能减退、人格扭曲，严重损害身心健康；另一方面会成为传播严重疾病的途径，此外，还会诱发抢劫、盗窃、卖淫、赌博等其他犯罪活动，因此，对强迫他人吸毒的行为予以惩处十分必要。1997年刑法直接将该罪名吸收，将之规定在第353条第2款“强迫他人吸食、注射毒品的，处三年以上十年以下有期徒刑，并处罚金”，并延续至今。强迫他人吸毒罪虽然在司法实践中适用较少，但在司法认定上仍存在一些疑难问题。

一、强迫他人吸毒罪与非罪的区分

刑法对本罪没有规定“情节严重”作为必要要件，故，只要实施了强迫他人吸毒的行为，不论被害人是否吸食、注射毒品，或者吸食、注射毒品后是否成瘾，都不影响强迫他人吸毒罪的成立。当然，并不是任何强迫他人吸毒的行为都构成犯罪，应严格依照刑法规定，综合全案情况进行判断，如果情节显著轻微，危害不大的，不认为是犯罪，可给予行政治安处罚。

二、强迫他人吸毒罪与其他犯罪的区分

（一）强迫他人吸毒罪与引诱、教唆、欺骗他人吸毒罪的区分

关于强迫他人吸毒罪与引诱、教唆、欺骗他人吸毒罪，主要有以下两个问题需要注意：

1. 罪名的区分

强迫他人吸毒罪与引诱、教唆、欺骗他人吸毒罪均规定在刑法第353条，其行为均有导致他人吸毒的结果产生。二者之所以区分为不同罪名，原因主要在于：第一，客观方面表现形式不同。引诱、教唆、欺骗他人吸毒罪中，行为人主要以言辞等方式，采用引诱、教唆、欺骗手段，主要作用于被害人的主观意识。而强迫他人吸毒罪中，行为人以言辞或者肢体行动等方式，采用强迫手段，不仅作用于被害人的主观意识，也作用于被害人的身体。第二，被害人的认识不同。引诱、教唆、欺骗他人吸毒罪中，被害人至少在吸毒时是“自愿”（包括基于受蒙蔽、不知情的“自愿”）的，而强迫他人吸毒罪中，被害人在吸毒时是非自愿的，是违背被害人意志的。

2. 并存时的处理

在司法实践中，有的行为人出于各种动机，既实施了引诱、教唆、欺骗他人吸食、注射毒品行为，又实施了强迫他人吸食、注射毒品行为。对于二罪并存时

的情况，应结合案件的具体情况，进行处理：

第一，如果行为人系针对不同犯罪对象，分别实施了引诱、教唆、欺骗吸毒行为和强迫吸毒行为的，则其行为分别构成引诱、教唆、欺骗他人吸毒罪和强迫他人吸毒罪，应数罪并罚。

第二，行为人系针对同一犯罪对象，既实施了引诱、教唆、欺骗吸毒行为，又实施了强迫吸毒行为的，应区分两种不同情况进行处理：其一，如果引诱、教唆、欺骗他人吸毒的行为，与强迫他人吸毒的行为，在时间和空间上是连续的，则以强迫他人吸毒罪论处。因为，此种情形下，引诱、教唆、欺骗吸毒行为与强迫吸毒行为之间存在吸收关系，按照吸收犯的处理原则，其中较重的强迫吸毒行为吸收较轻的引诱、教唆、欺骗吸毒行为，应以强迫他人吸毒罪论处，不实行数罪并罚。其二，如果引诱、教唆、欺骗他人吸毒的行为，与强迫他人吸毒的行为，在时间和空间上不连续，即存在明显的时空间隔的，引诱、教唆、欺骗他人吸毒行为与强迫他人吸毒行为分别构成引诱、教唆、欺骗他人吸毒罪和强迫他人吸毒罪，应数罪并罚。在此种情形下，需要注意的是，时间和空间上是否连续，不能机械地理解，应根据具体案件情况而定。如果行为人实施的引诱、教唆、欺骗吸毒行为与强迫吸毒行为前后连贯，具有内在联系，在时间和空间上没有明显间隔，则应认定二行为是连续的。例如，甲出于报复的目的，在酒吧内引诱乙口服摇头丸，被乙拒绝后，甲产生了强迫乙服用摇头丸的想法。两个小时后，乙离开酒吧，甲尾随乙至数里外的无人处，对乙进行暴力殴打，迫使乙服用了摇头丸。此种情形下，尽管甲实施的引诱吸毒行为与强迫吸毒行为在时间和空间上都有一定间隔，但前后行为之间是连贯的，具有内在联系，因此应认定二行为是连续的，对于甲的行为只能以强迫他人吸毒罪论处。

（二）强迫他人吸毒罪与非法拘禁罪的区分

如果行为人以强迫他人吸食毒品为目的，对被害人进行非法拘禁的，构成非法拘禁罪与强迫他人吸毒罪的牵连犯，非法拘禁行为属于手段行为，强迫他人吸毒行为属于目的行为，应当从一重罪从重处罚。如果行为人在对被害人的非法拘禁犯罪既遂之后，又强迫他人吸食、注射毒品的，则应当分别成立非法拘禁罪和强迫他人吸毒罪，数罪并罚。

（三）强迫他人吸毒罪与强奸罪的区分

如果行为人以强奸为目的，实施了强迫他人吸食、注射毒品的行为，则属于强奸罪构成要件中的“其他手段”，在此种情形下，强迫他人吸毒行为属于手段行为，强奸行为属于目的行为，强迫他人吸毒罪被强奸罪吸收，应以强奸罪定罪处罚。如果行为人系在强迫他人吸食、注射毒品之后，临时起意，又实施强奸行为的，应当分别定强迫他人吸毒罪和强奸罪，数罪并罚。

三、强迫他人吸毒罪的既遂与未遂

一般认为，强迫他人吸毒罪是结果犯，只有强迫行为发生了致使他人吸毒的后果，才能构成本罪的既遂，至于他人是否因为被强迫吸毒染上毒瘾，是否受到身心摧残，均不影响本罪既遂状态的成立。在判断强迫行为是否发生了致使他人吸毒的后果时，注射毒品的认定较为明确，而吸食毒品的情况应作具体分析，如果吸食的毒品呈烟雾态，只要将毒品贴近被害人而被害人进行了呼吸就应成立既遂，如果吸食的毒品呈粉末状，则应是被害人将毒品吸入鼻孔才成立既遂。

如果行为人实施强迫行为之后，因意志以外的原因，被害人没有实际吸食、注射毒品的，或者被害人被迫吸食、注射的是假毒品的，则构成强迫他人吸毒罪的未遂。

四、强迫他人吸毒致被害人重伤或死亡时的处理

行为人强迫他人吸食、注射毒品，导致被害人重伤或死亡后果的，如何处理，应结合案件的具体情况进行分析：

（一）毒品致被害人重伤或死亡的，即被害人系因吸食、注射毒品而重伤或死亡的。此时，又可以区分为以下不同情况：

1. 行为人以重伤或杀死被害人为目的，强迫被害人吸食、注射毒品的。在此种情形下，强迫吸食、注射毒品的行为，实际上只是伤害或杀人的手段，如果被害人因吸食、注射毒品而致重伤或死亡后果的，对行为人应以故意伤害罪或故意杀人罪论处。对此种情形的处理，理论和实践中都不存在争议。

2. 强迫他人吸食、注射过量毒品，行为人认识到其行为可能导致被害人重伤或死亡，但置被害人的生死于不顾，仍强迫其吸食、注射毒品，最终导致被害人重伤或死亡后果的。在此种情形下，行为人主观上具有放任被害人重伤或死亡后果发生的间接故意，对重伤或死亡的后果持放任态度，符合间接故意伤害罪或间接故意杀人罪的特征，应以故意伤害罪或故意杀人罪论处。当然，从另一种思路分析，此种情形和前述第一种情形中，行为人强迫他人吸食、注射毒品的行为，同时符合强迫他人吸毒罪和故意伤害罪或故意杀人罪的构成要件，属于想象竞合犯，按照想象竞合犯择一重罪处罚的处理原则[①]，也应当以故意伤害罪或故意杀人罪论处。

3. 强迫他人吸食、注射少量毒品，致被害人重伤或死亡的。对于此种情形如何处理，目前有不同观点。有观点认为，此种情形属于牵连犯，应择一重罪处罚。[②] 也有观点认为，此种情形属于结果加重犯，应以强迫他人吸毒罪从重处罚。[③] 我们认为，以上两种观点都值得商榷。第一，牵连犯必须具备两个行为，否则，牵连关系无从谈起。在强迫他人吸食、注射毒品致人重伤或死亡的情形中，行为人只实施了一个强迫他人吸毒的行为，除此之外，不存在其他行为，从而缺乏构成牵连犯的基础。第二，结果加重犯的加重结果，必须是法律明文规定的，而且具有相应的法定刑。从刑法第353条第2款的规定看，强迫他人吸毒罪只有一个量刑幅度，即三年以上十年以下有期徒刑，除此之外既未规定加重处罚结果，亦未规定加重处罚的量刑幅度。结果加重犯的观点并无法律依据。但是，从应然角度分析，强迫他人吸毒致人重伤或死亡的情形，以结果加重犯进行处理是合理的。因此，在刑法尚未将此种情形明确规定为结果加重犯的情况下，应以强迫他人吸毒罪，在法定刑幅度内从重处罚。

（二）强迫行为致被害人重伤、死亡的，即在强迫他人吸食、注射毒品的过程中，强迫行为直接致被害人重伤、死亡的。在此种情形下，应根据行为人在实施暴力时，主观上对于导致被害人重伤或死亡后果的不同心态，进行区分处理：

1. 如果行为人主观上明知强迫行为可能导致被害人重伤或死亡，而放任该结果发生的，则行为人的行为同时构成强迫他人吸毒罪和故意伤害罪或故意杀人罪，属于想象竞合犯，应以故意伤害罪或故意杀人罪论处。

---

① 张洪成：《强迫他人吸毒罪争议问题探讨》，载《西部法学评论》2012年第1期。

② 张洪成：《强迫他人吸毒罪争议问题探讨》，载《西部法学评论》2012年第1期。

③ 张洪成：《强迫他人吸毒罪争议问题探讨》，载《西部法学评论》2012年第1期。

2. 如果行为人主观上对于导致被害人重伤或死亡的后果是过失的，则应以强迫他人吸毒罪从重处罚。

（三）被害人因反抗强迫吸毒而致重伤、死亡，或被迫吸毒后，因不堪毒瘾折磨而自伤、自杀的。此种情形下，从应然角度分析，宜以结果加重犯进行处理，但是，在目前刑法尚未将此种情形明确规定为结果加重犯的情况下，应以强迫他人吸毒罪，在法定刑幅度内从重处罚。

【办案依据】

一、刑法规定

第三百五十三条 引诱、教唆、欺骗他人吸食、注射毒品的，处三年以下有期徒刑、拘役或者管制，并处罚金；情节严重的，处三年以上七年以下有期徒刑，并处罚金。

强迫他人吸食、注射毒品的，处三年以上十年以下有期徒刑，并处罚金。

引诱、教唆、欺骗或者强迫未成年人吸食、注射毒品的，从重处罚。

二、司法文件

《最高人民检察院、公安部关于公安机关管辖的刑事案件立案追诉标准的规定（三）》（2012年5月16日，公通字〔2012〕26号）

第十条 【强迫他人吸毒案（刑法第三百五十三条）】 违背他人意志，以暴力、胁迫或者其他强制手段，迫使他人吸食、注射毒品的，应予立案追诉。

第十一章　容留他人吸毒罪

【立案追诉标准】

容留他人吸毒案（刑法第354条）

提供场所，容留他人吸食、注射毒品，涉嫌下列情形之一的，应予立案追诉：

（一）一次容留多人吸食、注射毒品的；

（二）二年内多次容留他人吸食、注射毒品的；

（三）二年内曾因容留他人吸食、注射毒品受过行政处罚的；

（四）容留未成年人吸食、注射毒品的；

（五）以牟利为目的容留他人吸食、注射毒品的；

（六）容留他人吸食、注射毒品造成严重后果的；

（七）其他应当追究刑事责任的情形。

《最高人民法院关于审理毒品犯罪案件适用法律若干问题的解释》（2016年4月11日，法释〔2016〕8号）

【犯罪构成及刑事责任】

容留他人吸毒罪，是指为他人吸食、注射毒品提供场所的行为。构成本罪需要具备以下四个要件：

1. 客体要件。容留他人吸毒罪侵犯的客体，是国家对毒品的管制制度和公民的健康权利。

吸食毒品，既危害个人健康，也易致滋生其他犯罪，而容留吸毒则对吸食毒品起到帮助和纵容的作用。无论容留行为人是主动的还是被动的，是有偿的还是无偿的，其容留行为对国家毒品管制制度和公民的健康权利都会造成严重损害，具有相同的法益侵犯性。所以，容留他人吸毒罪侵犯的客体是复杂客体[①]，既包括国家对毒品的管制制度，也包括公民的健康权利。

2. 客观要件。容留他人吸毒罪客观方面表现为为他人吸食、注射毒品提供场所的行为。

（1）关于“容留”的理解。根据《辞海》的解释[②]，“容留”是指“容纳、收留”。“容纳”是指“在固定的空间或范围内接受（人或事务）”，“收留”是指“把生活困难或有特殊要求的人接受下来并给予帮助”，因此，容留他人吸毒罪中的“容留”，主要指的是行为人利用自己的住房或者其他场所，长期或者短期为他人吸食、注射毒品提供场所。至于“容留”是主动的还是被动的，是有偿的还是无偿的，均不影响本罪成立。

（2）关于“场所”的界定。虽然在学理上，有大部分学者坚持，容留内容是指提供场所或者是提供便利，仅处罚“提供场所”行为违背了罪刑相适应的原则。[③] 但在其内部也有不同观点，如有学者认为虽然容留可以被解释为提供场所或提供便利，但提供便利应该是依附于提供场所存在的，单纯的提供便利并没有实质意义。[④]

在司法实践中，对“容留”的一个关键检验标准就是“场所”的界定。在界定“场所”时，需要注意以下几个方面：

第一，容留他人吸毒罪中的“场所”，应作广义解释，它泛指一切可供吸毒的空间。包括容留行为人自己的住宅、居所，或者租赁、借用的他人住所，以及饭

---

① 莫关耀、杜敏菊：《容留他人吸毒罪的重构》，载《云南大学学报（法学版）》2015年第6期。

② 参见“容留”词条，载《辞海》网，https：//www.cihai.com.cn，2021年10月7日访问。

③ 周光权：《刑法各论讲义》，清华大学出版社2003年版，第498页。

④ 陈华、顾文：《从一起案件谈认定容留类犯罪的问题》，载《上海政法学院学报》2003年第18期，第62页。

店、宾馆、咖啡馆、酒吧、舞厅等营业性场所和航空器、轮船、火车、汽车等空间。本罪中的“场所”，不要求是专门用于吸毒的场所，例如，在主要为聚众赌博开设的场所，行为人允许他人在此吸毒的，亦构成本罪。

第二，容留他人吸毒罪中的“场所”，是指为吸毒的人提供一个相对隐蔽的场所，该场所不要求完全封闭，只要相对于外界隔绝，一般人难以发现吸毒行为即可。例如，在一片废弃的工地，行为人安排多人在出入口望风，从而为吸毒者提供方便的，也应认定为本罪中的“场所”。因此，该“场所”的安全性在所不问，只需要被容留吸毒者在进入该场所吸毒时，其自身是放松和安心的，认为是可容留自己吸毒的“安全”场所即可。

第三，容留他人吸毒罪中的“场所”，不要求行为人有绝对支配权、控制权。行为人对空间的占有、支配的程度，并不需要达到民法意义上的使用、处分权限，只要场所可为容留人自己所管控，并只需在容留时具备管控力即可，而不需要也没必要要求容留人必须对容留场所具备支配力。这里需要注意以下几点：

①在司法实践中，对于行为人相对长期固定的住房或其他场所，属于本罪的“场所”是没有争议的，但对于行为人临时取得使用权或支配权的空间是否属于本罪的“场所”则存在争议。第一，本罪侵犯的客体是国家对毒品的管制制度和公民的健康权利，行为人在临时取得使用权的空间，比如宾馆娱乐包厢内容留他人吸毒等行为，同样侵害了刑法保护的客体。第二，行为人对于“场所”的管控力是于被容留吸毒人而言的，本罪设置初衷在于减少被容留人对有场所吸毒的依赖感，从而降低社会上的吸毒率。所以容留他人吸毒时，只要被容留人认为容留人对场所具有一定管理和控制能力即可，即使只是临时性的管控力，而不必要求对场所具有支配力。宾馆娱乐包厢的临时性管理使用权归于出资包房者，其他人的吸毒行为得益于出资包房者对包厢区域内的可控性。因此，应从广义上理解容留他人吸毒的“场所”，临时租用的交通工具、娱乐场所包厢也是本罪的“场所”。

②对于本罪的“场所”拥有管控力的可以是多人，且多人对场所的管控权相互间并非排斥关系，而是可以并存的。多个容留人的管控力间不存在孰优孰劣之分，不存在像民法上权利的优先和排他性问题。这里还分为合租、同居等不同情形。

在合租的情况下，仍可细分为分房间的合租关系、不分房间的合租关系。如果合租者是不分房间的合租关系，那么合租者对租赁的房屋享有均等的控制权。若合租者明知其他合租者在合租的房屋内吸食毒品，或者容留他人吸食毒品，而放任不管，则不作为行为人可能构成容留他人吸毒罪。是否需要定罪处罚，则需进一步审查行为人的行为是否达到了定罪标准。如果合租者是分房间的合租关系，则需对租赁房屋的属性作进一步的区分。对于租赁房屋的共有空间部分，如客厅、阳台、厨房、卫生间等，合租者对共有空间享有均等的控制权。如果一名合租人明知另一名合租人在该共有空间内独自吸食毒品，或者容留他人吸食毒品，而不加以制止，则有可能构成容留他人吸毒罪。

对于每个合租人自己所属的房间，只有房间的实际使用权人对该房间享有控制权，而其他合租者对该房间不享有控制权。同理，承租人承租房屋以后，又将承租的房屋中的一间转租给其他人，原承租人将因其转租行为而对转租的房间不再享有实际的控制权。如果一名合租人在自己享有控制权的房间内吸食毒品，或者容留他人吸食毒品，其他合租人即便明知且不加以制止，也不能将放任不管行为认定为容留行为。

在同居的情况下，同居者对租赁的一整套房屋的任何房间都具有控制权。如果同居者明知其他同居者在该套房屋内容留他人吸食毒品，而放任不管，则可能构成容留他人吸毒罪。如果同居者对于其他同居者的容留吸毒行为并不知情，根本无法“主动”提供场所，则不能认定该同居者具有容留他人吸毒行为。在判定情侣之间的容留问题时，应当首先判定是否具有事实上的同居关系，如果具有，则按前述方法处理，如果一方只是偶尔居住在另一方的家中，则不属于严格意义上的同居关系，则一方对另一方所有或者租赁的房屋不享有控制权。

③关于“他人”的理解。刑法第 354 条明确规定，容留他人吸毒罪的行为对象是“他人”，即除本人以外的其他所有人。但是，如果被容留的人恰恰是行为人的近亲属，就不宜认定为容留他人吸毒罪中的“他人”了。[①] 在我国，吸毒行为

---

① 董明毕:《容留他人吸毒罪中的“他人”之解析辨析》，载中国禁毒网，http://www.nncc626.com/2017-08/24/c_129688105.htm，2021 年 10 月 6 日访问。

只作一般违法论，而非刑事违法论，是因为我国将吸毒者视为兼具病人、违法者和受害者三重身份的人，基于人道主义考虑，只对其进行行政处罚。而作为吸毒人员的近亲属，他们在某种程度上也是受害人，这种近亲属关系不仅仅受到法律的调控，也受到道德伦理的深刻影响，他们允许近亲属吸食毒品往往是不得已而为之。刑法的谦抑性原则，决定了刑法应当尊重近亲属间的亲密关系，如果刑法过度干预社会中人们之间的亲密关系，势必导致社会矛盾激化，从而不利于社会秩序的构建。而且容留近亲属吸食毒品的行为人，其主观恶性、社会危害性，与专门开设场所供人吸毒，或者容留近亲属以外的人吸毒的行为人相比要小得多。所以，《最高人民法院关于审理毒品犯罪案件适用法律若干问题的解释》第 12 条第 3 款专门作出“容留近亲属吸食、注射毒品，情节显著轻微危害不大的，不作为犯罪处理；需要追究刑事责任的，可以酌情从宽处罚”之规定，此规定对近亲属的容留行为给予了一定的宽宥，贯彻了宽严相济的刑事政策，是“亲亲得相首匿”原则在现行立法中的体现，既彰显了司法的人性化，又对情节严重的情形进行了有力的打击。需要注意的是，容留他人吸毒罪中“近亲属”范围的界定，应与《中华人民共和国民法典》《中华人民共和国刑事诉讼法》等法律法规中的概念有所区别，主要应该考虑行为人与近亲属一般共同生活、相互扶助，法律不能因为某人在住处吸毒，就处罚吸毒者的同居家属。因此，容留他人吸食、注射毒品犯罪中的近亲属应解释为夫妻、父母、子女以及共同生活的家庭成员。

3. 主体要件。容留他人吸毒罪的主体是一般主体，凡达到刑事责任年龄、具有刑事责任能力的，均可构成。

在把握容留他人吸毒罪主体时，有两点值得我们注意：一是本罪为自然人构成的犯罪，单位不能成为本罪的主体；二是本罪的主体年龄下限是十六周岁，已满十四周岁不满十六周岁的未成年人不满足本罪的主体要求。因为刑法第 17 条第 2 款规定，已满十四周岁，未满十六周岁的人，只对故意杀人、故意伤害致人重伤或者死亡、强奸、抢劫、贩卖毒品、放火、爆炸、投放危险物质罪负刑事责任。

4. 主观要件。容留他人吸毒罪的主观方面表现为故意，既包括直接故意也包括间接故意，过失无法构成本罪。在认定主观方面时，需要注意以下三个方面。

（1）容留他人吸毒罪的主观方面包括间接故意。直接故意与间接故意虽然存在区别，但二者并非对立关系，而是具有统一性。在刑法分则中，凡是由故意构成的犯罪，刑法分则条文均未排除间接故意。在适用法律时，一般不宜将间接故意排除在某一故意犯罪的构成要件之外。就容留他人吸毒罪而言，立法原意旨在打击为他人吸食、注射毒品提供场所的行为，实质是处罚吸毒违法行为的“帮助犯”，以最大限度地遏制吸毒行为的发生。因此，容留他人吸毒罪的主观方面包括间接故意，这样的理解既不违反立法原意和刑法理论，也符合我国厉行禁毒的一贯立场和坚决主张。换言之，行为人既可以在明知的情况下主动提供场所容留他人吸食、注射毒品，也可以在明知的情况下放任他人在自己所属场所吸食、注射毒品，本罪的“容留”概念本身就包含了放任的内涵。

（2）行为人的制止义务。容留他人吸毒罪的个案处理上，还要注意行为人是否存在制止义务。[①] 比如乘客在出租车上吸毒，出租车司机发现后未作表态的情况，因出租车司机不具有报警的法定义务，不应构成容留他人吸毒罪；[②] 但是，对于旅馆业、娱乐业经营管理者，因负有保持经营场所的安全、卫生、秩序的法定责任，当看见他人在自己的经营场所吸毒而没有强行令其离开或采取报警等措施的，则视为没有履行制止义务，构成容留他人吸毒罪。

第一，旅馆业。《中华人民共和国禁毒法》第 15 条规定：“飞机场、火车站、长途汽车站、码头以及旅店、娱乐场所等公共场所的经营者、管理者，负责本场所的禁毒宣传教育，落实禁毒防范措施，预防毒品违法犯罪行为在本场所内发生。”《中华人民共和国治安管理处罚法》第 56 条第 1 款规定：“旅馆业的工作人员对住宿的旅客不按规定登记姓名、身份证件种类和号码的，或者明知住宿的旅客将危险物质带入旅馆，不予制止的，处二百元以上五百元以下罚款。”《旅馆业治安管理办法》第 9 条规定：“旅馆工作人员发现违法犯罪分子，行迹可疑的人员和被公安机关通缉的罪犯，应当立即向当地公安机关报告，不得知情不报或隐瞒包庇。”该办法第 12 条规定，旅馆内严禁卖淫、嫖宿、赌博、吸毒、传播淫秽物品等违法犯罪活动。由此可见，依照相关法律法规规定，旅馆经营者对于

---

① 杜文俊、陈洪兵：《容留行为的中立性》，载《国家检察官学院学报》2009 年第 6 期。

② 时延安、韩晓雪：《出租车司机容留他人在车上吸毒是否应追究刑事责任》，载《人民检察》2008 年第 6 期。

入住客人在房间内的吸毒行为，有义务予以制止或者向公安机关报告。但是，需要注意的是，对于旅馆经营者发现入住客人在房间内吸食毒品不予制止的，尽管可以以容留他人吸毒罪追究刑事责任，但此种情形毕竟不同于事先明知他人吸食毒品而提供场所的行为，旅馆经营者也没有从吸毒人员处收取除应收房费外的其他费用，故量刑时可以酌情从轻处罚。这也是贯彻执行宽严相济刑事政策的必然要求。

第二，娱乐业。《中华人民共和国禁毒法》第 65 条规定："娱乐场所及其从业人员实施毒品违法犯罪行为，或者为进入娱乐场所的人员实施毒品违法犯罪行为提供条件，构成犯罪的，依法追究刑事责任；尚不构成犯罪的，依照有关法律、行政法规的规定给予处罚。娱乐场所经营管理人员明知场所内发生聚众吸食、注射毒品或者贩毒活动，不向公安机关报告的，依照前款的规定给予处罚。"由此可见，娱乐场所的一般从业人员仅在其实施毒品违法犯罪行为，或者为他人在娱乐场所内实施毒品违法行为提供条件时，才可能构成犯罪，如果不构成犯罪，将受到相应的行政处罚。但是娱乐场所的经营管理人员则与场所内的一般从业人员有很大区别，不仅在实施毒品违法犯罪行为，或者为他人实施毒品违法行为提供条件时，可能构成犯罪，而且在知道自己经营管理的场所内发生了聚众吸食、注射毒品，或者贩卖毒品活动而不向公安机关报告，也会按照前款规定处罚。由此可知，《中华人民共和国禁毒法》对娱乐场所不同身份的工作人员规定了不同的义务。所以，在认定娱乐场所的工作人员是否实施了容留行为时，有必要先对娱乐场所工作人员的身份进行区分。对于娱乐场所的一般从业人员，在认定其是否实施了容留行为时，关键要看其是否具有制止娱乐场所内发生的吸毒行为的义务。对于娱乐场所的经营管理人员，在认定是否具有不作为形态的容留行为时，要着重审查该经营管理人员是否知道自己经营管理的场所内发生了聚众吸食、注射毒品的活动，并且对发生的聚众吸食、注射毒品的活动采取放任不管的态度。

（3）容留他人吸毒罪的主观方面不要求以牟利为目的。从刑法第 354 条对容留他人吸毒罪的规定来看，犯罪目的或犯罪动机并非本罪的构成要件，本罪的行为人主观方面可能以牟取非法利益或营利为目的，但是否具有该目的并不影响本罪的成立。牟取非法利益或以营利为目的的可以说明其主观恶性的大小，对量刑构成影响。

根据刑法第354条的规定：犯本罪，处三年以下有期徒刑、拘役或者管制，并处罚金。

【疑难指导】

容留他人吸毒行为，通俗来讲，实际上就是开设地下烟馆或者变相的地下烟馆的行为，是导致一些地方吸毒者增多和戒毒后又重新吸毒的重要原因，对人身和社会危害都很大，因而规定为独立的犯罪，并予以惩处。

1979年刑法只规定了制造、贩卖、运输毒品罪，并未规定容留他人吸毒罪。改革开放以来，随着我国经济的飞速发展，人民生活水平的快速提高，越来越多的人甚至开始为了寻求刺激而吸食毒品。为有力打击毒品犯罪，压缩吸毒空间，1990年《全国人民代表大会常务委员会关于禁毒的决定》第9条规定了“容留他人吸毒并出售毒品罪”。1997年刑法删除了“容留他人吸毒并出售毒品罪”罪状中“并出售毒品”的规定，并将罪名相应地改为了“容留他人吸毒罪”，从而确立了目前对单纯容留他人吸毒行为追究刑事责任的规定。

2008年《中华人民共和国禁毒法》第61条规定：“容留他人吸食、注射毒品或者介绍买卖毒品，构成犯罪的，依法追究刑事责任……”第65条第1款规定：“娱乐场所及其从业人员实施毒品违法犯罪行为，或者为进入娱乐场所的人员实施毒品违法犯罪行为提供条件，构成犯罪的，依法追究刑事责任……”第65条第2款规定：“娱乐场所经营管理人员明知场所内发生聚众吸食、注射毒品或者贩毒活动，不向公安机关报告的，依照前款的规定给予处罚。”至此，容留他人吸毒罪在我国立法上得以全面确立。

容留他人吸毒罪在毒品犯罪中属较高发的一类犯罪，在司法认定上存在一些疑难问题。目前，学界对容留他人吸毒罪的研究呈现表层化特点①，需要理论及实务界深入探讨与研究。

---

① 叶小琴：《容留他人吸毒行为定罪规则的实证研究》，载《法学》2019年第12期。

一、容留他人吸毒罪与非罪的区分

容留他人吸食、注射毒品是犯罪的行为。如果行为人没有容留他人吸食、注射毒品，只是自己吸食、注射毒品的，则属违法行为，应当依照《中华人民共和国禁毒法》第62条，《中华人民共和国治安管理处罚法》第11条、第72条的规定，由公安机关依法给予治安管理处罚，即处十日以上十五日以下拘留，可以并处人民币二千元以下罚款；情节较轻的，处五日以下拘留或者人民币五百元以下罚款。同时没收查获的毒品和吸食、注射毒品的用具。

二、容留他人吸毒罪与其他犯罪的区分

（一）容留他人吸毒罪与贩卖毒品罪的区分

贩卖毒品罪的本质特征在于其毒品交易的牟利性，这是与容留他人吸毒罪的根本区别。行为人无论是提供场所、吸毒器具，还是提供毒品，只要是与其他吸毒人员之间没有毒品交易行为，就不构成贩卖毒品罪。如果二者同时存在的，应按照《最高人民法院关于审理毒品犯罪案件适用法律若干问题的解释》第12条第2款“向他人贩卖毒品后又容留其吸食、注射毒品，或者容留他人吸食、注射毒品并向其贩卖毒品，符合前款规定的容留他人吸毒罪的定罪条件的，以贩卖毒品罪和容留他人吸毒罪数罪并罚”之规定，定罪处罚。

（二）容留他人吸毒罪与引诱、教唆、欺骗他人吸毒罪的区分

引诱、教唆、欺骗他人吸毒罪，是指故意使用各种手段，诱使、唆使他人吸食、注射毒品，或者以隐瞒事实真相、制造假象等方法欺骗他人吸食、注射毒品的行为。该罪的行为人不仅采用了引诱、教唆、欺骗手段，而且意图使没有吸毒意愿的人产生吸毒意愿，或者使吸毒意愿不坚定的人坚定其吸毒意愿，或者使不明真相的人吸毒。亦即，该罪所指向的犯罪对象吸毒是被动的或者是不知情的。而容留他人吸毒罪的行为人只是提供场所，他人吸毒完全是自愿的、主动的。所以如果行为人通过实施引诱、教唆、欺骗他人吸毒行为或者强迫他人吸毒行为，致使他人染上毒瘾，然后又容留他人吸毒的，两者之间没有必然联系，应当分别定容留他人吸毒罪与引诱、教唆、欺骗他人吸毒罪或强迫他人吸毒罪，实行并罚。如果行为人为了引诱、教唆、欺骗他人吸毒，为他人提供吸毒场所，可以认为提供吸毒场所的行为与引诱、教唆、欺骗他人吸毒的行为之间存在吸收关系，按照

重行为吸收轻行为的原则定罪处罚。

三、容留他人吸毒与共同吸毒的区分

在司法实践中，对行为人出资租赁娱乐包厢、宾馆房间，并提供毒品召集多人共同吸食的行为，由于该行为具有组织吸毒的性质，对其以容留他人吸毒罪定罪处罚，容易达成共识。但当前相约吸毒、共同吸毒已经成为吸毒活动的一种常见形式，很多时候是在宾馆房间、娱乐包厢等临时性空间 AA 制共同吸毒，或者相对固定的几个毒友相互邀请共同吸食，此时应追究订房者、身份证提供者、场所费用的实际出资者或者毒资提供者、毒品提供者的刑事责任，还是以共同吸毒行为作治安处罚，存在争议。区分容留他人吸毒和共同吸毒，关键在于牢牢把握“为他人提供场所”这一核心概念。由于刑法惩治的是实质行为，因此本罪的“提供”者应限定为场所费用的实际出资者，而非订房者、身份证提供者或者毒资提供者、毒品提供者。如果吸毒人员在场所的费用承担上采用的是 AA 制，则应视为吸毒人员只为自己吸毒支付了场所费用，不存在为他人提供场所的情形，不宜追究各吸毒人员的刑事责任，否则有将吸毒行为犯罪化之嫌，有违刑法谦抑原则。

四、容留他人吸毒罪的共同犯罪

共犯，是指二人以上共同实施犯罪的行为。这里讨论的是狭义的共犯，仅限于教唆犯与帮助犯。

1. 教唆犯，通常是指采用劝说、收买、威胁、请求、怂恿、激将等方式，故意教唆他人，使之产生犯意，或者使之坚定已有的犯意。由于目前的司法实践中，容留场所的无偿化趋势比较明显，行为人通常基于非经济利益容留他人，因此，在没有经济利益驱使的情况下，容留他人吸毒罪的教唆犯比较少见。

2. 帮助犯作为实行犯的对称，是指在共同犯罪中起辅助作用的行为人，帮助犯在共同犯罪中并不直接参与实施犯罪行为，而是在实行犯产生犯意以后，给实行犯提供帮助，以使实行犯便于实施犯罪行为，或者促使其完成犯罪行为。就容留他人吸毒罪而言，实行行为是提供场所的行为，提供便利条件是以提供场所为前提的，只有与“提供场所”相结合的“提供便利”的行为，才属于帮助行为，才能构成容留他人吸毒罪。因此，就本罪而言，是否追究望风者、提供毒品者（当然，这里仅限于无偿提供，有偿提供则构成贩卖毒品罪，不属于此处讨论范围）的刑事责任，关键在于其是否实施了对“提供场所”有客观帮助的行为。仅是望风、无偿提供毒品不属于对“提供场所”有客观帮助，不构成容留他人吸毒罪的共犯。从帮助犯理论而言，帮助犯并不限于直接帮助，增加法益危害可能性的间接帮助行为也可成立帮助犯，但是容留他人吸毒罪是共犯行为“正犯化”的产物，如果说对帮助的直接帮助还有存在空间的话，对帮助的间接帮助则毫无犯罪化的必要，否则刑罚将漫无边界。

五、容留他人吸毒罪的犯罪形态

一般来说，故意犯罪既存在犯罪既遂，也存在犯罪预备、未遂、中止等未完成形态。按照我国传统刑法理论，犯罪既遂是犯罪行为齐备具体犯罪构成的全部要件。刑法第 354 条的规定表述为“容留他人吸食、注射毒品的”，由此可见，该罪状包含两个行为：容留行为和吸食、注射毒品行为。所以，主观上具有容留他人吸食、注射毒品的故意，客观上仅有容留行为，而未发生吸食、注射毒品结果的，不符合犯罪既遂的全部要件。此外，容留他人吸毒罪中的容留行为在其他刑法条文（如赌博罪）中通常作为帮助行为来处理，而本罪将共犯行为“正犯化”的目的是从毒品犯罪的下游（毒品消费领域）对毒品犯罪进行防治和打击，如果不从容留行为的结果方面进行限制，势必造成刑罚权的过度扩张。值得注意的是，上述实施“完成”吸食、注射毒品的构成既遂，是指被容留者已经开始吸食、注射毒品，而非吸食、注射毒品行为的结束。

如前所述，容留他人吸毒罪的犯罪预备、未遂、中止等形态仅针对作为犯而言，其“着手”的认定对于区分犯罪预备、未遂、中止具有关键作用。按照我国刑法理论通说，“着手”就是开始实行刑法分则所规定的具体犯罪构成要件的行为。就本罪而言，容留行为的开始即为着手，也就是说，行为人提供给被容留者某一场所，被容留者进入该场所，或者被容留者进入某一场所后，行为人取得该场所的支配、控制权时，就已着手。以此为节点，行为人以容留他人吸毒为目的在宾馆登记开房、承租租房等行为是犯罪预备，着手后因意志以外的原因被容留者未完成吸食毒品的行为是犯罪未遂。本罪的犯罪中止，则是在犯罪阶段（在宾馆登记开房、承租租房等）或者实行阶段（容留行为和被容留者吸食毒品的过程中），行为人自动放弃容留他人，或者阻断被容留者的吸食毒品行为。

六、利用网络平台组织吸毒行为的认定

信息网络技术促进了经济发展，便利了社会生活，但网络自身的快速、大量传播等特点也容易被一些不法分子利用，使网络平台成为实施违法犯罪活动的场所和工具[①]，也就是说，网络平台也应该被纳入“场所”的范围。[②] 近年来利用信息网络组织吸毒、交易毒品的案件时有发生。[③] 为有效打击此类犯罪行为，2015年11月1日施行的刑法修正案（九）增设了非法利用信息网络罪，2016年4月11日实施的《最高人民法院关于审理毒品犯罪案件适用法律若干问题的解释》第14条第1款规定：“利用信息网络，设立用于实施传授制造毒品、非法生产制毒物品的方法，贩卖毒品，非法买卖制毒物品或者组织他人吸食、注射毒品等违法犯罪活动的网站、通讯群组，或者发布实施前述违法犯罪活动的信息，情节严重的，应当依照刑法第二百八十七条之一的规定，以非法利用信息网络罪定罪处罚。”

【办案依据】

一、刑法规定

第三百五十四条 容留他人吸食、注射毒品的，处三年以下有期徒刑、拘役或者管制，并处罚金。

二、司法解释

《最高人民法院关于审理毒品犯罪案件适用法律若干问题的解释》（2016年4月11日，法释〔2016〕8号）（节录）

第十二条 容留他人吸食、注射毒品，具有下列情形之一的，应当依照刑法第三百五十四条的规定，以容留他人吸毒罪定罪处罚：

（一）一次容留多人吸食、注射毒品的；

（二）二年内多次容留他人吸食、注射毒品的；

---

① 关振海、张永生：《网络吸毒犯罪的认定与处罚》，载《中国检察官》2011年第12期。

② 薛正俭：《容留他人吸毒罪之“场所”应作广义理解》，载《检察日报》2015年11月23日。

③ 姜昊昂、温清：《惩治网络“烟馆”的困境与出路》，载《尊重司法规律与刑事法律适用研究（下）——全国法院第27界学术讨论会获奖论文集》。

（三）二年内曾因容留他人吸食、注射毒品受过行政处罚的；

（四）容留未成年人吸食、注射毒品的；

（五）以牟利为目的容留他人吸食、注射毒品的；

（六）容留他人吸食、注射毒品造成严重后果的；

（七）其他应当追究刑事责任的情形。

向他人贩卖毒品后又容留其吸食、注射毒品，或者容留他人吸食、注射毒品并向其贩卖毒品，符合前款规定的容留他人吸毒罪的定罪条件的，以贩卖毒品罪和容留他人吸毒罪数罪并罚。

容留近亲属吸食、注射毒品，情节显著轻微危害不大的，不作为犯罪处理；需要追究刑事责任的，可以酌情从宽处罚。

第十二章　非法提供麻醉药品、精神药品罪

【立案追诉标准】

非法提供麻醉药品、精神药品案（刑法第355条）

依法从事生产、运输、管理、使用国家管制的麻醉药品、精神药品的个人或单位，违反国家规定，向吸食、注射毒品的人提供国家规定管制的能够使人形成瘾癖的麻醉药品、精神药品，涉嫌下列情形之一的，应予立案追诉：

（一）非法提供麻醉药品、精神药品达到刑法第三百四十七条第三款或者2016年最高人民法院《关于审理毒品犯罪案件适用法律若干问题的解释》第二条规定的“数量较大”标准最低值的百分之五十，不满“数量较大”标准的；

1. 鸦片100克以上、海洛因或者甲基苯丙胺5克以上；

2. 可卡因5克以上；

3. 3，4-亚甲二氧基甲基苯丙胺（MDMA）等苯丙胺类毒品（甲基苯丙胺除外）、吗啡10克以上；

4. 芬太尼12.5克以上；

5. 甲卡西酮20克以上；

6. 二氢埃托啡1毫克以上；

7. 哌替啶（度冷丁）25克以上；

8. 氯胺酮50克以上；

9. 美沙酮100克以上；

10. 曲马多、γ-羟丁酸200克以上；

11. 大麻油500克以上、大麻脂1000克以上、大麻叶及大麻烟15千克以上；

12. 可待因、丁丙诺啡500克以上；

13. 三唑仑、安眠酮5千克以上；

14. 阿普唑仑、恰特草10千克以上；

15. 咖啡因、罂粟壳20千克以上；

16. 巴比妥、苯巴比妥、安钠咖、尼美西泮25千克以上；

17. 氯氮卓、艾司唑仑、地西泮、溴西泮50千克以上；

（二）二年内曾因非法提供麻醉药品、精神药品受过行政处罚的；

（三）向多人或者多次非法提供麻醉药品、精神药品的；

（四）向吸食、注射毒品的未成年人非法提供麻醉药品、精神药品的；

（五）非法提供麻醉药品、精神药品造成严重后果的；

（六）其他应当追究刑事责任的情形。

《最高人民法院关于审理毒品犯罪案件适用法律若干问题的解释》（2016年4月11日，法释〔2016〕8号）

【犯罪构成及刑事责任】

非法提供麻醉药品、精神药品罪，是指依法从事生产、运输、管理、使用国家管制的麻醉药品、精神药品的人员，违反国家规定，向吸食、注射毒品的人提供国家规定管制的能够使人形成瘾癖的麻醉药品、精神药品的行为。构成本罪需要具备以下四个要件：

1. 客体要件。非法提供麻醉药品、精神药品罪侵犯的客体是复杂客体，犯罪对象是国家规定管制的麻醉药品、精神药品。第一，联合国《一九六一年麻醉品单一公约》《精神药物公约》和《禁止非法贩运麻醉药品和精神药物公约》等文件对麻醉药品和精神药物的生产、使用、输出、输入等作了详细规定，我国对麻醉药品和精神药物的管制是根据我国的实际情况以及参照联合国公约所制定的。非法提供麻醉药品、精神药品的行为，侵犯了国家对于麻醉药品、精神药品的管理制度。“麻醉药品”是指连续使用后易产生身体依赖性，形成瘾癖的药品。“精神药品”是指直接作用于中枢神经系统，使之兴奋或者抑制，连续使用能产生依赖性的药品。麻醉药品和精神药品主要用于医疗、教学、科研。国家卫生行政主管部门根据医疗、教学和科研工作的需要，依照法律、行政法规的规定，可以指定制药厂生产定量的麻醉药品、精神药品。但是对这些药品必须实行严格管制，以防挪作他用，使人成瘾，或者使“瘾君子”用作代用品，抵制戒毒。第二，本罪是身份犯，主体是具有特殊职责的主体，因此本罪还侵犯了行为人的职务严肃性。第三，提供麻醉药品、精神药品，会损害他人身体健康，因此本罪的间接客体还包括公民的健康权利。

2. 客观要件。非法提供麻醉药品、精神药品罪客观方面表现为依法从事生产、运输、管理、使用国家管制的麻醉药品、精神药品的人员，违反国家规定，向吸食、注射毒品的人提供国家规定管制的能够使人形成瘾癖的麻醉药品、精神药品的行为。

（1）关于“违反国家规定”的理解。国家对麻醉药品和精神药品采取严格管制，特定主体在特定情况下向特定单位和个人提供麻醉药品、精神药品并不违法，例如医生为接受替代治疗的康复人员开具美沙酮，有权生产单位向有资质的教学科研单位提供麻醉药品、精神药品作为教学科研用途等，这些合法提供的行为十分有限，而且要受到法律严格规制，有违反规制的行为将受到法律的制裁。从刑法第 355 条规定来看，“违反国家规定”是非法提供麻醉药品、精神药品罪必备的犯罪要件。根据刑法第 96 条，所谓“违反国家规定”，是指违反全国人民代表大会及其常务委员会制定的法律和决定，国务院制定的行政法规、规定的行政措施、发布的决定和命令。具体到本罪而言，“违反国家规定”应该包括违反国家关于麻醉药品、精神药品的国家法律、行政法规以及国家行政主管部门关于麻醉药品、精神药品的管理规定。主要指违反《中华人民共和国刑法》《中华人民共和国禁毒法》《麻醉药品和精神药品管理条例》《麻醉药品和精神药品生产管理办法（试行）》《麻醉药品和精神药品经营管理办法（试行）》等。同时，经全国人民代表大会及其常务委员会批准或缔结的国际性条约，以及经全国人民代表大会及其常务委员会、国务院授权的部门制定的规范性文件，亦应涵盖在内。

（2）关于“吸食、注射毒品的人”的理解。本罪的行为对象是吸食、注射毒品的人，即日常所称的“吸毒人员”。这里的认定还需要注意以下几个方面：

①此处“吸食、注射毒品的人”不应包括走私、贩卖毒品的犯罪分子。根据刑法第355条第1款之规定，向走私、贩卖毒品的犯罪分子提供国家规定管制的能够使人形成瘾癖的麻醉药品、精神药品的，以走私、贩卖毒品罪定罪处罚。

②对行为对象是否为初次吸食、注射人员没有限制。本罪的规定主要是为了对麻醉药品、精神药品的供给一方的行为作出规制，向此前有过吸毒史的人员提供麻醉药品、精神药品，当然属于本罪规制的范围。如果行为对象为初次吸食、注射毒品的人员，相应地，供给一方的行为危害性更大，也就更应受到规制。因此，无论行为对象是否初次吸食、注射毒品，都应当属于本条规定的“吸食、注射毒品的人”。

③对“吸食、注射毒品的人”是否成瘾没有限制。毒品成瘾的认定，主要针对的是传统阿片类毒品，该类毒品一旦停用会产生严重的戒断反应，需要吸食、注射毒品进行缓解。新型毒品如冰毒等，虽然没有特别严重的戒断反应，但是同样严重损害公民的身心健康。所以行为对象是否成瘾并不影响本罪的成立。

（3）关于“提供”的理解。本罪的行为方式为“提供”，我们可以从以下几个方面具体把握：

①此处“提供”须为无偿提供。所谓的无偿性，体现在行为人提供麻醉药品、精神药品的过程中，不是出于牟利的目的，不可获取任何经济利益或其他利益。行为人只能以非法批准、赠送、供给等方式，向吸食、注射毒品的人提供毒品。凡涉嫌有偿提供的情况，无论是直接的买卖、交易，还是间接以毒品换取任何形式和种类的报酬（包括消费、服务、劳务等），都应被排除在此处的“提供”范围之外。当然，该“无偿”是针对行为人来说的，而非吸食、注射毒品的人，所以本罪中“提供”包括对吸食、注射毒品的人而言是有偿使用，但行为人是无偿

提供的情况。例如，医生明知他人吸食、注射毒品，但在处方中给其开某种麻醉药品或者精神药品。

②此处“提供”的行为方式，既包括直接提供的情况，也包括间接提供的情况。实践中，“提供”的行为方式具有多样性，没有必要也没有可能逐一列明提供方式的种类，所以应当从宽把握，即行为人是直接提供，还是间接提供给吸毒者，均不影响本罪的成立。具体认定过程中，我们需要考虑以下两个方面：第一，因该行为的提供，麻醉药品、精神药品的状态得以改变，由原来的合法状态变为现在的非法状态；第二，此提供行为改变了麻醉药品、精神药品的用途，由原来的提供给病人药用变为现在的提供给吸毒者吸食、注射用。至于具体是在麻醉药品、精神药品流转中的哪一个环节发生了改变，或者从药用到吸食、注射用之间是否介入其他环节，均在所不论。当然，如果确实因为其他环节的介入，麻醉药品、精神药品从药用变为吸食、注射用，需要看行为人是否具有特定的故意：行为人直接将麻醉药品、精神药品提供给吸食、注射毒品的人，该吸毒者又转给其他吸毒者的，行为人的责任应到自己的提供行为为止，不作进一步延续；行为人将麻醉药品、精神药品提供给了吸食、注射毒品的人以外的其他人的，则要求行为人在主观上必须是希望或放任麻醉药品、精神药品借他人之手最终流向吸食、注射毒品的人。

③此处“提供”可以以不作为的方式进行。刑法上的不作为，是指行为人负有实施某种行为的特定法律义务，能够履行而不履行的危害行为。本罪中，依法从事生产、运输、管理、使用国家管制的麻醉药品、精神药品的人员，负有严格遵守国家关于麻醉药品、精神药品的管理规定，认真履行职责的义务，如果明知他人系吸食、注射毒品的人，而放任其获取麻醉药品、精神药品，则可能构成本罪。当然，在具体认定该不作为是否属于本罪的“提供”时，应当严格把握不作为的三个条件：行为人负有实施某种行为的特定义务，行为人有可能履行这种特定义务，行为人不履行特定义务而引起危害社会的结果。

（4）关于“国家规定管制的能够使人形成瘾癖的麻醉药品、精神药品”的理解。

①“国家规定管制的”，是指并非所有的麻醉药品、精神药品都属于本罪的范

畴，必须是依照国家规定进行管制的麻醉药品、精神药品。这里的国家规定，具体包括《麻醉药品和精神药品管理条例》《非药用类麻醉药品和精神药品列管办法》等法律法规。

②“能够使人形成瘾癖的”，是指使用后能使人的中枢神经系统兴奋或者抑制，连续使用能使人产生瘾癖性的麻醉药品、精神药品。所谓“瘾癖性”，是指用药者反复应用某种药物造成的一种适应状态，包括身体依赖和心理依赖[①]：从身体上看，一旦停药后会产生戒断症状，比如头痛、烦躁不安、恶心呕吐、全身不适与神经功能障碍，严重的可能引起意识障碍、昏迷、肢体抽搐，甚至虚脱致死。而如果再度用药，上述症状就会消失，由于反复用药，药效逐渐减低，必须不断加大使用剂量，才能达到初次使用时的效果，因此产生耐药性。从心理上看，用药者心理上强烈渴望使用某类药物，使之兴奋或避免不舒服。“瘾癖性”的产生及程度，是由药物本身以及使用者的个人身体素质、心理因素等方面决定的，必须依据医学与药学标准进行判断。

③本罪中麻醉药品与精神药品的范围。2016 年修订的《麻醉药品和精神药品管理条例》第 3 条规定：“本条例所称麻醉药品和精神药品，是指列入麻醉药品目录、精神药品目录（以下称目录）的药品和其他物质……”根据 2013 年《国家食品药品监督管理总局、公安部、国家卫生和计划生育委员会关于公布麻醉药品和精神药品品种目录的通知》，《麻醉药品品种目录》（2013 年版）中列举了 121 种麻醉药品，《精神药品品种目录》（2013 年版）中列举了第一类精神药品 68 种、第二类精神药品 81 种。上述品种都包括其可能存在的盐和单方制剂、异构体及酯、醚。同时，2015 年 10 月 1 日起施行的公安部、国家食品药品监督管理总局、国家卫生和计划生育委员会、国家禁毒委员会办公室《非药用类麻醉药品和精神药品列管办法》及其附表《非药用类麻醉药品和精神药品管制品种增补目录》，是根据《麻醉药品和精神药品管理条例》第 3 条第 2 款授权制定的，《非药用类麻醉药品和精神药品管制品种增补目录》可以作为认定毒品的依据，其中列举的非药用类麻醉药品、精神药品，宜应属于本罪中“麻醉药品、精神药品”的范围。

---

① 高巍：《贩卖毒品罪研究》，中国公安大学出版社 2007 年版，第 27 页。

3. 主体要件。非法提供麻醉药品、精神药品罪的主体为特殊主体，即依法从事生产、运输、管理、使用国家管制的麻醉药品和精神药品的单位和人员。具体应从以下几个方面理解：

（1）本罪既要满足一般主体的要求，又要满足特殊主体的身份要求。从一般要求看，本罪的主体应当达到刑事责任年龄（年满十六周岁）、具有刑事责任能力。从特殊身份来看，本罪属于身份犯，其主体应当是依法从事生产、运输、管理、使用国家管制的麻醉药品和精神药品的人员和单位。“生产”，是指依照国家卫生行政主管部门的指定，种植用于提炼加工麻醉药品、精神药品的原植物，制造或者试制麻醉药品、精神药品的成品、半成品、制剂。“运输”，是指将国家规定管制的麻醉药品、精神药品的原植物、成品、半成品、制剂从一个地方到另一个地方的陆路、水路、空中运输，包括进出口过程中的运输。“管理”，是指国家规定管制的麻醉药品、精神药品的保管、批发、调拨、供应等。“使用”，是指有关单位和人员依照国家法律、行政法规规定，将麻醉药品和精神药品用于医疗、教学和科研工作。需要指出的是，实践中，缉毒人员因为收缴麻醉药品、精神药品并对之暂时保管的，缉毒犬训练人员、随车押运作为证物的毒品的民警以及戒毒场所的工作人员由于工作需要而控制或支配一定的麻醉药品、精神药品的，都应在上述“从事管理”的人员范围之内。

（2）本罪可以由单位构成，因为国家对麻醉药品、精神药品严格管制，个人无法自由获得，必须是具有特殊资质的单位的人员才有可能接触到。在司法实践中，部分从事国家管制的麻醉药品、精神药品生产、运输、管理和使用的单位，为牟取单位利益，非法提供麻醉药品、精神药品，而且这种单位形态的犯罪在数量上较自然人犯罪更多，危害也更大。[①] 根据刑法第 355 条第 1 款规定了非法提供麻醉品、精神药品罪，第 2 款又具体规定：“单位犯前款罪的，对单位判处罚金，并对其直接负责的主管人员和其他直接责任人员，依照前款的规定处罚。”此处的“直接负责的主管人员”是指对本单位非法提供国家管制的麻醉药品、精神药品负有直接责任的单位领导人员，“其他直接责任人员”是指其他直接参与单位非法提

① 张明楷：《刑法分则的解释原理》，中国人民大学出版社 2004 年版，第 235 页。

供国家管制的麻醉药品、精神药品犯罪活动的人员，可能是一人，也可能是多人。

（3）本罪中“依法从事”，是指行为人具有从事麻醉药品、精神药品的生产、运输、管理、使用的合法资格。因此行为人擅自生产、运输、管理、使用的，或者采取伪造、骗取、蒙混等非法手段取得生产、运输、管理、使用资格的，均不具备合法资格，不属于“依法从事”的范畴，不能成为本罪的主体。

4. 主观要件。非法提供麻醉药品、精神药品罪的主观方面表现为故意，该故意是指明知是吸食、注射毒品的人而有意提供麻醉药品、精神药品的主观心理状态，即要求行为人明知该药品属于国家规定管制的麻醉药品、精神药品，而违反国家规定，非法向明知是吸食、注射毒品的人提供。当然，这里的故意包括直接故意，也包括间接故意。

从认识因素上看，行为人必须明知以下三个方面的内容：一是明知提供行为的违法性；二是明知提供的药品属于国家管制的麻醉药品、精神药品，至于麻醉药品、精神药品的具体名称、化学成分、效用等具体性质如何，则不要求行为人确切知道，当然，由于本罪是身份犯，行为人非法提供麻醉药品、精神药品的行为与其职务属性直接相关，其从事相应岗位的业务通常已经过严格的培训和考核，完全可以推定其主观上明知麻醉药品、精神药品的名称、化学成分、效用等具体属性；三是明知接受药品的对象是吸食、注射毒品的人。从意志因素上看，行为人希望或放任犯罪结果的发生。此外，本罪成立还要求行为人在主观方面不具有牟利的目的，前文已就提供行为的无偿性作出阐述，根据刑法第 355 条的规定，如果以牟利为目的，向吸食、注射毒品的人提供国家规定管制的能够使人形成瘾癖的麻醉药品、精神药品的，以贩卖毒品罪定罪处罚。

根据刑法第 355 条的规定：犯本罪，处三年以下有期徒刑或者拘役，并处罚金；情节严重的，处三年以上七年以下有期徒刑，并处罚金。向走私、贩卖毒品的犯罪分子或者以牟利为目的，向吸食、注射毒品的人提供国家规定管制的能够使人形成瘾癖的麻醉药品、精神药品的，依照本法第 347 条的规定定罪处罚。

单位犯前款罪的，对单位判处罚金，并对其直接负责的主管人员和其他直接责任人员，依照前款的规定处罚。

【疑难指导】

麻醉药品、精神药品具有双重属性，一方面，可以作为药物，经合理配制具有镇静、止痛、催眠等医疗功能，成为教学、医疗、实验等方面不可或缺的物品；另一方面，如果对麻醉药品、精神药品加以滥用，会导致产生瘾癖，严重损害身心健康。我国1979年刑法没有规定非法提供麻醉药品、精神药品罪。在1990年《全国人民代表大会常务委员会关于禁毒的决定》出台以前，司法实践中，一般将非法提供麻醉药品或精神药物的行为界定为非法提供毒品罪。1994年《最高人民法院关于执行〈全国人民代表大会常务委员会关于禁毒的决定〉的若干问题的解释》确立了非法提供麻醉药品、精神药品罪。1997年刑法基本沿用了《全国人民代表大会常务委员会关于禁毒的决定》第10条的表述，但在原条文的基础上删除了与刑法无关的第1款内容，并且在“麻醉药品、精神药品”之前加上了“能够使人形成瘾癖的”限定词，同时将刑罚设置区分为两档。立法者设置本罪的目的是在麻醉药品和精神药品的管制中引入刑罚手段，通过堵塞合法渠道中的漏洞，严密禁毒的法网。

非法提供麻醉药品、精神药品罪在司法认定上存在以下疑难问题。

一、非法提供麻醉药品、精神药品罪与非罪的区分

非法提供麻醉药品、精神药品罪与非罪的界限，主要在于本罪的犯罪行为与一般违法行为之间的界限。应当从以下几个方面理解：

（一）行为人是否向吸毒人员提供麻醉药品、精神药品。如果行为人是向非吸毒人员（比如一些具有一定瘾癖的病人）提供麻醉药品、精神药品，而病人主要是出于治疗需要的，则一般应当视为行政违法行为，而不宜一律视为犯罪。

（二）行为人是否明知自己提供麻醉药品、精神药品的人员为吸毒人员。如果行为人没有认识，而出于过失将这些药品提供给上述人员的，则也应当视为行政违法行为，而不能视为犯罪。

（三）非法提供麻醉药品、精神药品的数量。在罪状规定中，非法提供麻醉药品、精神药品罪虽然没有数量的限制，但这并不意味着只要行为人实施了提供麻醉药品、精神药品的行为，无论数量多少，都构成犯罪。如果行为人确实只提供了少量的药品，但情节显著轻微，危害不大的，一般也不宜视为犯罪。

二、非法提供麻醉药品、精神药品罪与其他犯罪的区分

（一）非法提供麻醉药品、精神药品罪与贩卖毒品罪的区分

本罪与贩卖毒品罪的区别主要包括以下几个方面：一是行为手段不同。本罪要求无偿转让毒品，如果以牟利为目的，向吸食、注射毒品的人有偿提供上述麻醉药品、精神药品的，则应认定为贩卖毒品罪；贩卖毒品罪通常是有偿转让毒品。二是犯罪对象不同。本罪是特定对象，根据刑法规定限于“吸食、注射毒品的人”，如果提供对象是走私、贩卖毒品的犯罪分子，则以走私、贩卖毒品罪定罪处罚；贩卖毒品罪的犯罪对象可以是任何人。三是犯罪主体不同。本罪是特殊主体，包括特定的单位与自然人，自然人的最低刑事责任年龄为十六周岁；贩卖毒品罪的犯罪主体虽然也包括单位和自然人，但是一方面对单位没有特殊限定，另一方面自然人的最低刑事责任年龄为十四周岁。

需要说明的是，根据《最高人民法院刑五庭关于〈武汉会议纪要〉的解读》[①]：实践中有的被告人向不特定对象贩卖麻精药品，如果没有证据证明其是故意向走私、贩卖毒品的犯罪分子或者吸食、注射毒品的人员进行贩卖的，根据有利于被告人的原则，一般不宜认定为贩卖毒品罪。

（二）非法提供麻醉药品、精神药品罪与非法经营罪的区分

《武汉会议纪要》规定：行为人出于医疗目的，违反有关药品管理的国家规定，非法贩卖上述麻醉药品或者精神药品，扰乱市场秩序，情节严重的，以非法经营罪定罪处罚。同时，《最高人民法院刑五庭关于〈武汉会议纪要〉的解读》[②]规定：对于出于医疗目的，违反药品管理法的相关规定，向无资质的药品经营人员、私立医院、诊所、药店或者病人非法贩卖的，侵犯的是国家对药品的正常经营管理秩序，故不应认定为贩卖毒品罪，符合非法经营罪的定罪标准的，依法定罪处罚。

---

① 高贵君、马岩、方文军、李静然：《最高人民法院刑五庭关于〈武汉会议纪要〉的解读》，载《人民司法（应用）》2015年第13期。

② 高贵君、马岩、方文军、李静然：《最高人民法院刑五庭关于〈武汉会议纪要〉的解读》，载《人民司法（应用）》2015年第13期。

（三）非法提供麻醉药品、精神药品罪与医疗事故罪的区分

本罪与医疗事故罪都在不同程度上损害了公民的健康权利，且在主体上有交叉之处，因为使用国家管制的麻醉、精神药品的人员包括具有合法资格的医务人员，所以在司法实践中有必要划清这两种犯罪的界限。二者的主要区别在于：非法提供麻醉药品、精神药品罪属于故意犯罪，表现为向吸食、注射毒品的人非法提供国家规定管制的能够使人形成瘾癖的麻醉药品、精神药品的行为。而医疗事故罪则属于过失犯罪，表现为在诊疗护理工作中严重不负责任致使就诊人死亡或严重损害其健康的行为。因此，在司法实践中，对于某些医务人员主观上存在过失，由于粗心大意而错将麻醉药品、精神药品作为普通药品提供给病人，并造成严重后果的，应以医疗事故罪论处。如果医务人员利用工作之便，违反有关规定，非法向吸毒者提供麻醉药品、精神药品的，应当以非法提供麻醉药品、精神药品罪论处，对于其中以牟利为目的而提供的，应当定贩卖毒品罪。如果医务人员并未违反国家的有关规定，出于正当的医疗用途而使用有关的麻醉药品、精神药品的，自然不能以犯罪论处。

（四）非法提供麻醉药品、精神药品罪与受贿罪的区分

在司法实践中，依法从事生产、运输、管理、使用麻醉药品、精神药品的人员利用职务上的便利收受他人财物，非法提供麻醉药品、精神药品的行为，实质上是贩卖毒品行为。因为在此种情形下，行为人主观上具有通过非法提供麻醉药品、精神药品牟利的目的，根据刑法第 355 条的规定，应以贩卖毒品罪论处。但是，需要注意的是，此种情形同时也符合受贿的特征。如果行为人接受他人财物的数额达到追究刑事责任的数额标准的，根据行为人的身份情况，构成受贿罪或公司、企业人员受贿罪。即此种情形下，行为人的行为既构成受贿罪或公司、企业人员受贿罪，又构成贩卖毒品罪。这属于典型的想象竞合犯，应按照想象竞合犯的处理原则，择一重罪处罚。当然，如果行为人接受他人财物，数额不大的，则应直接按照贩卖毒品罪论处。

三、非法提供麻醉药品、精神药品罪的共同犯罪

在本罪中，非法提供麻醉药品、精神药品的行为人与提供对象之间，能否构成共同犯罪，是一个值得探讨的问题。如果提供对象是走私、贩卖毒品的犯罪分

子，那么行为人足以构成走私、贩卖毒品罪的共犯。至于谁是主犯，谁是从犯，则要根据具体情况而定。如果提供对象是吸毒者，且行为人主观上以牟利为目的，则行为人单独构成贩卖毒品罪，提供对象不能成为共犯，如果毒品数量较大的，可以构成非法持有毒品罪。如果提供对象是吸毒者，但行为人主观上不以牟利为目的，则行为人单独构成非法提供麻醉药品、精神药品罪，提供对象不能成为共犯，在毒品数量较大的情况下，可以构成非法持有毒品罪。

四、非法提供麻醉药品、精神药品罪量刑标准

依照刑法为本罪设定的两个量刑档，每个量刑格所对应的量刑标准、情形分别为：

（一）三年以上七年以下有期徒刑，并处罚金

其对应的量刑情节为依法从事生产、运输、管理、使用国家管制的麻醉药品、精神药品的人员，违反国家规定，向吸食、注射毒品的人提供国家规定管制的能够使人形成瘾癖的麻醉药品、精神药品，且“情节严重的”。根据2016年《最高人民法院关于审理毒品犯罪案件适用法律若干问题的解释》第13条第2款规定，具有下列情形之一的，应当认定为刑法第355条第1款规定的“情节严重”：

1. 非法提供麻醉药品、精神药品达到刑法第347条第3款或者本解释第2条规定的“数量较大”标准的：

（1）鸦片二百克以上不满一千克；

（2）海洛因或者甲基苯丙胺十克以上不满五十克；

（3）可卡因十克以上不满五十克；

（4）3，4-亚甲二氧基甲基苯丙胺（MDMA）等苯丙胺类毒品（甲基苯丙胺除外）、吗啡二十克以上不满一百克；

（5）芬太尼二十五克以上不满一百二十五克；

（6）甲卡西酮四十克以上不满二百克；

（7）二氢埃托啡二毫克以上不满十毫克；

（8）哌替啶（度冷丁）五十克以上不满二百五十克；

（9）氯胺酮一百克以上不满五百克；

（10）美沙酮二百克以上不满一千克；

（11）曲马多、γ-羟丁酸四百克以上不满二千克；

（12）大麻油一千克以上不满五千克、大麻脂二千克以上不满十千克、大麻叶及大麻烟三十千克以上不满一百五十千克；

（13）可待因、丁丙诺啡一千克以上不满五千克；

（14）三唑仑、安眠酮十千克以上不满五十千克；

（15）阿普唑仑、恰特草二十千克以上不满一百千克；

（16）咖啡因、罂粟壳四十千克以上不满二百千克；

（17）巴比妥、苯巴比妥、安钠咖、尼美西泮五十千克以上不满二百五十千克；

（18）氯氮卓、艾司唑仑、地西泮、溴西泮一百千克以上不满五百千克。

2. 非法提供麻醉药品、精神药品达到前款第1项规定的数量标准，且具有前款第3项至第5项规定的情形之一的：

（1）向多人或者多次非法提供麻醉药品、精神药品的；

（2）向吸食、注射毒品的未成年人非法提供麻醉药品、精神药品的；

（3）非法提供麻醉药品、精神药品造成严重后果的。

3. 其他情节严重的情形。

（二）三年以下有期徒刑或者拘役，并处罚金

其对应的量刑情节为依法从事生产、运输、管理、使用国家管制的麻醉药品、精神药品的人员，违反国家规定，向吸食、注射毒品的人提供国家规定管制的能够使人形成瘾癖的麻醉药品、精神药品的。根据2016年《最高人民法院关于审理毒品犯罪案件适用法律若干问题的解释》第13条第1款规定，主要包括下列情形：

1. 非法提供麻醉药品、精神药品达到刑法第347条第3款或者本解释第2条规定的“数量较大”标准最低值的百分之五十，不满“数量较大”标准的：

（1）鸦片一百克以上不满五百克；

（2）海洛因或者甲基苯丙胺五克以上不满二十五克；

（3）可卡因五克以上不满二十五克；

（4）3，4-亚甲二氧基甲基苯丙胺（MDMA）等苯丙胺类毒品（甲基苯丙胺

除外）、吗啡十克以上不满五十克；

（5）芬太尼十二点五克以上不满六十二点五克；

（6）甲卡西酮二十克以上不满一百克；

（7）二氢埃托啡一毫克以上不满五毫克；

（8）哌替啶（度冷丁）二十五克以上不满一百二十五克；

（9）氯胺酮五十克以上不满二百五十克；

（10）美沙酮一百克以上不满五百克；

（11）曲马多、γ-羟丁酸二百克以上不满一千克；

（12）大麻油五百克以上不满二千五百克、大麻脂一千克以上不满五千克、大麻叶及大麻烟十五千克以上不满六十二点五千克；

（13）可待因、丁丙诺啡五百克以上不满二千五百克；

（14）三唑仑、安眠酮五百克以上不满二十五千克；

（15）阿普唑仑、恰特草十千克以上不满五十千克；

（16）咖啡因、罂粟壳二十千克以上不满一百千克；

（17）巴比妥、苯巴比妥、安钠咖、尼美西泮二十五千克以上不满一百二十五千克；

（18）氯氮卓、艾司唑仑、地西泮、溴西泮五十千克以上不满二百五十千克。

2. 二年内曾因非法提供麻醉药品、精神药品受过行政处罚的。

3. 向多人或者多次非法提供麻醉药品、精神药品的。

4. 向吸食、注射毒品的未成年人非法提供麻醉药品、精神药品的。

5. 非法提供麻醉药品、精神药品造成严重后果的。

6. 其他应当追究刑事责任的情形。

【办案依据】

一、刑法规定

第三百五十五条 依法从事生产、运输、管理、使用国家管制的麻醉药品、精神药品的人员，违反国家规定，向吸食、注射毒品的人提供国家规定管制的能够使人形成瘾癖的麻醉药品、精神药品的，处三年以下有期徒刑或者拘役，并处罚金；

情节严重的，处三年以上七年以下有期徒刑，并处罚金。向走私、贩卖毒品的犯罪分子或者以牟利为目的，向吸食、注射毒品的人提供国家规定管制的能够使人形成瘾癖的麻醉药品、精神药品的，依照本法第三百四十七条的规定定罪处罚。

单位犯前款罪的，对单位判处罚金，并对其直接负责的主管人员和其他直接责任人员，依照前款的规定处罚。

二、司法解释

《最高人民法院关于审理毒品犯罪案件适用法律若干问题的解释》（2016年4月11日，法释〔2016〕8号）（节选）

第二条 走私、贩卖、运输、制造、非法持有下列毒品，应当认定为刑法第三百四十七条第三款、第三百四十八条规定的“其他毒品数量较大”：

（一）可卡因十克以上不满五十克；

（二）3，4-亚甲二氧基甲基苯丙胺（MDMA）等苯丙胺类毒品（甲基苯丙胺除外）、吗啡二十克以上不满一百克；

（三）芬太尼二十五克以上不满一百二十五克；

（四）甲卡西酮四十克以上不满二百克；

（五）二氢埃托啡二毫克以上不满十毫克；

（六）哌替啶（度冷丁）五十克以上不满二百五十克；

（七）氯胺酮一百克以上不满五百克；

（八）美沙酮二百克以上不满一千克；

（九）曲马多、γ-羟丁酸四百克以上不满二千克；

（十）大麻油一千克以上不满五千克、大麻脂二千克以上不满十千克、大麻叶及大麻烟三十千克以上不满一百五十千克；

（十一）可待因、丁丙诺啡一千克以上不满五千克；

（十二）三唑仑、安眠酮十千克以上不满五十千克；

（十三）阿普唑仑、恰特草二十千克以上不满一百千克；

（十四）咖啡因、罂粟壳四十千克以上不满二百千克；

（十五）巴比妥、苯巴比妥、安钠咖、尼美西泮五十千克以上不满二百五十千克；

（十六）氯氮卓、艾司唑仑、地西泮、溴西泮一百千克以上不满五百千克；

（十七）上述毒品以外的其他毒品数量较大的。

第十三条　依法从事生产、运输、管理、使用国家管制的麻醉药品、精神药品的人员，违反国家规定，向吸食、注射毒品的人提供国家规定管制的能够使人形成瘾癖的麻醉药品、精神药品，具有下列情形之一的，应当依照刑法第三百五十五条第一款的规定，以非法提供麻醉药品、精神药品罪定罪处罚：

（一）非法提供麻醉药品、精神药品达到刑法第三百四十七条第三款或者本解释第二条规定的“数量较大”标准最低值的百分之五十，不满“数量较大”标准的；

（二）二年内曾因非法提供麻醉药品、精神药品受过行政处罚的；

（三）向多人或者多次非法提供麻醉药品、精神药品的；

（四）向吸食、注射毒品的未成年人非法提供麻醉药品、精神药品的；

（五）非法提供麻醉药品、精神药品造成严重后果的；

（六）其他应当追究刑事责任的情形。

具有下列情形之一的，应当认定为刑法第三百五十五条第一款规定的“情节严重”：

（一）非法提供麻醉药品、精神药品达到刑法第三百四十七条第三款或者本解释第二条规定的“数量较大”标准的；

（二）非法提供麻醉药品、精神药品达到前款第一项规定的数量标准，且具有前款第三项至第五项规定的情形之一的；

（三）其他情节严重的情形。

第十三章　妨害兴奋剂管理罪

【立案追诉标准】

妨害兴奋剂管理案（刑法第355条之一）

引诱、教唆、欺骗运动员使用兴奋剂参加国内、国际重大体育竞赛，或者明知运动员参加上述竞赛而向其提供兴奋剂，情节严重的，应予立案追诉。

组织、强迫运动员使用兴奋剂参加国内、国际重大体育竞赛的，依照前款的规定从重处罚。

【犯罪构成及刑事责任】

我国高度重视体育竞技中的反兴奋剂工作。《中华人民共和国体育法》第33条规定，体育竞赛实行公平竞争的原则。体育竞赛的组织者和运动员、教练员、裁判员应当遵守体育道德，不得弄虚作假、营私舞弊。在体育运动中严禁使用禁用的药物和方法。禁用药物检测机构应当对禁用的药物和方法进行严格检查。第48条规定，在体育运动中使用禁用的药物和方法的，由体育社会团体按照章程规定给予处罚；对国家工作人员中的直接责任人员，依法给予行政处分。2004年1月，国务院制定了《反兴奋剂条例》，对体育运动中禁止使用兴奋剂的原则，兴奋剂管理，体育社会团体、运动员等主体的反兴奋剂义务，兴奋剂检查与检测等制度作了规定。2006年，我国签署了联合国教科文组织制定的《反对在体育运动中使用兴奋剂国际公约》，承诺执行《世界反兴奋剂条例》。依法惩治有关兴奋剂的犯罪行为，是我国作为负责任大国应尽的国际义务。2019 年 11 月，最高人民法院制定了《关于审理走私、非法经营、非法使用兴奋剂刑事案件适用法律若干问题的解释》（以下简称《兴奋剂解释》）。刑法修正案（十一）施行（2021 年 3 月 1 日）前，对于涉及兴奋剂的违法犯罪行为，是依照上述法律和司法解释追究的法律责任。2020 年 12 月 26 日通过的刑法修正案（十一），增设了本罪，即妨害兴奋剂管理罪，作为刑法第 355 条之一。

妨害兴奋剂管理罪，是指引诱、教唆、欺骗运动员使用兴奋剂参加国内、国际重大体育竞赛，或者明知运动员参加上述竞赛而向其提供兴奋剂，情节严重或者组织、强迫运动员使用兴奋剂参加国内、国际重大体育竞赛的行为。构成本罪需要具备以下四个要件：

1. 客体要件。妨害兴奋剂管理罪侵犯的客体，是兴奋剂管理秩序，具体表现为通过使用兴奋剂侵犯体育竞赛的纯洁性，也可能对运动员身心健康造成伤害，甚至损害国家形象。

2. 客观要件。妨害兴奋剂管理罪的客观方面主要有三种形式：①引诱、教唆、欺骗运动员使用兴奋剂参加国内、国际重大体育竞赛；②明知运动员参加上述竞赛而向其提供兴奋剂；③组织、强迫运动员使用兴奋剂参加国内、国际重大体育竞赛。

“引诱”，是指以提高比赛成绩、以各种利益条件，如金钱等物质奖励等条件诱使运动员使用兴奋剂。“教唆”，是指唆使运动员使用兴奋剂。“欺骗”，是指使用虚构、捏造兴奋剂的性质或者作用等欺诈手段方式，使运动员在不知情的情况下使用兴奋剂，如谎称是服用正常药品等。关于“运动员”，《反兴奋剂规则》（体规字〔2020〕5 号）第 6 条规定：“适用本规则的运动员、辅助人员包括：（一）在全国性体育社会团体及其会员单位注册的运动员、辅助人员；（二）参加国际或国家级比赛的运动员、辅助人员；（三）参加全国性体育社会团体及其会员单位举办或授权举办的其他比赛的运动员、辅助人员；（四）参加其他政府资助的比赛的运动员、辅助人员；（五）不专门从事体育训练和比赛的普通体育运动参加者，即大众运动员；（六）体育社会团体及其会员单位管理的其他运动员、辅助人员；（七）其他所有反兴奋剂中心依照《世界反兴奋剂条例》的有关规定行使管辖权的运动员和辅助人员，包括所有具有中国国籍的、居住在中国的、持有中国证件的、属于中国各级各类体育组织成员的、在中国境内的，以及参加中国国家级比赛或赛事的运动员和辅助人员。”“组织”，是指使多名运动员有组织地使用兴奋剂。“强迫”，是指迫使运动员违背本人意愿使用兴奋剂。①

“兴奋剂”是指兴奋剂目录所列的禁用物质等，具体包括蛋白同化制剂、肽类激素、有关麻醉药品和刺激剂等。兴奋剂目录由国务院体育主管部门会同国务院食品药品监督管理部门、国务院卫生主管部门、国务院商务主管部门和海关总署制定、调整并公布。国务院体育主管部门负责制定兴奋剂检测规则和兴奋剂检测计划并组织实施。“国内、国际重大体育竞赛”是指体育法第 26 条规定的重大体育竞赛，如奥运会、亚运会、单项世界锦标赛等，具体范围由国务院体育主管部门确定。引诱、教唆、欺骗运动员使用兴奋剂参加国内、国际重大体育竞赛的，构成本罪。如果不是在国内、国际重大体育竞赛中，而是在低级别比赛中使用兴奋剂，不构成本罪，可依照其他法律法规的规定予以处罚。

《中华人民共和国刑法修正案（十一）》所增设的本罪中，该条第 2 款是关于组织、强迫运动员使用兴奋剂的犯罪的规定。这里规定的“组织”，是指利用管理、指导运动员的机会等，使多名运动员有组织地使用兴奋剂。“强迫”，是指迫使运动员违背本人意愿使用兴奋剂。根据本款规定，组织、强迫运动员使用兴奋剂参加国内、国际重大体育竞赛的行为，即可构成犯罪，没有规定“情节严重的”条件，这是因为组织、强迫使用兴奋剂的行为，比第 1 款规定的引诱、教唆、欺骗使用兴奋剂和提供兴奋剂的行为社会危害性更大。根据本款规定，对上述犯罪行为，依照本条第 1 款的规定从重处罚，即在“三年以下有期徒刑或者拘役，并处罚金”的量刑幅度内从重处罚。

3. 主体要件。妨害兴奋剂管理罪的主体为一般主体，主要是运动员辅助人员，即教练员、队医、领队、科研人员等为运动员参加体育竞赛提供帮助、指导的人员，以及体育社会团体、运动员管理单位等组织中负有责任的主管人员和其他直接责任人员。

---

① 许永安：《中华人民共和国刑法修正案（十一）解读》，中国法制出版社 2021 年版，第 411 页。

使用兴奋剂的运动员本人，通常不是本罪的犯罪主体。这是因为：（1）与《反兴奋剂条例》等规定衔接。《反兴奋剂条例》第39条、第40条规定了刑事责任衔接条款，其主体主要是运动员辅助人员、体育社会团体、运动员管理单位负有责任的主管人员和其他直接责任人员。（2）符合实际情况。运动员辅助人员，虽然不直接参加比赛，但是能够从体育竞赛中获得利益。运动员竞技成绩越好，运动员辅助人员等的利益就越大。运动员辅助人员等与运动员朝夕相处，具有特殊的优势地位和身份，许多运动员对运动员辅助人员等的信任、依赖、服从非常强烈，在一些情况下，例如运动员是未成年人等，运动员辅助人员等甚至可能具有绝对权威，运动员对他们言听计从。实际上，受专业能力限制，运动员独立获取、使用兴奋剂是比较困难的，大多是在运动员辅助人员等的推动下进行的。因此，打击兴奋剂犯罪，重点是打击运动员辅助人员等人员，而非运动员本人。另外，现有的行业处分、行政处罚等措施，例如禁赛、取消成绩等，足以对使用兴奋剂的运动员本人形成有效威慑。（3）国际上普遍不对使用兴奋剂的运动员本人进行刑事处罚。例如，2021年《世界反兴奋剂条例》就指出，参与对运动员使用兴奋剂或包庇使用兴奋剂的人员，应当受到比兴奋剂检查结果呈阳性的运动员更为严厉的处罚，因此把这些辅助人员通报给主管部门（从而给予更为严厉的处罚），是遏制使用兴奋剂的重要措施。

4. 主观要件。妨害兴奋剂管理罪的主观方面是故意。

《中华人民共和国刑法修正案（十一）》所增设的本罪中规定，“明知运动员参加国内、国际重大体育竞赛而向其提供兴奋剂，情节严重的”。这是帮助运动员在重大体育竞赛中使用兴奋剂的行为。本款规定的“明知”，是指知道或应当知道运动员参加国内、国际重大体育竞赛。“向其提供”，包括向运动员本人提供，也包括通过运动员的教练员、队医等辅助人员向运动员提供。“情节严重”，是指引诱、教唆、欺骗运动员使用兴奋剂或者提供兴奋剂的数量较大，涉及人数较多，给国家荣誉和形象造成不良影响，对运动员健康造成不良影响等，具体可由司法机关制定司法解释确定。

根据刑法第355条之一的规定：犯本罪，处三年以下有期徒刑或者拘役，并处罚金。

【疑难指导】

使用兴奋剂是体育运动中的丑恶现象。在体育竞赛中使用兴奋剂的行为，既扰乱了体育竞赛的公平正义，又损害体育运动参加者的身心健康。在国际体育赛事中使用兴奋剂，还会严重损害国家的形象和荣誉。近年来，兴奋剂违法违规还呈现低龄化、社会化的特征，向食品药品、教育考试等领域蔓延，危害社会公众特别是青少年的身心健康。① 为加大对兴奋剂违法行为的惩治力度，维护体育竞赛的公平和运动员等的身心健康，刑法修正案（十一）增加规定了引诱、教唆、欺骗运动员使用兴奋剂和向运动员提供兴奋剂的犯罪，以及组织、强迫运动员使用兴奋剂的犯罪。

妨害兴奋剂管理罪是刑法修正案（十一）（2020 年 12 月 26 日公布，2021 年 3 月 1 日起实施）新规定的犯罪。而在此之前，《兴奋剂解释》是针对其他罪名所做的解释。妨害兴奋剂管理罪与《兴奋剂解释》的关系，本质上是与走私，非法经营，虐待被监护、看护人，组织考试作弊等罪名的关系。刑法修正案（十一）施行后，兴奋剂解释继续有效。

一、走私兴奋剂目录所列物质的定罪量刑标准

（一）关于小额多次走私兴奋剂目录所列物质

根据刑法的规定，小额多次走私的兴奋剂目录所列物质属于普通货物、物品的，可以构成走私普通货物、物品罪。但对于小额多次走私的兴奋剂目录所列物质，属于国家禁止进出口的货物、物品的，能否构成走私国家禁止进出口的货物、物品罪存在争议。为此，《兴奋剂解释》第 1 条第 1 款明确，“运动员、运动员辅助人员走私兴奋剂目录所列物质，或者其他人员以在体育竞赛中非法使用为目的走私兴奋剂目录所列物质，涉案物质属于国家禁止进出口的货物、物品”，按照走私国家禁止进出口的货物、物品罪定罪处罚。

---

① 许永安：《中华人民共和国刑法修正案（十一）解读》，中国法制出版社 2021 年版，第 410 页。

（二）运动员、运动员辅助人员走私，可以认为具有在体育活动中非法使用的目的

运动员、运动员辅助人员以及其他人员以在体育运动中非法使用为目的走私的，社会危害性相较于其他的走私行为更大，因此，设置了不同于走私其他货物、物品的入罪标准。尤其是《兴奋剂解释》第1条第2款规定的偷逃应缴税额"一万元以上"的入罪标准，对《最高人民法院、最高人民检察院关于办理走私刑事案件适用法律若干问题的解释》第16条规定的"十万元"作了大幅度下调，以体现对走私兴奋剂的坚决从严惩处的决心。

（三）对于其他走私兴奋剂的行为

《兴奋剂解释》第1条第3款专门规定，"对于本条第一款、第二款规定以外的走私兴奋剂目录所列物质行为"，适用《最高人民法院、最高人民检察院关于办理走私刑事案件适用法律若干问题的解释》规定的定罪量刑标准。

二、妨害兴奋剂管理罪与非法经营罪的关系

《兴奋剂解释》第2条规定："违反国家规定，未经许可经营兴奋剂目录所列物质，涉案物质属于法律、行政法规规定的限制买卖的物品，扰乱市场秩序，情节严重的，应当依照刑法第二百二十五条的规定，以非法经营罪定罪处罚。"作此规定，主要是因为一些药品生产企业、化工企业、医疗机构或者科研单位等，违反有关规定，非法研制、生产、经营兴奋剂目录所列禁用物质，成为兴奋剂流入体育竞赛的重要渠道。

虽然《反兴奋剂条例》第7条规定"国家对兴奋剂目录所列禁用物质实行严格管理，任何单位和个人不得非法生产、销售、进出口"，但对于《兴奋剂目录》所列物质并未单独列管，而且此类物质不少也是化工原料或者医药中间体，并未实行批准文号管理，因此对于非法经营兴奋剂目录所列物质的行为一律适用非法经营罪，明显不妥。只有违反国家规定，未经许可经营兴奋剂目录所列物质，涉案物质属于限制买卖的物品的，才适用非法经营罪定罪处罚。

三、妨害兴奋剂管理罪中虐待被监护、看护人罪的适用

很多运动员自幼离开家庭、校园，在教练、队医、领队等运动员辅助人员或者有关单位的监督、管理下生活。为此，《兴奋剂解释》第3条明确，强迫、引

诱、欺骗未成年人、残疾人非法使用兴奋剂的，以虐待被监护、看护人罪定罪处罚。需要注意以下问题：（1）《兴奋剂解释》第1条、第2条规定的是走私、非法经营，其对象只能是兴奋剂目录所列物质，但是，《兴奋剂解释》第3条和第4条所针对的是“使用”环节，故既可能涉及兴奋剂目录所列物质，也可能包括禁用方法。（2）本条所称的“未成年人”“残疾人”，根据未成年人保护法、残疾人保障法的规定，主要是指不满十八周岁的人，以及心理、生理、人体结构上，某种组织、功能丧失或者不正常，全部或者部分丧失以正常方式从事某种活动能力的人。（3）关于“负有监护、看护职责的人”，根据《反兴奋剂条例》的规定，主要是指教练、队医、领队等运动员辅助人员。

同时，符合妨害兴奋剂管理罪和虐待被监护、看护人罪犯罪构成的，应择一重罪处罚。

四、妨害兴奋剂管理罪中组织考试作弊罪的适用

《兴奋剂解释》第4条规定：“在普通高等学校招生、公务员录用等法律规定的国家考试涉及的体育、体能测试等体育运动中，组织考生非法使用兴奋剂的，应当依照刑法第二百八十四条之一的规定，以组织考试作弊罪定罪处罚。明知他人实施前款犯罪而为其提供兴奋剂的，依照前款的规定定罪处罚。”作此规定，主要是因为在普通高等学校招生、公务员录用等考试中，针对体育、体能设置了相对不同的招录标准和程序。组织参加体育测试的考生非法使用兴奋剂的行为客观存在，破坏公平竞争的人才选拔制度，败坏社会风气。

五、兴奋剂等专门性问题的认定程序

根据《反兴奋剂条例》第36条第1款“受检样本由国务院体育主管部门确定的符合兴奋剂检测条件的检测机构检测”的规定，《兴奋剂解释》第8条规定：“对于是否属于本解释规定的‘兴奋剂’‘兴奋剂目录所列物质’‘体育运动’‘国内、国际重大体育竞赛’等专门性问题，应当依据《中华人民共和国体育法》《反兴奋剂条例》等法律法规，结合国务院体育主管部门出具的认定意见等证据材料作出认定。”据此可知，兴奋剂等专门性问题的认定，需要由国家体育总局出具认定意见。

【办案依据】

一、刑法规定

第三百五十五条之一　引诱、教唆、欺骗运动员使用兴奋剂参加国内、国际重大体育竞赛，或者明知运动员参加上述竞赛而向其提供兴奋剂，情节严重的，处三年以下有期徒刑或者拘役，并处罚金。

组织、强迫运动员使用兴奋剂参加国内、国际重大体育竞赛的，依照前款的规定从重处罚。

二、司法解释

《最高人民法院关于审理走私、非法经营、非法使用兴奋剂刑事案件适用法律若干问题的解释》（2020年1月1日，法释〔2019〕16号）（节选）

第一条　运动员、运动员辅助人员走私兴奋剂目录所列物质，或者其他人员以在体育竞赛中非法使用为目的走私兴奋剂目录所列物质，涉案物质属于国家禁止进出口的货物、物品，具有下列情形之一的，应当依照刑法第一百五十一条第三款的规定，以走私国家禁止进出口的货物、物品罪定罪处罚：

（一）一年内曾因走私被给予二次以上行政处罚后又走私的；

（二）用于或者准备用于未成年人运动员、残疾人运动员的；

（三）用于或者准备用于国内、国际重大体育竞赛的；

（四）其他造成严重恶劣社会影响的情形。

实施前款规定的行为，涉案物质不属于国家禁止进出口的货物、物品，但偷逃应缴税额一万元以上或者一年内曾因走私被给予二次以上行政处罚后又走私的，应当依照刑法第一百五十三条的规定，以走私普通货物、物品罪定罪处罚。

对于本条第一款、第二款规定以外的走私兴奋剂目录所列物质行为，适用《最高人民法院、最高人民检察院关于办理走私刑事案件适用法律若干问题的解释》（法释〔2014〕10号）规定的定罪量刑标准。

第二条　违反国家规定，未经许可经营兴奋剂目录所列物质，涉案物质属于法律、行政法规规定的限制买卖的物品，扰乱市场秩序，情节严重的，应当依照刑法第二百二十五条的规定，以非法经营罪定罪处罚。

第三条 对未成年人、残疾人负有监护、看护职责的人组织未成年人、残疾人在体育运动中非法使用兴奋剂，具有下列情形之一的，应当认定为刑法第二百六十条之一规定的“情节恶劣”，以虐待被监护、看护人罪定罪处罚：

（一）强迫未成年人、残疾人使用的；

（二）引诱、欺骗未成年人、残疾人长期使用的；

（三）其他严重损害未成年人、残疾人身心健康的情形。

第四条 在普通高等学校招生、公务员录用等法律规定的国家考试涉及的体育、体能测试等体育运动中，组织考生非法使用兴奋剂的，应当依照刑法第二百八十四条之一的规定，以组织考试作弊罪定罪处罚。

明知他人实施前款犯罪而为其提供兴奋剂的，依照前款的规定定罪处罚。

第五条 生产、销售含有兴奋剂目录所列物质的食品，符合刑法第一百四十三条、第一百四十四条规定的，以生产、销售不符合安全标准的食品罪、生产、销售有毒、有害食品罪定罪处罚。

第六条 国家机关工作人员在行使反兴奋剂管理职权时滥用职权或者玩忽职守，造成严重兴奋剂违规事件，严重损害国家声誉或者造成恶劣社会影响，符合刑法第三百九十七条规定的，以滥用职权罪、玩忽职守罪定罪处罚。

依法或者受委托行使反兴奋剂管理职权的单位的工作人员，在行使反兴奋剂管理职权时滥用职权或者玩忽职守的，依照前款规定定罪处罚。

第七条 实施本解释规定的行为，涉案物质属于毒品、制毒物品等，构成有关犯罪的，依照相应犯罪定罪处罚。

第八条 对于是否属于本解释规定的“兴奋剂”“兴奋剂目录所列物质”“体育运动”“国内、国际重大体育竞赛”等专门性问题，应当依据《中华人民共和国体育法》《反兴奋剂条例》等法律法规，结合国务院体育主管部门出具的认定意见等证据材料作出认定。

第二编　制作、贩卖、传播淫秽物品罪

第一章　制作、复制、出版、贩卖、传播淫秽物品牟利罪

【立案追诉标准】

制作、复制、出版、贩卖、传播淫秽物品牟利案（刑法第363条第1款）

一、以牟利为目的，制作、复制、出版、贩卖、传播淫秽物品，涉嫌下列情形之一的，应予立案追诉：

（一）制作、复制、出版淫秽影碟、软件、录像带五十至一百张（盒）以上，淫秽音碟、录音带一百至二百张（盒）以上，淫秽扑克、书刊、画册一百至二百副（册）以上，淫秽照片、画片五百至一千张以上的；

（二）贩卖淫秽影碟、软件、录像带一百至二百张（盒）以上，淫秽音碟、录音带二百至四百张（盒）以上，淫秽扑克、书刊、画册二百至四百副（册）以上，淫秽照片、画片一千至二千张以上的；

（三）向他人传播淫秽物品达二百至五百人次以上，或者组织播放淫秽影、像达十至二十场次以上的；

（四）制作、复制、出版、贩卖、传播淫秽物品，获利五千至一万元以上的。

二、以牟利为目的，利用互联网、移动通讯终端制作、复制、出版、贩卖、传播淫秽电子信息，涉嫌下列情形之一的，应予立案追诉：

（一）制作、复制、出版、贩卖、传播淫秽电影、表演、动画等视频文件二十个以上的；

（二）制作、复制、出版、贩卖、传播淫秽音频文件一百个以上的；

（三）制作、复制、出版、贩卖、传播淫秽电子刊物、图片、文章、短信息等二百件以上的；

（四）制作、复制、出版、贩卖、传播的淫秽电子信息，实际被点击数达到一万次以上的；

（五）以会员制方式出版、贩卖、传播淫秽电子信息，注册会员达二百人以上的；

（六）利用淫秽电子信息收取广告费、会员注册费或者其他费用，违法所得一万元以上的；

（七）数量或者数额虽未达到本款第（一）项至第（六）项规定标准，但分别达到其中两项以上标准的百分之五十以上的；

（八）造成严重后果的。

利用聊天室、论坛、即时通信软件、电子邮件等方式，实施本条第二款规定行为的，应予立案追诉。

三、以牟利为目的，通过声讯台传播淫秽语音信息，涉嫌下列情形之一的，应予立案追诉：

（一）向一百人次以上传播的；

（二）违法所得一万元以上的；

（三）造成严重后果的。

明知他人用于出版淫秽书刊而提供书号、刊号的，应予立案追诉。

《最高人民检察院、公安部关于公安机关管辖的刑事案件立案追诉标准的规定（一）》（2008 年 6 月 25 日，公通字〔2008〕36 号）

【犯罪构成及刑事责任】

制作、复制、出版、贩卖、传播淫秽物品牟利罪，是指以牟利为目的，制作、复制、出版、贩卖、传播色情的淫秽性的书刊、影片、录像带、录音带、图片及其他淫秽物品的行为。构成本罪需要具备以下四个要件：

1. 客体要件。制作、复制、出版、贩卖、传播淫秽物品牟利罪侵犯的客体，是社会主义道德风尚和国家对文化娱乐制品市场的管理。如今，利用网络传播、浏览、获取淫秽物品的现象时有发生。这些违法犯罪活动，严重败坏社会风气，腐蚀人们的思想，诱发其他犯罪，危害社会治安，干扰社会主义精神文明和物质文明建设。

制作、复制、出版、贩卖、传播淫秽物品牟利罪的犯罪对象是淫秽物品。淫秽的本质是具体描绘性行为、露骨宣扬色情、无端挑起人们的性欲，是对当时当地的性道德或者性行为观念的侵害，但是何谓“具体描绘”，何谓“露骨宣扬”等不甚清晰，难以为实务认定提供依据，仍然需要相对具体和明晰的判断标准来加以判断。

我国刑法第 367 条对淫秽物品是这样界定的：“本法所称淫秽物品，是指具体描绘性行为或者露骨宣扬色情的诲淫性的书刊、影片、录像带、录音带、图片及其他淫秽物品。有关人体生理、医学知识的科学著作不是淫秽物品。包含有色情内容的有艺术价值的文学、艺术作品不视为淫秽物品。”

该条第 1 款是对淫秽物品的界定。这里所规定的具体描绘性行为是指详细地描写了与性行为有关的过程细节，包括描写不满十六周岁的未成年人的性行为或者其他比较黄色暴力的性行为。“露骨宣扬色情”是指不加掩饰地描绘性行为或描述裸露的性器官，引起读者性欲的行为。

第 2 款是有关人体生理、医学常识的科学著作不是淫秽物品的规定。第 2 款所提到的著作是指有关人体的医学解剖知识和怀孕方面的知识，以及一些与性知识有关的科学类作品。依照本款规定，它们不属于淫秽物品的范畴。

第 3 款是关于具有艺术价值但也有色情方面描述的文学类、艺术类作品不是淫秽物品的规定。关于如何认定有艺术价值，就要看作品本身是否具有比较重要的文学意义或历史意义。这些著作是人类文学史上一个很重要的部分，具有研究价值，同时也对研究中国古代的传统文化有很大的帮助，所以也不属于淫秽物品。

从刑法第367条的这3款规定可以看出，刑法更多是在强调淫秽物品的本质属性“诲淫（意为引诱别人产生淫欲）性”。值得注意的是，网络中“诲淫性”的判断标准与现实中“诲淫性”的判断标准可能会有一定的差别。在网络环境下判断“诲淫性”虽然要以现实的一些规定为基础，但也要考虑网民对“诲淫性”的认识。如果不考虑网民对“诲淫性”的认识以及“诲淫性”随时代发展的变化，就会有很多本身没有“诲淫性”的电子信息被认定为淫秽物品，这会导致刑法的打击面过宽，不利于互联网未来的发展。随着社会和网络的飞速发展，人们的性观念只会越来越开放，对于“诲淫性”的判断应该保有一个宽容的、动态的评判标准。所以，在网络中，对于传播淫秽物品牟利罪当中的“诲淫性”的认定标准应该提高一些，对于在标准之下的行为，可以采用其他的法律进行处罚，如行政处罚法，而不都被认为是犯罪应受刑罚惩罚。

从淫秽物品的表现形式上，刑法对于实体物品中的淫秽物品的规定包括书刊、影片、录像带、录音带、图片以及其他淫秽物品。这些列举项中，除了“其他淫秽物品”以外，基本都是实体物品。何谓“其他淫秽物品”？刑法条文并没有直接给出其种类。从司法实践具体表现来看，刑法中规定的淫秽物品完全可能不仅仅限于实体物品形式的淫秽物品。这一认识也在有关司法解释中得到了支持。《最高人民法院、最高人民检察院关于办理利用互联网、移动通讯终端、声讯台制作、复制、出版、贩卖、传播淫秽电子信息刑事案件具体应用法律若干问题的解释》第9条规定：“刑法第三百六十七条第一款规定的‘其他淫秽物品’，包括具体描绘性行为或者露骨宣扬色情的诲淫性的视频文件、音频文件、电子刊物、图片、文章、短信息等互联网、移动通讯终端电子信息和声讯台语音信息。有关人体生理、医学知识的电子信息和声讯台语音信息不是淫秽物品。包含色情内容的有艺术价值的电子文学、艺术作品不视为淫秽物品。”根据该解释，有详细地、具体地描述性行为，有比较明显地宣扬色情的诲淫性网络视频或者虚拟网络的信息也都是淫秽物品。在互联网飞速发展和新传媒涌现的今天，这种解释，也满足了时代发展、司法实践的需要。

2. 客观要件。制作、复制、出版、贩卖、传播淫秽物品牟利罪的客观方面表现为行为人实施了制作、复制、出版、贩卖、传播淫秽物品的行为。

（1）制作淫秽物品的行为。制作淫秽物品，是指通过某种方式利用某种有形形式带有创作性地导致淫秽物品产生乃至可见之于世的行为。制作淫秽物品的行为有四个要素：一是行为带有创作性或者原创性。淫秽物品可以看作行为人的作品，行为人将一定的想法、观念或情感通过构思、取舍、选择、安排、设计或者组合在淫秽物品中表现出来。因而淫秽物品所具有的“诲淫性”特征，即是行为人在制作中的主观见之于客观的过程，是一种严重违背社会道德、破坏社会管理秩序的创作行为。二是通过某种方式，利用某种手段如编写、摄制、绘制、雕刻、研制设计等，制作不同的淫秽物品。会因其载体不同或者物质形式不同而有其特殊手段。如制作淫具，就可能有设计、研制、试验、组装、生产等一系列行为方式。三是利用某种有形形式，即要有一定的载体或某种淫秽物品是一种实物。有形形式包括：文字形式，如书刊、报纸，以及剧本等；绘画形式，如图片；音像形式，如电影、视频；摄影形式，如照片、电视、录像、录音，国际互联网也可看作这一形式；实物形式，如雕塑、淫具、淫药等。淫秽物品具有有形形式，使之与非有形形式的淫秽行为，宣扬淫秽内容的口头作品区分开来，这也有利于正确界定罪与非罪，以及和其他罪的界限。四是制作行为能够产生一定的结果，即淫秽物品可能地或现实地被产生出来，见之于世。这也是行为人制作行为所追求的，因而也就与单纯地停留在意识活动范畴的构思、揣摩区分开来，对于后者是不能认为是犯罪的。

（2）复制淫秽物品的行为。复制淫秽物品，是指对已有的淫秽物品进行仿造或重复制作，使之再现。复制的形式主要是指印刷、复印、临摹、拓印、录像、翻录、翻拍等将某一物品制作多份的行为。复制淫秽物品的特征表现为：一是复制行为没有原创性或创造性。即行为人是对已有的淫秽物品进行仿造，而该淫秽物品可能是别人创作出来的或行为人已经创作出来的。例如翻录淫秽视频，就是利用一定的设备将已有的淫秽内容转录下来。行为没有原创性或创作性是复制行为最显著的特征，从而将其与本罪中的制作淫秽物品的行为区分开来。二是复制行为往往具有重复性。即行为人利用同一方式或者运用几种方式将已有的淫秽物品仿造为多个。这也是复制行为危害性的集中表现，行为人利用某种复制手段将淫秽物品的数量增多，为其广泛散播创造了可能。

（3）出版淫秽物品的行为。出版淫秽物品的行为，是指出版单位以合法名义编辑、印刷、发行淫秽书刊、图片和音像制品。出版淫秽物品的特征主要表现在以下三个方面：一是行为主体是出版单位。即经国家出版管理部门审批登记，经所在地工商行政管理机关注册并领取了营业执照的出版单位，如各类出版社、杂志社、报社、音像出版社等。在我国，除国家批准的出版单位外，任何单位和个人不得出版在社会上公开发行的图书、报刊、音像出版物。因此，如果不是出版单位的其他单位、个人制作、发行淫秽书刊和音像制品，则应区分不同情形视为制作行为或复制行为。二是出版淫秽物品须以合法名义。出版单位在社会上公开发行出版物，是国家正式批准的，即享有合法的行政许可，因而其出版淫秽物品形式上是合法的，如具有国家统一的书号，其发行、流传也是公开的。当然，并不能因为其出版行为具有合法名义而否认其实质的违法，因而以合法名义出版的淫秽书刊、音像制品也是非法出版物，这与非出版单位和某些个人印制、发行淫秽出版物的行为没有什么本质上的不同，即都是为国家法律所禁止的。三是出版的淫秽物品限于出版物，即限于文字型、绘画型、摄影型、音像型淫秽物品，而对实物型淫秽物品则无所谓“出版”，例如，淫秽的雕塑可能由制作工艺美术品的单位制作、复制，但其将之推向社会则不能认为是出版。

（4）贩卖淫秽物品的行为。贩卖淫秽物品的行为，是指向特定的人或不特定的人有偿转让淫秽物品的行为。主要包括出售和交换两种方式。理解和掌握贩卖淫秽物品的行为应注意以下四个方面：一是贩卖淫秽物品的行为，直接以获得现实的对价为目的。二是贩卖淫秽物品行为的对象是特定的或不特定的人。对特定的人的贩卖行为，表现为行为人与该特定人具有较为固定的或长期的交易关系，如批发淫秽物品；对不特定人的贩卖行为，表现为行为人非固定性地向他人有偿转让淫秽物品，如零售淫秽物品。显然后者较前者具有更强的直接性和扩散性。三是贩卖淫秽物品的贩卖以转移占有为必要。从贩卖淫秽物品牟利罪所保护的法益出发，在贩卖淫秽物品行为中，只有当淫秽物品转移占有，即完成了实际的交付，对社会性风俗环境才具有紧迫的现实危险性，也就是说侵害法益的程度到了应予以规制的地步。另外，从贩卖的词义出发，贩卖虽然有买与卖两种指向，但是逻辑的最终结果是卖，自然应当以淫秽物品转移占有，买方买入为必要。四是贩卖并不以先买进再卖出为必要。首先，贩卖淫秽物品牟利的行为之所以构成对法益的侵害，是因为其让淫秽物品这一为整体社会所不接受，严格意义上是将不被公开接受的东西处于流通的状态。虽然买入与卖出均会使流通成为可能，但是法律并不禁止单纯买入的行为，也就是说，单纯的买入并不构成对法益的侵害，而卖出却不同，它是引发流通的第一步，这一步直接导致了淫秽物品的流通，是淫秽物品流通的直接原因，所以，对贩卖淫秽物品牟利罪中贩卖的理解应当偏重卖，而非买，也就是并不意味着贩卖要先买后卖。其次，贩卖以卖出为目的，买入只是实现目的的手段，也只有卖出其营利的目的才能实现，卖出是贩卖的最终逻辑指向，贩卖并不意味着先买入再卖出，这也并没有超出贩卖语义所涵盖的范围。所以，贩卖行为应包括先买入后卖出的行为，也包括没有买入的单纯出卖行为。

（5）传播淫秽物品的行为。传播淫秽物品的行为，是指以公开的或半公开的方式在一定范围内广泛散布淫秽物品的行为。传播淫秽物品的特征主要有：一是相对公开性。即在一定的范围内不加隐蔽地向多数人散布。二是扩散性。即行为人利用同一个或同一种淫秽物品反复地、多次地向多数人散布。三是广泛性。即传播行为作用的范围是很广泛的，尤其本罪中行为人是以牟利为目的，其为牟利必然尽可能地扩大传播面以赚取高额利润。四是方式的多样性。具体方式包括播放、出租、出借、承运、邮寄、携带等。播放，一般指对音像型淫秽物品的传播，如播放淫秽录像、视频等；出租，指收取一定的租金，让别人暂时使用淫秽物品，如出租淫秽书刊，出租淫秽录像带或激光视盘；出借，指将淫秽物品借出以换取相应的对价，如出借淫具；承运，即代为运输；邮寄，指通过邮电、物流、快递等途径传递；携带，指随身持有淫秽物品。

近年来，随着互联网的普及以及移动智能手机等移动互联网终端的飞速发展，一些不法分子利用互联网及移动互联网和终端传播淫秽电子信息，其社会危害性更大且犯罪手段隐蔽，是一种新的传播方式。互联网、移动通讯终端实施的“传播”更多的是指将淫秽电子信息发送、张贴给他人或公众，以扩大淫秽电子信息的影响范围。《最高人民法院、最高人民检察院关于办理利用互联网移动通讯终端、声讯台制作、复制、出版、贩卖、传播淫秽电子信息刑事案件具体应用法律若干问题的解释》对于传播的定义包含以下两种情况：其一是虚拟淫秽物品的传播，就是通过建立黄色网站、网页以及链接让不特定的或较大范围的网络用户接收、观看或浏览黄色视频、图片的行为；其二是实际淫秽物品的传播，即通过出售、赠与等方式使淫秽物品流向他人或群体的行为。该解释说明了网络中哪些行为属于传播淫秽物品的行为。这些传播行为具体有：展览、播放、出租、出借、发表、运输、携带、邮寄及利用计算机网络技术等。

3. 主体要件。制作、复制、出版、贩卖、传播淫秽物品牟利罪侵犯的主体是一般主体，凡达到刑事责任年龄、具有刑事责任能力的自然人只要实施了制作、复制、出版、贩卖、传播淫秽物品的行为，都构成本罪的主体。企业、事业单位、国家机关、社会团体如果实施了制作、复制、出版、贩卖、传播淫秽物品的行为，亦构成本罪的主体。单位犯本罪的，对其直接负责的主管人员和其他直接责任人员，依照本条的规定处罚，并对单位判处罚金。

4. 主观要件。制作、复制、出版、贩卖、传播淫秽物品牟利罪的主观方面表现为直接故意，即行为人（包括单位）知道或者应当知道是淫秽物品而进行制作、复制、出版、贩卖、传播并且具有牟利的主观意愿。本罪判定是否“明知”，首先，要确认相关行为人是否存在义务，如互联网信息服务的提供者有义务阻止和制止淫秽信息的传播，他们应当通过技术手段履行这种禁止传播义务。其次，对犯罪故意的认定，也就是细化不履行作为义务对犯罪后果的影响判定，主要是依据淫秽物品、色情内容的违法程度。如果互联网信息传播者传播的信息违法性明显，即对犯罪后果产生了直接的影响，那么其主观恶性程度使得犯罪故意达到了判处该罪的标准。另外，当认定犯罪的正当性依据不充分时，尽管互联网信息传播者有注意或者检查其所传播信息合法性的义务，但是淫秽信息、色情内容隐蔽不容易被发现，或者履行该义务会导致网站或软件运营受到损失、阻碍等不利影响，那么其主观恶性程度相对比较低，犯罪故意不明显。

行为人在实施本罪的制作、复制、出版、贩卖、传播淫秽物品的犯罪行为时还必须以牟利为目的，这是本罪不可或缺的主观因素。只要有此目的，无论是否获利、获利多少均不影响构成本罪。从立法的角度来看，构成本罪最为关键的不是能否最终获取不法经济利益，而是只要有牟取非法金钱收入的动机，只要有牟利的想法就可以构成本罪的主观要件。并且，在主观要件中明确有牟利的意思，是符合本罪的构成要件的。不然只有传播淫秽物品的行为，主观上是出于喜好或帮助他人传播等目的，没有想要获取利益的意思，只构成传播淫秽物品罪。可以说，传播淫秽物品牟利罪着重于牟取经济利益的目的，这也是与传播淫秽物品罪的最大区别。

《最高人民法院、最高人民检察院关于办理利用互联网、移动通讯终端、声讯台制作、复制、出版、贩卖、传播淫秽电子信息刑事案件具体应用法律若干问题的解释（二）》中规定，具有下列情形之一的，应当认定行为人“明知”，但是有证据证明确实不知道的除外：（一）行政主管机关书面告知后仍然实施上述行为的；（二）接到举报后不履行法定管理职责的；（三）为淫秽网站提供互联网接入、服务器托管、网络存储空间、通讯传输通道、代收费、费用结算等服务，收取服务费明显高于市场价格的；（四）向淫秽网站投放广告，广告点击率明显异常的；（五）其他能够认定行为人明知的情形。

根据刑法第 363 条的规定：犯本罪，处三年以下有期徒刑、拘役或者管制，并处罚金；情节严重的，处三年以上十年以下有期徒刑，并处罚金；情节特别严重的，处十年以上有期徒刑或者无期徒刑，并处罚金或者没收财产。

【疑难指导】

一、网络环境下电子淫秽物品是否为刑法意义上的淫秽物品

随着互联网应用技术的发展，传播信息的成本日益减小，只要拥有一个智能手机，就能将自己打造成一个独立的传播媒介。淫秽物品传统媒介，如录影带、VCD、DVD、色情杂志等已经被互联网的新传播渠道所取代。目前，法院认定“传播淫秽物品行为”多以现行刑法第 364 条、2004 年《最高人民法院、最高人民检察院关于办理利用互联网、移动通讯终端、声讯台制作、复制、出版、贩卖、传播淫秽电子信息刑事案件具体应用法律若干问题的解释》和 2010 年《最高人民法院、最高人民检察院关于办理利用互联网、移动通讯终端、声讯台制作、复制、出版、贩卖、传播淫秽电子信息刑事案件具体应用法律若干问题的解释（二）》

为依据定罪量刑。上述两个司法解释细化规定了不同种类的淫秽物品构成。

在学术界，有学者认为，将淫秽电子信息归为淫秽物品并无法律依据，亦有学者认为，电子淫秽物品并不属于客观的物品，依据禁止类推原则，电子淫秽物品并不属于刑法意义上的淫秽物品[①]，故针对传播电子淫秽物品不应以本罪定罪量刑。传统意义上的物虽然可以直接通过人的肉眼被感知，但是随着技术的发展，人对物的感知范围越来越大。人类借助技术手段所能够感知到的物，仍可以被理解为传统意义上的物，其中也包括硬盘、磁盘、内存中的数据信息实体。基于以上理解，电子淫秽视频文件、电子格式淫秽图片以及电子淫秽文字信息都应该属于传统刑法意义上的淫秽物品，而可链接下载淫秽视频的种子文件是否属于淫秽物品却有待讨论。虽然有些法院将通过注册色情论坛会员、发帖传播可链接淫秽视频的种子文件的行为认定为传播淫秽物品的行为，但实际上可链接下载淫秽视频的种子文件本身并不是淫秽物品，而是指向淫秽视频的一个网络地址。那么从这个角度来讲，传播可链接下载淫秽视频的种子文件的行为仅属于传播淫秽物品的帮助行为，最多可以将此类行为者作为帮助犯来对待。如今，购买者在各类网盘、云空间等充值会员，或者购买淫秽视频等电子信息后，行为人将网盘或者空间的链接地址及密码发送给购买者，这种付费后收到网盘链接及密码，并由购买者进入空间或依托一定的软件对存储在网盘、云空间的淫秽视频等电子信息下载到本地电脑的行为，我们也可以参照上述传播可链接下载淫秽视频的种子文件的行为，做类似对待处理，即属于传播淫秽物品牟利罪的帮助行为。

二、网络制作、复制、出版、贩卖、传播淫秽物品牟利犯罪数量的认定

对于利用互联网、移动通讯终端制作、复制、出版、贩卖、传播淫秽视频文件、音频文件的，相关司法解释将其入罪数量单位规定为“个”，但并未对“个”的大小作出明确规定。淫秽电子信息犯罪中点击数、会员数分析也需要在司法实践中予以明确。

（一）淫秽视频、音频文件之认定

相关司法解释对淫秽电子信息数额采取了严格的形式主义，这一认定标准是

① 缑泽昆：《论淫秽电子信息不属于刑法上的淫秽物品》，载《云南大学学报》2009 年第 6 期。

有待商榷的。依据相关司法解释，只要电子信息从种类上属于电影、表演、动画等视频文件，淫秽音频，淫秽电子刊物、图片、文章、短信息，那么就应该计算成一个；而不论这些淫秽电子物品所包含淫秽信息的多少。从常理上看，图片有大小，文章、音像有长短；数万字的淫秽长篇小说，其淫秽信息的含量远远超过寥寥数语的短信息。由此看来，不论淫秽信息这一规制对象的信息含量，只偏重考量其属性从而认定数额，难免会产生实质上刑事处罚的不公平性。

采取形式解释下的实质解释方法，可尽量减少这种不公平性，是更为妥当的。进行实质解释，即不仅要看淫秽视频文件、音频文件是否满足形式要件，还必须从实质上考察淫秽文件的大小，只有当其具备相当存储内容，能反映作为淫秽视频、音频文件的严重社会危害性时才予以认定。

对于由几个片段组成的不同人物表演的淫秽视频、音频文件，是以其自然个数进行认定还是可拆分认定，亦无相关法律规定。司法实践中一般以其自然个数进行认定而不予拆分，具有妥当性。采取这种方法，理由如下：一是符合汉语习惯表达，“个”既可以是名词，也可以是代词、助词，还可以是量词。作为通用的个体量词时，表示单独的人或物。就司法解释所规定的“个”而言，是指数量。根据汉语习惯表达，“个”应当就表示整个自然意义上的视频文件或音频文件，当其中掺杂有几组不同人物表演的淫秽视频时，人们会习惯性地用“段”进行表示，因此，若将自然意义上的淫秽视频、音频文件拆分认定为数个，会违背用语习惯表达而使其超出一般的预测可能性，与刑法解释基本原理相悖。二是符合司法解释精神。“个”是网络载体，“盒”“册”“张”“副”等均是实物载体，但都是完整的淫秽物品的载体，不会因其容量大小而进行分割。

（二）“实际被点击数”“注册会员数”之认定

相关司法解释中，规定制作、复制、出版、贩卖、传播淫秽物品，按数量计算，有的是按照网站的实际被点击数，有的是会员制的，需要注册会员数达到一定数量。那么，如何认定“实际被点击数”“注册会员数”，亦是在淫秽电子信息犯罪的定罪量刑过程中应当予以明确具体界定的法律问题。

“实际被点击数”，顾名思义，应该是真实有效的点击数，即符合传播淫秽电子信息之传播含义的点击数，如果单纯仅仅从形式上查看其被点击的次数，并不符合我国刑法规定的含义，亦加重了行为人的刑事责任。“实际被点击数”应该是所显示的点击数扣除行为人自己或者共同行为人的点击数，这种点击数是基于测试、营造人气、自娱自乐等目的，并不是为了传播本身。区分网站的点击数和对淫秽电子信息的点击数，淫秽电子信息可能存在于淫秽网站上，也可能存在于普通网站的某一个页面或存储空间中。针对淫秽网站而言，将其网站点击率视为淫秽电子信息的“实际被点击数”具有一定的合理性。如果是后者，必须真实考察仅仅针对淫秽电子信息本身的点击次数。以现实生活为例，如果行为人在较短时间反复向某一特定人传播相同的唯一同种淫秽物品，一般都只会认为其传播的数量为一个而不是多个。以此类推，对网络淫秽电子物品，特定个体在较短时间内反复点击同一淫秽电子信息，也应该只计算为有效的一次点击数。目前部分网站基于营销策略，为了营造虚假繁荣的假象，往往故意将网站点击数调整为多记点击数，如真实点击一次则显示为多次点击数，此时的“实际被点击数”应该是扣除此类虚假的点击数来计算。当然，追求真实的实际的被点击数，会给司法实践中的侦查取证和司法鉴定带来很大困难，但是这样的计算点击数的方法既有利于从被告人的视角考虑，也符合罪刑法定原则的实际宗旨。

“注册会员数”从形式上看，除行为人自己或者共同行为人的注册会员之外，剩下的一般属于“注册会员数”。不过，在司法实践中，对“注册会员数”也要审慎把握，作缩小解释，即以会员制方式制作、复制、出版、贩卖、传播淫秽电子信息的行为中，所注册的会员尤其是付费制的会员才是真实有效的会员数。可以说，“注册会员数”应该是技术手段上能够核算出的真实有效的会员数。

三、网络服务商相关罪责认定

互联网中存在大量的帮助传播行为，这种帮助行为的实施者为网络服务商。网络服务商包括网络连接服务提供商和网络内容服务提供商，他们分别提供技术支持和网络服务内容。

上述行为的性质在《最高人民法院、最高人民检察院关于办理利用互联网、移动通讯终端、声讯台制作、复制、出版、贩卖、传播淫秽电子信息刑事案件具体应用法律若干问题的解释》和《最高人民法院、最高人民检察院关于办理利用互联网、移动通讯终端、声讯台制作、复制、出版、贩卖、传播淫秽电子信息刑事案件具体应用法律若干问题的解释（二）》中分别作出了不同的规定，《最高人民法院、最高人民检察院关于办理利用互联网、移动通讯终端、声讯台制作、复制、出版、贩卖、传播淫秽电子信息刑事案件具体应用法律若干问题的解释》第7条认为网络服务提供行为的性质属于帮助行为，应当按照成立共同犯罪处理。《最高人民法院、最高人民检察院关于办理利用互联网、移动通讯终端、声讯台制作、复制、出版、贩卖、传播淫秽电子信息刑事案件具体应用法律若干问题的解释（二）》第6条以网络服务提供商在提供网络服务过程中是否收取费用作为定罪和处罚依据，如果网络服务提供商在提供服务过程中收取了相关费用，就应当认定为刑法规制的传播淫秽物品牟利罪中的犯罪实行行为，应当对其处罚。司法解释的认定依据就是基于是否收取费用，收费与否决定行为的性质。

（一）网络服务技术提供行为

网络服务技术提供行为是一种支持信息在互联网传播的技术行为，即网络服务技术提供行为是一种技术支持行为。离开了网络服务提供商的技术支持，不管是健康的互联网信息还是包含淫秽内容的互联网信息都无法在互联网进行传播，网络服务技术提供行为对信息传播起到的是一种帮助作用，互联网信息不能离开技术支持而单独传播。

对于网络服务技术提供行为性质的认定应当谨慎，不应简单认定为构成犯罪，也不能轻易地排除在刑法规制的范畴，是否成立帮助犯也要谨慎分析。谨慎判断并不是绝对排除网络服务提供商的刑事责任承担。当网络服务提供商明知网络用户基于其提供的技术传播淫秽物品，或者说，网络服务提供商事后知道网络用户通过其提供的技术传播淫秽物品，仍然为网络用户提供技术支持，不履行撤销淫秽内容的义务继续放任淫秽内容在互联网传播的，此时网络服务提供商符合传播淫秽物品罪帮助犯的认定条件。

（二）网络内容提供行为

网络内容服务提供商是为网络用户提供网络信息的服务者，可通过以下两种情形构成犯罪：一是自己提供包含淫秽性信息的文件；二是提供空间，供其他网络用户发表包含淫秽信息的文件，其他人通过这个空间实施传播淫秽物品的行为。对于第一种行为，认定该行为成立犯罪比较简单，只要其符合传播淫秽物品牟利罪的犯罪构成要件，就可以对其定罪量刑。第二种行为，成立犯罪包括以下两种情况：一是网络用户在其平台发布包含淫秽信息的内容时，网络内容提供商审查后发现网络用户的行为存在明显的违法犯罪性质，但对网络用户的传播行为放任不管，或者事后得知网络用户在其平台大肆传播包含淫秽信息的内容，但网络内容提供商并没有采取措施制止网络用户的传播行为；二是网络用户通过其平台上传包含淫秽信息的内容时，网络内容提供商对传播淫秽信息行为是明知的，但网络内容提供商积极进行协调，使淫秽内容得到更广泛的传播。

互联网上还存在大量的帮助行为，如网络用户对他人在淫秽网站或者社交论坛上发布的淫秽内容进行回复的留言，这些行为有一个共同的特征，从客观来讲，不管这些发布者发布的言论对网站上的信息是支持还是否定，主观上他们对于淫秽网站的淫秽信息是明知的，那么，对于网站管理者，网络用户的留言或评价对他们是一种支持行为，即是一种帮助行为。当然，一般情况下，对于留言者或者评价者的行为以不作为犯罪处理为宜。

四、利用群传播淫秽物品牟利行为认定

某 App 是一款以为网络使用者提供通讯服务为主要业务的应用程序。某 App 群聊功能推出以来，在方便人们社交的同时，也产生了一定的危害，成为淫秽信息牟利犯罪的“新兴工具”。

近年来，犯罪分子建立专门的群组，打着“想看淫秽视频需要进专门的群”的名义引诱网民加入群，设定一定的条件，如给群主发一定数额的红包，或者为营销提出邀请一定数量以上的好友可以免费观看的条件，才可以入群观看到淫秽视频。这在司法实践中是相对常见的群传播淫秽物品牟利的行为。

也有的犯罪分子这样设定：加入群后，普通成员可以付费观看，如果再拉一定数量的人员入群，则可以升级被拉入到“VIP 群”，观看更多的时长更长、“质量更佳”的淫秽视频。这种行为使得淫秽视频信息更易扩散，群人员以及群数量都迅速增加，进而达到快速牟利的目的。

上面的利用群传播淫秽物品牟利的方式，群成员一次付费入群后在一定时间段内可以实现“一劳永逸”地观看视频。出于更大程度、更为持久稳定地进行牟利的考量，也有的犯罪分子为了便于管理，防止群成员在群内获取视频后保存下载可自行在移动端实现无限次观看，后续对已发送的视频无法再次收费的“弊端”出现，便利用技术工具，制作视频短链接，通过群成员打赏界面，保证对淫秽视频的收费观看。

当然，在以上行为的基础上，有的犯罪分子牟利目的更为明显，手段更具有推广传播性。如在每个淫秽视频链接中套有赌博、性用品广告等网站链接，不仅有淫秽视频点击率收益，更有赌博网站会员注册、性用品及保健品、假药销售等多个牟利方式，从而形成一条通过网络传播淫秽物品牟利的“黄色”产业链。

五、网络直播淫秽信息牟利行为认定

网络直播，是指由直播平台、直播者、受众三者组成，由直播平台提供技术与管理服务，以“主播—观众”互动为核心的双向交流，具有即时性的一种网络服务。网络淫秽直播，是指利用网络直播平台传播的，具有描述性行为、色情的、诲淫性的，缺乏艺术价值或者科学价值等内容信息的网络直播。

目前，我国刑法对网络淫秽直播的规制通常根据相关案件的案情，以传播淫秽物品牟利罪、传播淫秽物品罪、组织播放淫秽音像制品罪、组织淫秽表演罪以及聚众淫乱罪予以规制。

司法实务中，对利用直播平台进行无底线的淫秽表演诱惑会员给主播刷礼物进行牟利的，一般认定为组织淫秽表演罪；对利用直播平台进行播放淫秽视频诱惑会员给主播刷礼物进行牟利的，一般认为传播淫秽物品牟利罪。这是网络直播涉黄入罪中常见的两个罪名。所以要着重注意区分组织淫秽表演罪与制作、复制、出版、贩卖、传播淫秽物品牟利罪。

制作、复制、出版、贩卖、传播淫秽物品牟利罪与组织淫秽表演罪间的显著差异主要体现在以下几个方面：一是行为方式。制作、复制、出版、贩卖、传播淫秽物品牟利罪是一个选择性罪名，行为人的行为方式包括制作、复制、出版、贩卖及传播。组织淫秽表演罪的行为方式只有一种，即“组织”，是指策划、指挥、安排进行淫秽表演的行为。联系演出、雇用他人进行淫秽表演、提供进行淫秽表演的场所等行为都可以被认定为组织淫秽表演。二是行为对象。制作、复制、出版、贩卖、传播淫秽物品牟利罪的行为对象是淫秽物品，随着司法解释的出台，淫秽物品的范围由书刊、影片、录音录像带、图片等传统淫秽物品拓宽至承载淫秽信息的视频文件、音频文件、电子刊物、图片、文章、短信息等互联网、移动通讯终端电子信息和声讯台语音信息等淫秽电子信息。组织淫秽表演罪的行为对象是淫秽表演，与淫秽物品不同，淫秽表演在刑法中没有明确的定义。张明楷教授认为，“进行淫秽表演，是指露骨宣扬色情内容的表演”[①]，结合表演的基本特征，除了内容的诲淫性，淫秽表演还具有以下三个特征：动态性、实时（当场）性和公众性。三是行为目的。制作、复制、出版、贩卖、传播淫秽物品牟利罪除了故意之外还需行为人以牟利为目的，而组织淫秽表演罪的责任仅为故意，牟利并不是该罪的构成要件而是结果加重要件。

六、网络环境下制作、复制、出版、贩卖、传播淫秽物品牟利罪管辖问题

网络空间是一个虚拟的空间，主要是借助服务器以电脑或者移动通讯终端等有形物或无形物进行运转。其最大的特点也是最突出的特点就是无地域性。行为人只要有一台电脑甚至智能手机等移动通讯终端连接到网络，就可以登录想登录的网站，网站可以是国内的也可以是国外的，这就是无地域性，也可以说网络是世界性的。但恰恰是网络的这些特征，增加了网络犯罪行为地、结果地的不确定性、难以预见性。在网络犯罪日益增多的情况下，亟须调整刑事管辖的相关内容，解决网络犯罪的相关问题。

网络环境下制作、复制、出版、贩卖、传播淫秽物品牟利罪具有一定的隐蔽性，同时也需要一定的技术支持，所以传统的刑事司法管辖方式需要作出相应调整。因为网络的无地域性增加了时空的不稳定性，行为人只需要拥有能够上网的计算机或手机，就可以随时实施犯罪行为，任何地点都可能成为其犯罪的地点，如住所、商店、宾馆、单位，甚至是旅行的动车上。在现在的技术下，行为人的上网地点完全分离于网络服务器，而很多行为人将其服务器设置在国外，又在国内的数十个省份设置网络平台，使得司法人员在进行追踪时不得不联合行动。我国对网络传播淫秽物品犯罪的管辖，是以犯罪行为地、犯罪结果地为主。前者表现为只要行为人在我国境内为了牟利传播淫秽的电子信息情节严重的情形；后者表现为只要在我国境内能接收到、浏览到或下载到由其上传的淫秽电子信息，不

---

① 张明楷：《刑法学》，法律出版社 2016 年版，第 1033 页。

论行为人身在何处且情节严重的情形。

在实际的司法案件中，需要根据具体的情况，将犯罪行为地和犯罪结果地予以划分，这样做可以明确监管责任，避免出现地方间争抢管辖权或是相互推脱管辖权。同时，由于网络的无地域性也使得网络传播淫秽物品犯罪成了一种跨国犯罪，然而目前国际对“淫秽”有不同的界定，那么犯罪结果地的管辖就应当有所限制。

网络传播淫秽物品牟利的服务器可能出现在不同地区甚至是不同的国家内，那么所牵涉的地区和国家都是有管辖权的，即通过网络传输淫秽物品牟利时，所有能接收、下载的地区或国家都是本罪的犯罪结果地。

对于犯罪行为地的认定，我国相关的司法解释认为其犯罪行为所在地应该是网站所在地、行为人居住地。结合网络的特征，这里的网络所在地应该指的是该网络使用的服务器所在地，具体来说，就是以网络连接提供者所在地来确定犯罪行为地。但是随着科技的不断进步，犯罪分子的手段也在不断地改变。在大数据和网络软件的迅速发展下，网络的信息不再仅仅依靠固定的节点进行传输，而且还可以纯粹的数据传输。同时，数据传输也使得该类犯罪摆脱了空间的束缚，仅仅依靠一部智能手机，行为人就可以在任何一个地点完成淫秽物品即电子淫秽信息的传输，这又使得认定该类犯罪行为地增加了难度。部分网络平台者由于平台管理的需要，申请了国外的服务器，这样再将其服务器所在地作为行为地，就违反了实际情况。根据我国的相关法律规定，这应由网络平台提供者的住所地作为其犯罪行为地。

【办案依据】

一、刑法规定

第三百六十三条第一款　以牟利为目的，制作、复制、出版、贩卖、传播淫秽物品的，处三年以下有期徒刑、拘役或者管制，并处罚金；情节严重的，处三年以上十年以下有期徒刑，并处罚金；情节特别严重的，处十年以上有期徒刑或者无期徒刑，并处罚金或者没收财产。

第三百六十六条　单位犯本节第三百六十三条、第三百六十四条、第三百六十五条规定之罪的，对单位判处罚金，并对其直接负责的主管人员和其他直接责任人员，依照各该条的规定处罚。

第三百六十七条 本法所称淫秽物品，是指具体描绘性行为或者露骨宣扬色情的诲淫性的书刊、影片、录像带、录音带、图片及其他淫秽物品。

有关人体生理、医学知识的科学著作不是淫秽物品。

包含有色情内容的有艺术价值的文学、艺术作品不视为淫秽物品。

二、司法解释

（一）《最高人民法院、最高人民检察院关于办理利用互联网、移动通讯终端、声讯台制作、复制、出版、贩卖、传播淫秽电子信息刑事案件具体应用法律若干问题的解释（二）》（2010年2月2日，法释〔2010〕3号）（节选）

第一条 以牟利为目的，利用互联网、移动通讯终端制作、复制、出版、贩卖、传播淫秽电子信息的，依照《最高人民法院、最高人民检察院关于办理利用互联网、移动通讯终端、声讯台制作、复制、出版、贩卖、传播淫秽电子信息刑事案件具体应用法律若干问题的解释》第一条、第二条的规定定罪处罚。

以牟利为目的，利用互联网、移动通讯终端制作、复制、出版、贩卖、传播内容含有不满十四周岁未成年人的淫秽电子信息，具有下列情形之一的，依照刑法第三百六十三条第一款的规定，以制作、复制、出版、贩卖、传播淫秽物品牟利罪定罪处罚：

（一）制作、复制、出版、贩卖、传播淫秽电影、表演、动画等视频文件十个以上的；

（二）制作、复制、出版、贩卖、传播淫秽音频文件五十个以上的；

（三）制作、复制、出版、贩卖、传播淫秽电子刊物、图片、文章等一百件以上的；

（四）制作、复制、出版、贩卖、传播的淫秽电子信息，实际被点击数达到五千次以上的；

（五）以会员制方式出版、贩卖、传播淫秽电子信息，注册会员达一百人以上的；

（六）利用淫秽电子信息收取广告费、会员注册费或者其他费用，违法所得五千元以上的；

（七）数量或者数额虽未达到第（一）项至第（六）项规定标准，但分别达到其中两项以上标准一半以上的；

（八）造成严重后果的。

实施第二款规定的行为，数量或者数额达到第二款第（一）项至第（七）项规定标准五倍以上的，应当认定为刑法第三百六十三条第一款规定的“情节严重”；达到规定标准二十五倍以上的，应当认定为“情节特别严重”。

第四条　以牟利为目的，网站建立者、直接负责的管理者明知他人制作、复制、出版、贩卖、传播的是淫秽电子信息，允许或者放任他人在自己所有、管理的网站或者网页上发布，具有下列情形之一的，依照刑法第三百六十三条第一款的规定，以传播淫秽物品牟利罪定罪处罚：

（一）数量或者数额达到第一条第二款第（一）项至第（六）项规定标准五倍以上的；

（二）数量或者数额分别达到第一条第二款第（一）项至第（六）项两项以上标准二倍以上的；

（三）造成严重后果的。

实施前款规定的行为，数量或者数额达到第一条第二款第（一）项至第（七）项规定标准二十五倍以上的，应当认定为刑法第三百六十三条第一款规定的“情节严重”；达到规定标准一百倍以上的，应当认定为“情节特别严重”。

第六条　电信业务经营者、互联网信息服务提供者明知是淫秽网站，为其提供互联网接入、服务器托管、网络存储空间、通讯传输通道、代收费等服务，并收取服务费，具有下列情形之一的，对直接负责的主管人员和其他直接责任人员，依照刑法第三百六十三条第一款的规定，以传播淫秽物品牟利罪定罪处罚：

（一）为五个以上淫秽网站提供上述服务的；

（二）为淫秽网站提供互联网接入、服务器托管、网络存储空间、通讯传输通道等服务，收取服务费数额在二万元以上的；

（三）为淫秽网站提供代收费服务，收取服务费数额在五万元以上的；

（四）造成严重后果的。

实施前款规定的行为，数量或者数额达到前款第（一）项至第（三）项规定标准五倍以上的，应当认定为刑法第三百六十三条第一款规定的“情节严重”；达到规定标准二十五倍以上的，应当认定为“情节特别严重”。

第七条 明知是淫秽网站，以牟利为目的，通过投放广告等方式向其直接或者间接提供资金，或者提供费用结算服务，具有下列情形之一的，对直接负责的主管人员和其他直接责任人员，依照刑法第三百六十三条第一款的规定，以制作、复制、出版、贩卖、传播淫秽物品牟利罪的共同犯罪处罚：

（一）向十个以上淫秽网站投放广告或者以其他方式提供资金的；

（二）向淫秽网站投放广告二十条以上的；

（三）向十个以上淫秽网站提供费用结算服务的；

（四）以投放广告或者其他方式向淫秽网站提供资金数额在五万元以上的；

（五）为淫秽网站提供费用结算服务，收取服务费数额在二万元以上的；

（六）造成严重后果的。

实施前款规定的行为，数量或者数额达到前款第（一）项至第（五）项规定标准五倍以上的，应当认定为刑法第三百六十三条第一款规定的“情节严重”；达到规定标准二十五倍以上的，应当认定为“情节特别严重”。

第八条 实施第四条至第七条规定的行为，具有下列情形之一的，应当认定行为人“明知”，但是有证据证明确实不知道的除外：

（一）行政主管机关书面告知后仍然实施上述行为的；

（二）接到举报后不履行法定管理职责的；

（三）为淫秽网站提供互联网接入、服务器托管、网络存储空间、通讯传输通道、代收费、费用结算等服务，收取服务费明显高于市场价格的；

（四）向淫秽网站投放广告，广告点击率明显异常的；

（五）其他能够认定行为人明知的情形。

第九条 一年内多次实施制作、复制、出版、贩卖、传播淫秽电子信息行为未经处理，数量或者数额累计计算构成犯罪的，应当依法定罪处罚。

第十条 单位实施制作、复制、出版、贩卖、传播淫秽电子信息犯罪的，依照《中华人民共和国刑法》、《最高人民法院、最高人民检察院关于办理利用互联网、移动通讯终端、声讯台制作、复制、出版、贩卖、传播淫秽电子信息刑事案件具体应用法律若干问题的解释》和本解释规定的相应个人犯罪的定罪量刑标准，对直接负责的主管人员和其他直接责任人员定罪处罚，并对单位判处罚金。

第十一条 对于以牟利为目的，实施制作、复制、出版、贩卖、传播淫秽电子信息犯罪的，人民法院应当综合考虑犯罪的违法所得、社会危害性等情节，依法判处罚金或者没收财产。罚金数额一般在违法所得的一倍以上五倍以下。

第十二条 《最高人民法院、最高人民检察院关于办理利用互联网、移动通讯终端、声讯台制作、复制、出版、贩卖、传播淫秽电子信息刑事案件具体应用法律若干问题的解释》和本解释所称网站，是指可以通过互联网域名、IP 地址等方式访问的内容提供站点。

以制作、复制、出版、贩卖、传播淫秽电子信息为目的建立或者建立后主要从事制作、复制、出版、贩卖、传播淫秽电子信息活动的网站，为淫秽网站。

第十三条 以前发布的司法解释与本解释不一致的，以本解释为准。

（二）《最高人民法院、最高人民检察院关于利用网络云盘制作、复制、贩卖、传播淫秽电子信息牟利行为定罪量刑问题的批复》（2017 年 11 月 22 日，法释〔2017〕19 号）

近来，部分高级人民法院、省级人民检察院就如何对利用网络云盘制作、复制、贩卖、传播淫秽电子信息牟利行为定罪量刑的问题提出请示。经研究，批复如下：

一、对于以牟利为目的，利用网络云盘制作、复制、贩卖、传播淫秽电子信息的行为，是否应当追究刑事责任，适用刑法和《最高人民法院、最高人民检察院关于办理利用互联网、移动通讯终端、声讯台制作、复制、出版、贩卖、传播淫秽电子信息刑事案件具体应用法律若干问题的解释》（法释〔2004〕11 号）、《最高人民法院、最高人民检察院关于办理利用互联网、移动通讯终端、声讯台制作、复制、出版、贩卖、传播淫秽电子信息刑事案件具体应用法律若干问题的解释（二）》（法释〔2010〕3 号）的有关规定。

二、对于以牟利为目的，利用网络云盘制作、复制、贩卖、传播淫秽电子信息的行为，在追究刑事责任时，鉴于网络云盘的特点，不应单纯考虑制作、复制、贩卖、传播淫秽电子信息的数量，还应充分考虑传播范围、违法所得、行为人一贯表现以及淫秽电子信息、传播对象是否涉及未成年人等情节，综合评估社会危害性，恰当裁量刑罚，确保罪责刑相适应。

此复。

（三）《最高人民法院、最高人民检察院关于办理利用互联网、移动通讯终端、声讯台制作、复制、出版、贩卖、传播淫秽电子信息刑事案件具体应用法律若干问题的解释》（2004年9月3日，法释〔2004〕11号）（节选）

第一条 以牟利为目的，利用互联网、移动通讯终端制作、复制、出版、贩卖、传播淫秽电子信息，具有下列情形之一的，依照刑法第三百六十三条第一款的规定，以制作、复制、出版、贩卖、传播淫秽物品牟利罪定罪处罚：

（一）制作、复制、出版、贩卖、传播淫秽电影、表演、动画等视频文件二十个以上的；

（二）制作、复制、出版、贩卖、传播淫秽音频文件一百个以上的；

（三）制作、复制、出版、贩卖、传播淫秽电子刊物、图片、文章、短信息等二百件以上的；

（四）制作、复制、出版、贩卖、传播的淫秽电子信息，实际被点击数达到一万次以上的；

（五）以会员制方式出版、贩卖、传播淫秽电子信息，注册会员达二百人以上的；

（六）利用淫秽电子信息收取广告费、会员注册费或者其他费用，违法所得一万元以上的；

（七）数量或者数额虽未达到第（一）项至第（六）项规定标准，但分别达到其中两项以上标准一半以上的；

（八）造成严重后果的。

利用聊天室、论坛、即时通信软件、电子邮件等方式，实施第一款规定行为的，依照刑法第三百六十三条第一款的规定，以制作、复制、出版、贩卖、传播淫秽物品牟利罪定罪处罚。

第二条 实施第一条规定的行为，数量或者数额达到第一条第一款第（一）

项至第（六）项规定标准五倍以上的，应当认定为刑法第三百六十三条第一款规定的“情节严重”；达到规定标准二十五倍以上的，应当认定为“情节特别严重”。

第四条　明知是淫秽电子信息而在自己所有、管理或者使用的网站或者网页上提供直接链接的，其数量标准根据所链接的淫秽电子信息的种类计算。

第五条　以牟利为目的，通过声讯台传播淫秽语音信息，具有下列情形之一的，依照刑法第三百六十三条第一款的规定，对直接负责的主管人员和其他直接责任人员以传播淫秽物品牟利罪定罪处罚：

（一）向一百人次以上传播的；

（二）违法所得一万元以上的；

（三）造成严重后果的。

实施前款规定行为，数量或者数额达到前款第（一）项至第（二）项规定标准五倍以上的，应当认定为刑法第三百六十三条第一款规定的“情节严重”；达到规定标准二十五倍以上的，应当认定为“情节特别严重”。

第六条　实施本解释前五条规定的犯罪，具有下列情形之一的，依照刑法第三百六十三条第一款、第三百六十四条第一款的规定从重处罚：

（一）制作、复制、出版、贩卖、传播具体描绘不满十八周岁未成年人性行为的淫秽电子信息的；

（二）明知是具体描绘不满十八周岁的未成年人性行为的淫秽电子信息而在自己所有、管理或者使用的网站或者网页上提供直接链接的；

（三）向不满十八周岁的未成年人贩卖、传播淫秽电子信息和语音信息的；

（四）通过使用破坏性程序、恶意代码修改用户计算机设置等方法，强制用户访问、下载淫秽电子信息的。

第七条　明知他人实施制作、复制、出版、贩卖、传播淫秽电子信息犯罪，为其提供互联网接入、服务器托管、网络存储空间、通讯传输通道、费用结算等帮助的，对直接负责的主管人员和其他直接责任人员，以共同犯罪论处。

第八条　利用互联网、移动通讯终端、声讯台贩卖、传播淫秽书刊、影片、录像带、录音带等以实物为载体的淫秽物品的，依照《最高人民法院关于审理非法出版物刑事案件具体应用法律若干问题的解释》的有关规定定罪处罚。

第九条 刑法第三百六十七条第一款规定的“其他淫秽物品”，包括具体描绘性行为或者露骨宣扬色情的诲淫性的视频文件、音频文件、电子刊物、图片、文章、短信息等互联网、移动通讯终端电子信息和声讯台语音信息。

有关人体生理、医学知识的电子信息和声讯台语音信息不是淫秽物品。包含色情内容的有艺术价值的电子文学、艺术作品不视为淫秽物品。

（四）《最高人民法院关于审理非法出版物刑事案件具体应用法律若干问题的解释》（1998年12月17日，法释〔1998〕30号）（节选）

第八条 以牟利为目的，实施刑法第三百六十三条第一款规定的行为，具有下列情形之一的，以制作、复制、出版、贩卖、传播淫秽物品牟利罪定罪处罚：

（一）制作、复制、出版淫秽影碟、软件、录像带五十至一百张（盒）以上，淫秽音碟、录音带一百至二百张（盒）以上，淫秽扑克、书刊、画册一百至二百副（册）以上，淫秽照片、画片五百至一千张以上的；

（二）贩卖淫秽影碟、软件、录像带一百至二百张（盒）以上，淫秽音碟、录音带二百至四百张（盒）以上，淫秽扑克、书刊、画册二百至四百副（册）以上，淫秽照片、画片一千至二千张以上的；

（三）向他人传播淫秽物品达二百至五百人次以上，或者组织播放淫秽影、像达十至二十场次以上的；

（四）制作、复制、出版、贩卖、传播淫秽物品，获利五千至一万元以上的。

以牟利为目的，实施刑法第三百六十三条第一款规定的行为，具有下列情形之一的，应当认定为制作、复制、出版、贩卖、传播淫秽物品牟利罪“情节严重”：

（一）制作、复制、出版淫秽影碟、软件、录像带二百五十至五百张（盒）以上，淫秽音碟、录音带五百至一千张（盒）以上，淫秽扑克、书刊、画册五百至一千副（册）以上，淫秽照片、画片二千五百至五千张以上的；

（二）贩卖淫秽影碟、软件、录像带五百至一千张（盒）以上，淫秽音碟、录音带一千至二千张（盒）以上，淫秽扑克、书刊、画册一千至二千副（册）以上，淫秽照片、画片五千至一万张以上的；

（三）向他人传播淫秽物品达一千至二千人次以上，或者组织播放淫秽影、像达五十至一百场次以上的；

（四）制作、复制、出版、贩卖、传播淫秽物品，获利三万至五万元以上的。

以牟利为目的，实施刑法第三百六十三条第一款规定的行为，其数量（数额）达到前款规定的数量（数额）五倍以上的，应当认定为制作、复制、出版、贩卖、传播淫秽物品牟利罪“情节特别严重”。

第九条 为他人提供书号、刊号，出版淫秽书刊的，依照刑法第三百六十三条第二款的规定，以为他人提供书号出版淫秽书刊罪定罪处罚。

为他人提供版号，出版淫秽音像制品的，依照前款规定定罪处罚。

明知他人用于出版淫秽书刊而提供书号、刊号的，依照刑法第三百六十三条第一款的规定，以出版淫秽物品牟利罪定罪处罚。

第十六条 出版单位与他人事前通谋，向其出售、出租或者以其他形式转让该出版单位的名称、书号、刊号、版号，他人实施本解释第二条、第四条、第八条、第九条、第十条、第十一条规定的行为，构成犯罪的，对该出版单位应当以共犯论处。

第十七条 本解释所称“经营数额”，是指以非法出版物的定价数额乘以行为人经营的非法出版物数量所得的数额。

本解释所称“违法所得数额”，是指获利数额。

非法出版物没有定价或者以境外货币定价的，其单价数额应当按照行为人实际出售的价格认定。

第十八条 各省、自治区、直辖市高级人民法院可以根据本地的情况和社会治安状况，在本解释第八条、第十条、第十二条、第十三条规定的有关数额、数量标准的幅度内，确定本地执行的具体标准，并报最高人民法院备案。

三、司法文件

《最高人民检察院、公安部关于公安机关管辖的刑事案件立案追诉标准的规定（一）》（2008年6月25日，公通字〔2008〕36号）（节选）

第八十二条 【制作、复制、出版、贩卖、传播淫秽物品牟利案（刑法第三百六十三条第一款、第二款）】 以牟利为目的，制作、复制、出版、贩卖、传播淫秽物品，涉嫌下列情形之一的，应予立案追诉：

（一）制作、复制、出版淫秽影碟、软件、录像带五十至一百张（盒）以上，淫秽音碟、录音带一百至二百张（盒）以上，淫秽扑克、书刊、画册一百至二百副（册）以上，淫秽照片、画片五百至一千张以上的；

（二）贩卖淫秽影碟、软件、录像带一百至二百张（盒）以上，淫秽音碟、录音带二百至四百张（盒）以上，淫秽扑克、书刊、画册二百至四百副（册）以上，淫秽照片、画片一千至二千张以上的；

（三）向他人传播淫秽物品达二百至五百人次以上，或者组织播放淫秽影、像达十至二十场次以上的；

（四）制作、复制、出版、贩卖、传播淫秽物品，获利五千至一万元以上的。

以牟利为目的，利用互联网、移动通讯终端制作、复制、出版、贩卖、传播淫秽电子信息，涉嫌下列情形之一的，应予立案追诉：

（一）制作、复制、出版、贩卖、传播淫秽电影、表演、动画等视频文件二十个以上的；

（二）制作、复制、出版、贩卖、传播淫秽音频文件一百个以上的；

（三）制作、复制、出版、贩卖、传播淫秽电子刊物、图片、文章、短信息等二百件以上的；

（四）制作、复制、出版、贩卖、传播的淫秽电子信息，实际被点击数达到一万次以上的；

（五）以会员制方式出版、贩卖、传播淫秽电子信息，注册会员达二百人以上的；

（六）利用淫秽电子信息收取广告费、会员注册费或者其他费用，违法所得一万元以上的；

（七）数量或者数额虽未达到本款第（一）项至第（六）项规定标准，但分别达到其中两项以上标准的百分之五十以上的；

（八）造成严重后果的。

利用聊天室、论坛、即时通信软件、电子邮件等方式，实施本条第二款规定行为的，应予立案追诉。

以牟利为目的，通过声讯台传播淫秽语音信息，涉嫌下列情形之一的，应予立案追诉：

（一）向一百人次以上传播的；

（二）违法所得一万元以上的；

（三）造成严重后果的。

明知他人用于出版淫秽书刊而提供书号、刊号的，应予立案追诉。

四、其他法规

（一）《出版管理条例》（2020年11月29日）（节选）

第二十五条 任何出版物不得含有下列内容：

（一）反对宪法确定的基本原则的；

（二）危害国家统一、主权和领土完整的；

（三）泄露国家秘密、危害国家安全或者损害国家荣誉和利益的；

（四）煽动民族仇恨、民族歧视，破坏民族团结，或者侵害民族风俗、习惯的；

（五）宣扬邪教、迷信的；

（六）扰乱社会秩序，破坏社会稳定的；

（七）宣扬淫秽、赌博、暴力或者教唆犯罪的；

（八）侮辱或者诽谤他人，侵害他人合法权益的；

（九）危害社会公德或者民族优秀文化传统的；

（十）有法律、行政法规和国家规定禁止的其他内容的。

第六十二条 有下列行为之一，触犯刑律的，依照刑法有关规定，依法追究刑事责任；尚不够刑事处罚的，由出版行政主管部门责令限期停业整顿，没收出版物、违法所得，违法经营额1万元以上的，并处违法经营额5倍以上10倍以下的罚款；违法经营额不足1万元的，可以处5万元以下的罚款；情节严重的，由原发证机关吊销许可证：

（一）出版、进口含有本条例第二十五条、第二十六条禁止内容的出版物的；

（二）明知或者应知出版物含有本条例第二十五条、第二十六条禁止内容而印刷或者复制、发行的；

（三）明知或者应知他人出版含有本条例第二十五条、第二十六条禁止内容的出版物而向其出售或者以其他形式转让本出版单位的名称、书号、刊号、版号、版面，或者出租本单位的名称、刊号的。

（二）《音像制品管理条例》（2020年11月29日）（节选）

第三条 出版、制作、复制、进口、批发、零售、出租音像制品，应当遵守宪法和有关法律、法规，坚持为人民服务和为社会主义服务的方向，传播有益于经济发展和社会进步的思想、道德、科学技术和文化知识。

音像制品禁止载有下列内容：

（一）反对宪法确定的基本原则的；

（二）危害国家统一、主权和领土完整的；

（三）泄露国家秘密、危害国家安全或者损害国家荣誉和利益的；

（四）煽动民族仇恨、民族歧视，破坏民族团结，或者侵害民族风俗、习惯的；

（五）宣扬邪教、迷信的；

（六）扰乱社会秩序，破坏社会稳定的；

（七）宣扬淫秽、赌博、暴力或者教唆犯罪的；

（八）侮辱或者诽谤他人，侵害他人合法权益的；

（九）危害社会公德或者民族优秀文化传统的；

（十）有法律、行政法规和国家规定禁止的其他内容的。

第四十条 出版含有本条例第三条第二款禁止内容的音像制品，或者制作、复制、批发、零售、出租、放映明知或者应知含有本条例第三条第二款禁止内容的音像制品的，依照刑法有关规定，依法追究刑事责任；尚不够刑事处罚的，由出版行政主管部门、公安部门依据各自职权责令停业整顿，没收违法经营的音像制品和违法所得；违法经营额1万元以上的，并处违法经营额5倍以上10倍以下的罚款；违法经营额不足1万元的，可以处5万元以下的罚款；情节严重的，并由原发证机关吊销许可证。

第二章 为他人提供书号出版淫秽书刊罪

【立案追诉标准】

为他人提供书号出版淫秽书刊案（刑法第363条第2款）

为他人提供书号、刊号出版淫秽书刊，或者为他人提供版号出版淫秽音像制品的，应予立案追诉。

《最高人民检察院、公安部关于公安机关管辖的刑事案件立案追诉标准的规定（一）》（2008年6月25日，公通字〔2008〕36号）

【犯罪构成及刑事责任】

为他人提供书号出版淫秽书刊罪，是指违反国家规定，为他人提供书号、刊号，造成淫秽书刊出版的行为。构成本罪需要具备以下四个要件：

1. 客体要件。为他人提供书号出版淫秽书刊罪侵犯的客体是双重客体。首先，行为人违反国家对书号管理的规定，出卖或者向他人提供了国家标准书号，侵害国家对书刊出版的管理活动。其次，当被出卖的书号用于出版淫秽书刊时，客观上又造成了淫秽物品的广泛传播，从而又进一步侵犯了社会管理秩序。

一些出版单位为了牟取暴利，不按照国家规定，对书号申请人的身份、目的、书号的使用范围以及书稿的内容不进行认真审查，随意向他人提供书号，甚至公开出卖书号，致使淫秽书刊出版，在社会上蔓延，危害极大。对为他人提供书号出版淫秽书刊行为规定为犯罪并予以惩处，对于保证出版书刊的质量，维护正常的出版秩序，具有重要意义。

为他人提供书号出版淫秽书刊罪的对象为淫秽书刊。淫秽书刊与色情出版物不同。色情出版物是指在整体上不是淫秽的，但是其中一部分内容有淫秽的成分，对人特别是未成年人的身心健康有影响，并且缺乏艺术价值和科学价值的出版物。提供书号出版色情出版物的，只是违法行为，不构成本罪。要正确划分淫秽书刊与“夹杂淫秽内容的出版物”。所谓“夹杂淫秽内容的出版物”是指在出版物中夹杂低级庸俗，妨害社会公德，缺乏艺术或科学价值，会对青少年身心健康产生危害的内容，但尚不能定性为淫秽、色情的出版物，如描写性心理、性行为，宣传性自由、性开放的观念；具体描写腐化堕落行为，足以导致青少年效仿的；具体描写诱奸、通奸、淫乱、卖淫细节的；具体描写与性行为有关的疾病，令普通人厌恶的；等等。提供书号出版此类书刊，同样也只属于违法行为，不构成本罪。含淫秽、色情内容但具有艺术价值的文艺作品，表现人体美的美术作品，有关人体的解剖生理知识、生育知识、疾病预防和其他有关性知识、性道德自然科学和社会科学的作品等不属于淫秽、色情出版物。

2. 客观要件。为他人提供书号出版淫秽书刊罪客观方面表现为违反国家关于书号管理的各种规定，向单位或个人提供书号，造成淫秽书刊出版的行为。

书号，是指中国标准书号，由一个国际标准书号（ISBN）和一个图书分类号两部分组成。其中，国际标准书号是中国标准书号的主体，可以独立使用。国际标准书号由组号（代表出版者的国家、地理区域、语种或其他分组特征，如中国的组号为7）、出版者（代表组区内的具体出版者，如人民出版社为01）、书号名（代表某出版者出版的具体出版物）和校验位（用以检查ISBN编号转录过程中的错误）组成。图书分类号由图书所属的学校的分类号和该类号下的种次号两段组成。书号，是图书出版上市的“许可证”，任何书刊必须有书号，才可以印刷，出版发行。

我国对书号的管理是非常严格的。依照国家规定，书号在一般情况下，只能由出版机构自己使用，只有在协作出版的情况下，才允许出版机构将书号提供给他人。国家对协作出版的目的、范围、对象和条件等都有一系列的严格规定。协作出版的范围只限于学术著作、自然科学和工程技术方面的著作，协作出版的对象也只限于国家科研、教学单位、机关和国有企业事业单位，不能是集体和个人。

协作出版的书稿也要经过出版社的终审终校。

为他人提供书号出版淫秽书刊罪在客观方面不仅要求违法向他人提供书号，还要求所提供的书号必须用于出版淫秽书刊。如果出版的不是淫秽书刊，则不构成本罪，如为自己的亲友师长提供书号出版其著作（非淫秽书刊），虽然违反了有关书号的管理规定，但不构成犯罪。

3. 主体要件。为他人提供书号出版淫秽书刊罪的主体是一般主体，凡达到刑事责任年龄、具有刑事责任能力的自然人，以及单位均能成为本罪的主体。由于书号不被一般人或单位掌握，所以能够提供书号进而构成本罪的，主要为国家新闻出版单位及其工作人员。

此外，还有两种情况。一是出版社主管部门的领导指令或者变相指令将书号提供给他人；二是接受出版社提供书号的人，又将书号提供给他人用以出版淫秽书刊。

4. 主观要件。为他人提供书号出版淫秽书刊罪的主观方面表现为过失，即行为人对于其提供的书号被用于出版淫秽书刊是不明知的。即应当预见自己不依照规定对书稿质量不予审查就提供书号，或者轻信他人的介绍，不行使出版社的终审、终校权，可能会致使存在问题的淫秽书刊得以出版，却因疏忽大意没有预见或者虽有预见但却轻信能够避免，因而造成淫秽书刊得以出版的严重后果。故意不能构成本罪，如果行为人明知他人是用于出版淫秽书刊而为其提供书号，则行为人的行为构成出版淫秽书刊罪。但是，行为人对引起淫秽书刊出版的后果出于过失，而其提供书号的行为则是出于故意的。

根据刑法第 363 条第 2 款的规定：犯本罪，处三年以下有期徒刑、拘役或者管制，并处或者单处罚金；明知他人用于出版淫秽书刊而提供书号的，依照前款的规定处罚。

【疑难指导】

一、为他人提供书号出版淫秽书刊罪与非罪的区分

要划清为他人提供书号出版淫秽书刊罪与非罪的界限，需要注意：

（一）所提供的书号是否已经被用于出版淫秽书刊

这里有两个问题需要注意：一是所出版的是否为淫秽书刊，如果不是淫秽书

刊，即书刊的内容是具体描绘性行为或者露骨宣扬色情的诲淫性书刊，那么即使所出版的书刊是含有淫秽色情、凶杀、暴力、封建迷信等内容的非法出版物，也不能对行为人定为他人提供书号出版淫秽书刊罪。二是淫秽书刊是否已经出版，对于“他人”虽然准备出版淫秽书刊，但后来慑于法律、政策的威力没有付诸实施或者由于出版单位及时发现并制止，淫秽书刊因而没能出版并流入社会的，也不能对出版单位及其工作人员依本罪追究刑事责任。

（二）出版单位及其工作人员是否有过失

如果出版单位及其工作人员确实已经按照国家的规定认真审慎地审查了书号申请人的身份、目的、书号的使用范围以及书稿的内容，并且认真履行了终审、终校等职责，只是由于对方采用偷梁换柱等欺骗手段，在终审、终校完结的书稿中塞进淫秽内容，或者以移花接木的手法用淫秽书稿代替原书稿，以使淫秽书刊得以出版的，由于行为人没有过失，不构成本罪。

（三）情节是否严重

为他人提供书号出版淫秽书刊罪的罪状中没有情节严重的要求，但是根据刑法第 13 条的规定，情节显著轻微危害不大的，不认为是犯罪。所以构成本罪，应该是为他人提供书号出版淫秽书刊情节严重的行为。至于情节是否严重，应该综合考察提供书号的动机、违反出版管理规定的程度、非法获利的多少、出版淫秽书刊的数量以及在社会上造成的影响、是否因违反出版管理规定接受过处理等各个方面的情况，然后得出正确的结论。如果只是单纯以收取管理费、书号费的多少或者出版淫秽物品的数量等作为定罪量刑的依据是片面的、不科学的。

二、构成本罪不以购买书号的人构成出版淫秽物品牟利罪为必要条件

在司法实务中，在认定行为人为他人提供书号出版淫秽书刊罪时，应注意到，构成本罪不以购买书号的人构成出版淫秽物品牟利罪为必要条件。在具体的司法案件中，一般来讲，购买书号的人出版了淫秽书刊的，才追究提供书号者的刑事责任。但是，刑法并没有规定为他人提供书号出版淫秽书刊罪必须以购买书号的人构成出版淫秽物品牟利罪为必要条件。

购买书号出版淫秽书刊的人也有可能因为犯罪情节轻微不构成犯罪，但是提供书号者的犯罪情节却较重，如向多人提供书号或提供书号非法获利数额巨大的等。在以上这些情况下，即使购买书号者不构成犯罪，但是只要购买者利用该书号出版了淫秽书刊，提供书号者就可能构成犯罪。当然，对于购买者出版淫秽书刊是否构成犯罪的问题，也反映了提供书号者的行为造成的社会危害后果的大小。这对为他人提供书号出版淫秽书刊罪的行为人的量刑是有影响的，也是应当在量刑时考虑的情形。

三、为他人提供书号出版淫秽书刊罪与出版淫秽物品牟利罪的区分

根据刑法第363条第1款的规定，出版淫秽物品牟利罪是指以牟利为目的，出版淫秽物品的行为。第2款则规定了为他人提供书号出版淫秽书刊罪。为他人提供书号出版淫秽书刊罪与出版淫秽物品牟利罪规定在同一刑法条文中，两罪都涉及淫秽物品，具有一定的相似之处，但两罪的区别还是比较明显的，主要表现在如下几个方面：

（一）犯罪行为不同

为他人提供书号出版淫秽书刊罪表现为违反国家出版管理的规定向他人提供书号的行为。出版淫秽物品牟利罪则表现为出版淫秽书刊的具体行为，包括出版书刊所必需的编辑、出版、印刷三大环节的全部流程。但在行为人明知他人用于出版淫秽书刊而故意提供书号的情况下，则不需有出版淫秽书刊的具体行为亦可构成出版淫秽物品牟利罪。

（二）犯罪后果不同

为他人提供书号出版淫秽书刊罪只有在淫秽书刊出版的情况下才构成犯罪；而出版淫秽物品牟利罪无论是淫秽书刊得以出版发行，还是在出版的任何一个环节被查禁，均可构成犯罪。

（三）犯罪主体不同

为他人提供书号出版淫秽书刊罪的主体既包括单位，又包括自然人；而出版淫秽物品牟利罪的主体只能是出版单位。

（四）犯罪主观方面不同

为他人提供书号出版淫秽书刊罪是过失犯罪，主观方面必须是过失。虽然行为人提供书号的行为是“故意”的，但其对他人将其提供的书号用以出版淫秽书刊持否定态度。而出版淫秽物品牟利罪是故意犯罪，主观方面必须是故意，要求行为人对危害结果的发生采取积极追求的心理态度，而且主观上还必须具有牟利的目的。

四、为他人提供书号出版淫秽书刊罪与玩忽职守罪的区分

玩忽职守罪，是指国家机关工作人员玩忽职守，致使公共财产、国家和人民利益遭受重大损失的行为。为他人提供书号出版淫秽书刊罪与玩忽职守罪在犯罪构成上较为相似，在主观方面都只能由过失构成，客观上又都必须造成严重危害的后果。两罪的区别主要表现在以下几个方面：

（一）犯罪客体不同

为他人提供书号出版淫秽书刊罪直接破坏了正常的出版行政管理秩序。而玩忽职守罪侵犯的是国家机关的正常活动秩序。

（二）犯罪对象不同

为他人提供书号出版淫秽书刊罪的犯罪对象是淫秽书刊。玩忽职守罪的犯罪对象是“公共财产、国家和人民利益”。

（三）犯罪客观行为不同

为他人提供书号出版淫秽书刊罪的失职表现为不按照规定对书号申请人的身份、书号使用范围及书稿内容进行审查，或不认真履行终审、终校的职责，只能是不作为。玩忽职守罪的失职表现为玩忽职守，其行为表现既可以是“不作为”，也可以是“作为”。

【办案依据】

一、刑法规定

第三百六十三条第二款 为他人提供书号，出版淫秽书刊的，处三年以下有期徒刑、拘役或者管制，并处或者单处罚金；明知他人用于出版淫秽书刊而提供书号的，依照前款的规定处罚。

第三百六十六条 单位犯本节第三百六十三条、第三百六十四条、第三百六十五条规定之罪的，对单位判处罚金，并对其直接负责的主管人员和其他直接责任人员，依照各该条的规定处罚。

第三百六十七条 本法所称淫秽物品，是指具体描绘性行为或者露骨宣扬色情的诲淫性的书刊、影片、录像带、录音带、图片及其他淫秽物品。

有关人体生理、医学知识的科学著作不是淫秽物品。

包含有色情内容的有艺术价值的文学、艺术作品不视为淫秽物品。

二、司法解释

《最高人民法院关于审理非法出版物刑事案件具体应用法律若干问题的解释》（1998年12月17日，法释〔1998〕30号）（节选）

第九条　为他人提供书号、刊号，出版淫秽书刊的，依照刑法第三百六十三条第二款的规定，以为他人提供书号出版淫秽书刊罪定罪处罚。

为他人提供版号，出版淫秽音像制品的，依照前款规定定罪处罚。

明知他人用于出版淫秽书刊而提供书号、刊号的，依照刑法第三百六十三条第一款的规定，以出版淫秽物品牟利罪定罪处罚。

第十六条　出版单位与他人事前通谋，向其出售、出租或者以其他形式转让该出版单位的名称、书号、刊号、版号，他人实施本解释第二条、第四条、第八条、第九条、第十条、第十一条规定的行为，构成犯罪的，对该出版单位应当以共犯论处。

第十八条　各省、自治区、直辖市高级人民法院可以根据本地的情况和社会治安状况，在本解释第八条、第十条、第十二条、第十三条规定的有关数额、数量标准的幅度内，确定本地执行的具体标准，并报最高人民法院备案。

三、司法文件

《最高人民检察院、公安部关于公安机关管辖的刑事案件立案追诉标准的规定（一）》（2008年6月25日，公通字〔2008〕36号）（节选）

第八十三条　【为他人提供书号出版淫秽书刊案（刑法第三百六十三条第二款）】为他人提供书号、刊号出版淫秽书刊，或者为他人提供版号出版淫秽音像制品的，应予立案追诉。

四、其他法规

（一）《出版管理条例》（2020年11月29日）（节选）

第二十五条　任何出版物不得含有下列内容：

（一）反对宪法确定的基本原则的；

（二）危害国家统一、主权和领土完整的；

（三）泄露国家秘密、危害国家安全或者损害国家荣誉和利益的；

（四）煽动民族仇恨、民族歧视，破坏民族团结，或者侵害民族风俗、习惯的；

（五）宣扬邪教、迷信的；

（六）扰乱社会秩序，破坏社会稳定的；

（七）宣扬淫秽、赌博、暴力或者教唆犯罪的；

（八）侮辱或者诽谤他人，侵害他人合法权益的；

（九）危害社会公德或者民族优秀文化传统的；

（十）有法律、行政法规和国家规定禁止的其他内容的。

第六十二条 有下列行为之一，触犯刑律的，依照刑法有关规定，依法追究刑事责任；尚不够刑事处罚的，由出版行政主管部门责令限期停业整顿，没收出版物、违法所得，违法经营额1万元以上的，并处违法经营额5倍以上10倍以下的罚款；违法经营额不足1万元的，可以处5万元以下的罚款；情节严重的，由原发证机关吊销许可证：

（一）出版、进口含有本条例第二十五条、第二十六条禁止内容的出版物的；

（二）明知或者应知出版物含有本条例第二十五条、第二十六条禁止内容而印刷或者复制、发行的；

（三）明知或者应知他人出版含有本条例第二十五条、第二十六条禁止内容的出版物而向其出售或者以其他形式转让本出版单位的名称、书号、刊号、版号、版面，或者出租本单位的名称、刊号的。

（二）《音像制品管理条例》（2020年11月29日）（节选）

第三条 出版、制作、复制、进口、批发、零售、出租音像制品，应当遵守宪法和有关法律、法规，坚持为人民服务和为社会主义服务的方向，传播有益于经济发展和社会进步的思想、道德、科学技术和文化知识。

音像制品禁止载有下列内容：

（一）反对宪法确定的基本原则的；

（二）危害国家统一、主权和领土完整的；

（三）泄露国家秘密、危害国家安全或者损害国家荣誉和利益的；

（四）煽动民族仇恨、民族歧视，破坏民族团结，或者侵害民族风俗、习惯的；

（五）宣扬邪教、迷信的；

（六）扰乱社会秩序，破坏社会稳定的；

（七）宣扬淫秽、赌博、暴力或者教唆犯罪的；

（八）侮辱或者诽谤他人，侵害他人合法权益的；

（九）危害社会公德或者民族优秀文化传统的；

（十）有法律、行政法规和国家规定禁止的其他内容的。

第三十七条 出版行政主管部门或者其他有关行政部门及其工作人员，利用职务上的便利收受他人财物或者其他好处，批准不符合法定条件的申请人取得许可证、批准文件，或者不履行监督职责，或者发现违法行为不予查处，造成严重后果的，对负有责任的主管人员和其他直接责任人员依法给予降级直至开除的处分；构成犯罪的，依照刑法关于受贿罪、滥用职权罪、玩忽职守罪或者其他罪的规定，依法追究刑事责任。

第三章　传播淫秽物品罪

【立案追诉标准】

传播淫秽物品案（刑法第 364 条第 1 款）

传播淫秽的书刊、影片、音像、图片或者其他淫秽物品，涉嫌下列情形之一的，应予立案追诉：

（一）向他人传播三百至六百人次以上的；

（二）造成恶劣社会影响的。

不以牟利为目的，利用互联网、移动通讯终端传播淫秽电子信息，涉嫌下列情形之一的，应予立案追诉：

（一）数量达到本规定第八十二条第二款第（一）项至第（五）项规定标准二倍以上的；

（二）数量分别达到本规定第八十二条第二款第（一）项至第（五）项两项以上标准的；

（三）造成严重后果的。

利用聊天室、论坛、即时通信软件、电子邮件等方式，实施本条第二款规定行为的，应予立案追诉。

《最高人民检察院、公安部关于公安机关管辖的刑事案件立案追诉标准的规定（一）》（2008 年 6 月 25 日，公通字〔2008〕36 号）

【犯罪构成及刑事责任】

传播淫秽物品罪，是指不以牟利为目的，在社会上传播淫秽的书刊、影片、录像带、录音带、图片或者其他淫秽物品，情节严重的行为。构成本罪需要具备以下四个要件：

1. 客体要件。传播淫秽物品罪侵犯的客体，是国家对淫秽物品的管理秩序。在社会上传播淫秽物品对人民特别是青少年的身心健康会造成危害，也极容易诱发违法犯罪活动。依法打击在社会上传播淫秽物品的犯罪行为，对于维护社会治安，保护人民的身心健康，促进精神文明，无疑具有重要意义。

传播淫秽物品罪的对象包括各种淫秽物品，如各种淫秽的书刊、报纸、画片、影片、录像带、录音带、淫秽玩具、娱乐用品以及印刷、雕刻有淫秽文字、图案的生活用品等。传播方式既可以是直接传播淫秽物品，也可以是经过改头换面，在艺术品中故意加入淫秽情节，或者在小说中故意加入淫秽描写等。

2. 客观要件。传播淫秽物品罪客观方面表现为行为人传播淫秽的书刊、影片、音像、图片或者其他淫秽物品，情节严重的行为。

传播，即广泛散布。本罪中所指的“传播”具有以下几层含义：①传播的内容既可以是淫秽物品的淫秽内容，也可以是包含淫秽内容的淫秽物品（载体）。当然淫秽内容是不能脱离载体存在的，但在传播时可以表现为直接使被传播人接受淫秽物品记载或体现的内容，例如直接向观众播放淫秽影片、音像等情形。②传播是在一定范围进行的。传播行为通常表现为跨越一定的空间，被传播的内容往往从一点向多方向放射性地扩散，从而由一人或少数人所知悉而转为更大范围的人群所知悉。③传播对象通常为不特定或特定的多数人。向一人提供淫秽物品虽然也可称为“传播”，但除非造成严重的后果，一般不作为犯罪处理。

传播淫秽物品罪的“传播”与传播淫秽物品牟利罪的“传播”在具体方式上有所不同。例如，出租、有偿放映等以牟利即换取一定对价为目的的使用行为是不为本罪的“传播”所涵盖的。传播淫秽物品罪的传播方式包括播放、出借、运输、携带、展览、发表等。

3. 主体要件。传播淫秽物品罪侵犯的主体是一般主体，凡达到刑事责任年龄、具有刑事责任能力的自然人只要实施了传播淫秽物品的行为，就构成本罪的主体。单位传播淫秽物品的，其承担刑事责任的主体除单位外，还有其直接负责的主管人员以及其他的直接责任人员。

4. 主观要件。传播淫秽物品罪的主观方面表现为故意，但行为人不必出于牟利目的。所谓故意，即明知传播的对象是国家法律明令禁止传播的淫秽物品，仍然在社会上传播。一定的情况下，如行为人自己观看淫秽物品，对于他人围观不闻不问，因而造成恶劣影响的，即可按照本罪论处。行为人的动机可能是多种多样的，如为了使他人分享刺激或者以此讨好他人或引诱他人堕落等。过失不构成本罪，如果行为人因为工作责任心不强，粗心大意误将有淫秽内容的书刊、图片、影像等传播出去的，不能以犯罪论处。

根据刑法第364条第1款的规定：犯本罪，处二年以下有期徒刑、拘役或者管制。

【疑难指导】

一、传播淫秽物品罪与非罪的区分

（一）严格认定淫秽物品的范围

根据刑法第367条的规定精神，淫秽物品是指具体描绘性行为或者露骨宣扬色情的诲淫性的书刊、影片、录像带、录音带、图片及其他淫秽物品。有关人体生理、医学知识的科学著作不是淫秽物品。包含有色情内容的有艺术价值的文学、艺术作品不视为淫秽物品。所传播的必须是刑法意义上的淫秽物品，是构成本罪的基本条件。

（二）严格掌握传播的概念

所谓传播，主要是指播放、出借、出租、运输、携带行为。刑法意义上的传播，应该具有如下特征：

一是扩散性，或者一源多向性。传播行为表现为跨越一定的空间，被传播的内容从一点向多方向放射性地扩散。扩散性是传播的最本质属性，如个人收藏淫秽物品应不构成本罪。扩散性是指淫秽物品在一定范围内的流传和散布。其中，“一定范围内”是指多大的范围，影响着传播淫秽物品罪犯罪圈的划定，需要进行合理的解释，否则会导致处罚的范围过大或过小。如夫妻之间互传淫秽物品，尽管行为上满足了传播淫秽物品罪的客观行为要求，但是因其仅在较为私密的小范围内传播，涉及人数并不多，不具有广泛性，故类似的行为不应按照传播淫秽物品罪论述。

二是公然性。公然性在传播淫秽物品罪中的特定内涵是指，淫秽物品需要不加隐蔽地向不特定的人或多数人散布。

三是手段多样性。出借、出租、放映、陈列、播放等都属于传播淫秽物品罪中传播的多样行为方式。

（三）严格把握“情节严重”这一要件

刑法关于传播淫秽物品罪的规定要求，只有情节严重才构成犯罪。根据最高人民法院《关于审理非法出版物刑事案件具体应用法律若干问题的解释》第 10 条第 1 款规定：“向他人传播淫秽的书刊、影片、音像、图片等出版物达三百至六百人次以上或者造成恶劣社会影响的，属于‘情节严重’，依照刑法第三百六十四条第一款的规定，以传播淫秽物品罪定罪处罚。”对于没有在社会上传播，只是在家庭成员之间、亲友之间传看淫秽物品，涉及范围较窄，后果较轻的；以及偶尔在社会上传播、传播的范围较窄、人数较少，没有造成严重后果的，一般不以犯罪论处，可进行批评教育或者给予治安管理处罚。

二、传播淫秽物品罪与制作、复制、出版、贩卖、传播淫秽物品牟利罪的区分

制作、复制、出版、贩卖、传播淫秽物品牟利罪与传播淫秽物品罪都有着相同的传播淫秽物品的内容，但两罪之间也有着明显的区别。这主要表现在：传播淫秽物品罪在主观上没有以牟利为目的，而制作、复制、出版、贩卖、传播淫秽物品牟利罪必须以牟利为目的。传播淫秽物品罪作为一个罪名而独立存在，其实际意义在于弥补制作、复制、出版、贩卖、传播淫秽物品牟利罪在主观上限制过于严格的不足，使传播淫秽物品犯罪不论主观是否存在牟利目的都将受到刑罚的处罚。

三、群主不作为构成传播淫秽物品罪

某 App 是一款以为网络使用者提供通信服务为主要业务的应用程序，现已经

成为人们生活中重要的社交工具，因利用该平台传播淫秽物品而获罪已不是新鲜事。群主建群后如疏于管理，放任不管，任由群成员在群内传播淫秽物品，将以传播淫秽物品罪定罪处罚。也就是说，群主的不作为也可以构成传播淫秽物品罪。

作为义务是不作为犯罪成立的前提条件，即行为人的不作为不是单纯的什么都不做，而是违反了法律规定的应当作为却没有作为的行为。群主应该监督群内上传的信息，防止有人利用其管理下的互联网群组传播危害国家安全、诽谤他人、危害公共秩序的言论或者从事传销等违法活动。[①] 群主的管理责任不同于违法行为人的法律责任。群主的管理责任既包括服务群内成员的义务，也包括维护公共秩序的义务。

传播淫秽物品罪所要保护的法益是社会的公共管理秩序，以及国家对淫秽物品的管理秩序。该罪的根本追求是避免淫秽物品的传播。在即时通讯群组中涉及传播淫秽物品罪的体现是传播淫秽电子信息，在这类犯罪中对群主的要求是履行监督管理的作为义务。传播淫秽物品罪对于淫秽信息的管控是以数额计算的，即传播的信息未达到刑事立案追诉的规定的数额则不构成传播淫秽物品犯罪，因此群主从源头开始管控淫秽信息的传播时可以起到关键作用，当群成员开始发布淫秽信息时，群主便介入进行劝诫、阻止或者删撤违法信息，则可以对群成员起到警示作用，对违法信息的管控使得群成员不能在群组中肆无忌惮地发布违法信息，那么群组中的违法信息就不会达到触及刑法的数额。极少量的淫秽信息在群组中传播不会对群主进行追责。

根据群主拥有的权限，可以将群主履行作为义务的方式分为以下几种：一是及时发言提醒、制止行为人继续发布违法犯罪电子信息；二是对于刚刚发布出来的违法犯罪电子信息，群主可以告诫当事人，要求其删撤违法信息；三是如果涉事群成员对群主的劝诫不听从，并继续发布违法犯罪信息的，群主可以将其踢出群组；四是如果群主在距违法犯罪信息发布时间间隔较久以后才发现，已经不能

---

① 刘金林、刘明霄：《群成员“犯事儿”，群主要担责吗?》，载《检察日报》2017 年 9 月 19 日。

撤回或删除的，为避免违法犯罪信息的不良影响继续扩大，群主可以采取解散群组的措施；五是如果群组人数较多，且群组内其他信息较为重要，不宜解散的，群主应当及时踢出涉事群成员，并将其违法言论留存证据，向网络服务提供商或者公安机关举报违法信息。以上五种作为义务的程度是逐渐递增的，对于一般的违法信息，群主只要做到了提醒、制止、删撤的行为就可以认为是履行了足够的作为义务；对于较严重的传播淫秽电子信息的行为，群主应当做到上述五点，才算尽到了作为义务。

群主免责的作为义务的履行要达到何种程度？此处的免责是指免予刑事责任。并且如果群主履行了作为义务但是未能阻止犯罪结果的影响扩大，又该如何定罪处罚呢？结合上文所列举的五种群主作为方式，笔者认为针对具体情况只要群主采取以上任何一种作为方式，并引起全体群成员的注意，就可以成为群主的免责事由。群主只要履行了一种作为，就可以证明群主对群内发布违法信息是反对的，在主观上，群主就不可能与实行行为人产生共同犯意，由此成立共同犯罪的要件就不满足了，而群主就可以免受实行行为人违法行为的牵连了。群主履行了管理义务后的理想状态是违法信息被及时删撤，该信息不再于群组内流传。但由于群组聊天软件功能的限制，超出信息发布后一定时间，该条信息就不能被撤回，群主也没有删除信息的权限，因此群主只能对违法信息进行举报，由网络服务提供者或者警方来处理违法信息，甚至以解散群聊的方式杜绝违法信息的扩大传播。只要群主为了违法信息不再流传作出了相应的努力，即使达不到对内容控制的理想状态，也应当免除群主的刑事责任。

对于群主已经尽到作为义务后，群组内违法信息影响的扩大化，笔者认为其责任也不应由群主承担，而应归责于实行行为人或者网络服务提供者。即群主自履行了作为义务后，对违法信息就不再负任何责任，如果信息已经流出本群组，群主已经对信息内容进行举报，管理义务转至网络服务提供者或软件运营者处，因为网络服务提供者具有相应的技术对违法信息进行处理，使其不能再被浏览观看。因此违法信息影响的扩大化，其责任应由实行行为人和网络服务提供者共同承担。

【办案依据】

一、刑法规定

第三百六十四条第一款 传播淫秽的书刊、影片、音像、图片或者其他淫秽物品，情节严重的，处二年以下有期徒刑、拘役或者管制。

第四款 向不满十八周岁的未成年人传播淫秽物品的，从重处罚。

第三百六十六条 单位犯本节第三百六十三条、第三百六十四条、第三百六十五条规定之罪的，对单位判处罚金，并对其直接负责的主管人员和其他直接责任人员，依照各该条的规定处罚。

第三百六十七条 本法所称淫秽物品，是指具体描绘性行为或者露骨宣扬色情的诲淫性的书刊、影片、录像带、录音带、图片及其他淫秽物品。

有关人体生理、医学知识的科学著作不是淫秽物品。

包含有色情内容的有艺术价值的文学、艺术作品不视为淫秽物品。

二、司法解释

（一）《最高人民法院、最高人民检察院关于办理利用互联网、移动通讯终端、声讯台制作、复制、出版、贩卖、传播淫秽电子信息刑事案件具体应用法律若干问题的解释（二）》（2010年2月2日，法释〔2010〕3号）（节选）

第二条 利用互联网、移动通讯终端传播淫秽电子信息的，依照《最高人民法院、最高人民检察院关于办理利用互联网、移动通讯终端、声讯台制作、复制、出版、贩卖、传播淫秽电子信息刑事案件具体应用法律若干问题的解释》第三条的规定定罪处罚。

利用互联网、移动通讯终端传播内容含有不满十四周岁未成年人的淫秽电子信息，具有下列情形之一的，依照刑法第三百六十四条第一款的规定，以传播淫秽物品罪定罪处罚：

（一）数量达到第一条第二款第（一）项至第（五）项规定标准二倍以上的；

（二）数量分别达到第一条第二款第（一）项至第（五）项两项以上标准的；

（三）造成严重后果的。

第三条 利用互联网建立主要用于传播淫秽电子信息的群组，成员达三十人以上或者造成严重后果的，对建立者、管理者和主要传播者，依照刑法第三百六十四条第一款的规定，以传播淫秽物品罪定罪处罚。

第五条 网站建立者、直接负责的管理者明知他人制作、复制、出版、贩卖、传播的是淫秽电子信息，允许或者放任他人在自己所有、管理的网站或者网页上发布，具有下列情形之一的，依照刑法第三百六十四条第一款的规定，以传播淫秽物品罪定罪处罚：

（一）数量达到第一条第二款第（一）项至第（五）项规定标准十倍以上的；

（二）数量分别达到第一条第二款第（一）项至第（五）项两项以上标准五倍以上的；

（三）造成严重后果的。

第八条 实施第四条至第七条规定的行为，具有下列情形之一的，应当认定行为人“明知”，但是有证据证明确实不知道的除外：

（一）行政主管机关书面告知后仍然实施上述行为的；

（二）接到举报后不履行法定管理职责的；

（三）为淫秽网站提供互联网接入、服务器托管、网络存储空间、通讯传输通道、代收费、费用结算等服务，收取服务费明显高于市场价格的；

（四）向淫秽网站投放广告，广告点击率明显异常的；

（五）其他能够认定行为人明知的情形。

第九条 一年内多次实施制作、复制、出版、贩卖、传播淫秽电子信息行为未经处理，数量或者数额累计计算构成犯罪的，应当依法定罪处罚。

第十条 单位实施制作、复制、出版、贩卖、传播淫秽电子信息犯罪的，依照《中华人民共和国刑法》、《最高人民法院、最高人民检察院关于办理利用互联网、移动通讯终端、声讯台制作、复制、出版、贩卖、传播淫秽电子信息刑事案件具体应用法律若干问题的解释》和本解释规定的相应个人犯罪的定罪量刑标准，对直接负责的主管人员和其他直接责任人员定罪处罚，并对单位判处罚金。

第十一条 对于以牟利为目的，实施制作、复制、出版、贩卖、传播淫秽电子信息犯罪的，人民法院应当综合考虑犯罪的违法所得、社会危害性等情节，依法判处罚金或者没收财产。罚金数额一般在违法所得的一倍以上五倍以下。

第十二条 《最高人民法院、最高人民检察院关于办理利用互联网、移动通讯终端、声讯台制作、复制、出版、贩卖、传播淫秽电子信息刑事案件具体应用法律若干问题的解释》和本解释所称网站，是指可以通过互联网域名、IP 地址等方式访问的内容提供站点。

以制作、复制、出版、贩卖、传播淫秽电子信息为目的建立或者建立后主要从事制作、复制、出版、贩卖、传播淫秽电子信息活动的网站，为淫秽网站。

（二）《最高人民法院、最高人民检察院关于办理利用互联网、移动通讯终端、声讯台制作、复制、出版、贩卖、传播淫秽电子信息刑事案件具体应用法律若干问题的解释》（2004 年 9 月 3 日，法释〔2004〕11 号）（节选）

第三条 不以牟利为目的，利用互联网或者移动通讯终端传播淫秽电子信息，具有下列情形之一的，依照刑法第三百六十四条第一款的规定，以传播淫秽物品罪定罪处罚：

（一）数量达到第一条第一款第（一）项至第（五）项规定标准二倍以上的；

（二）数量分别达到第一条第一款第（一）项至第（五）项两项以上标准的；

（三）造成严重后果的。

利用聊天室、论坛、即时通信软件、电子邮件等方式，实施第一款规定行为的，依照刑法第三百六十四条第一款的规定，以传播淫秽物品罪定罪处罚。

第四条 明知是淫秽电子信息而在自己所有、管理或者使用的网站或者网页上提供直接链接的，其数量标准根据所链接的淫秽电子信息的种类计算。

第六条 实施本解释前五条规定的犯罪，具有下列情形之一的，依照刑法第三百六十三条第一款、第三百六十四条第一款的规定从重处罚：

（一）制作、复制、出版、贩卖、传播具体描绘不满十八周岁未成年人性行为的淫秽电子信息的；

（二）明知是具体描绘不满十八周岁的未成年人性行为的淫秽电子信息而在自己所有、管理或者使用的网站或者网页上提供直接链接的；

（三）向不满十八周岁的未成年人贩卖、传播淫秽电子信息和语音信息的；

（四）通过使用破坏性程序、恶意代码修改用户计算机设置等方法，强制用户访问、下载淫秽电子信息的。

第七条　明知他人实施制作、复制、出版、贩卖、传播淫秽电子信息犯罪，为其提供互联网接入、服务器托管、网络存储空间、通讯传输通道、费用结算等帮助的，对直接负责的主管人员和其他直接责任人员，以共同犯罪论处。

第八条　利用互联网、移动通讯终端、声讯台贩卖、传播淫秽书刊、影片、录像带、录音带等以实物为载体的淫秽物品的，依照《最高人民法院关于审理非法出版物刑事案件具体应用法律若干问题的解释》的有关规定定罪处罚。

第九条　刑法第三百六十七条第一款规定的“其他淫秽物品”，包括具体描绘性行为或者露骨宣扬色情的诲淫性的视频文件、音频文件、电子刊物、图片、文章、短信息等互联网、移动通讯终端电子信息和声讯台语音信息。

有关人体生理、医学知识的电子信息和声讯台语音信息不是淫秽物品。包含色情内容的有艺术价值的电子文学、艺术作品不视为淫秽物品。

（三）《最高人民法院关于审理非法出版物刑事案件具体应用法律若干问题的解释》（1998年12月17日，法释〔1998〕30号）（节选）

第十条　向他人传播淫秽的书刊、影片、音像、图片等出版物达三百至六百人次以上或者造成恶劣社会影响的，属于“情节严重”，依照刑法第三百六十四条第一款的规定，以传播淫秽物品罪定罪处罚。

组织播放淫秽的电影、录像等音像制品达十五至三十场次以上或者造成恶劣社会影响的，依照刑法第三百六十四条第二款的规定，以组织播放淫秽音像制品罪定罪处罚。

第十八条　各省、自治区、直辖市高级人民法院可以根据本地的情况和社会治安状况，在本解释第八条、第十条、第十二条、第十三条规定的有关数额、数量标准的幅度内，确定本地执行的具体标准，并报最高人民法院备案。

三、司法文件

《最高人民检察院、公安部关于公安机关管辖的刑事案件立案追诉标准的规定（一）》（2008年6月25日，公通字〔2008〕36号）（节选）

第八十四条　**【传播淫秽物品案（刑法第三百六十四条第一款）】**传播淫秽的书刊、影片、音像、图片或者其他淫秽物品，涉嫌下列情形之一的，应予立案追诉：

（一）向他人传播三百至六百人次以上的；

（二）造成恶劣社会影响的。

不以牟利为目的，利用互联网、移动通讯终端传播淫秽电子信息，涉嫌下列情形之一的，应予立案追诉：

（一）数量达到本规定第八十二条第二款第（一）项至第（五）项规定标准二倍以上的；

（二）数量分别达到本规定第八十二条第二款第（一）项至第（五）项两项以上标准的；

（三）造成严重后果的。

利用聊天室、论坛、即时通信软件、电子邮件等方式，实施本条第二款规定行为的，应予立案追诉。

第四章　组织播放淫秽音像制品罪

【立案追诉标准】

> 组织播放淫秽音像制品案（刑法第364条第2款）
>
> 组织播放淫秽的电影、录像等音像制品，涉嫌下列情形之一的，应予立案追诉：
>
> （一）组织播放十五至三十场次以上的；
>
> （二）造成恶劣社会影响的。
>
> 《最高人民检察院、公安部关于公安机关管辖的刑事案件立案追诉标准的规定（一）》（2008年6月25日，公通字〔2008〕36号）

【犯罪构成及刑事责任】

组织播放淫秽音像制品罪，是指组织召集多人观看、收听并播映淫秽的电影、录像等音像制品的行为。构成本罪需要具备以下四个要件：

1. 客体要件。组织播放淫秽音像制品罪侵犯的客体是社会管理秩序和社会风尚。组织、播放淫秽电影、录像等淫秽音像制品罪同其他有关淫秽物品犯罪一样，都不同程度地侵害了社会的管理秩序，腐蚀了人们的心灵，毒化了社会良好的道德风尚，但本罪以其音像结合的特征，使淫秽内容的传播更加直观、更具刺激性，因而社会危害性也就更大，对社会管理秩序这一客体的侵害也就更为严重。

2. 客观要件。组织播放淫秽音像制品罪客观方面表现为组织播放淫秽电影、音像等淫秽音像制品的行为。所谓“组织播放”，是指召集多人或多次播放淫秽电影、录像等音像制品的行为。这种行为可以在家庭中实施，也可以在社会上或单位里实施。具体地讲，所谓播放，就是以放映机、放（录）相机、录音机等机器来进行传播。但是，播放的方式并非组织播放淫秽音像制品罪所独有，在一定的条件下，播放淫秽制品也可以构成传播淫秽物品罪。另外，由于本条对本罪已经明确限定是组织播放行为，因此，只向个别人播放或仅仅是参与观看等行为均不构成本罪。所谓“淫秽音像制品”，主要包括淫秽的电影、录像、幻灯片、录音带、激光唱片等。

根据最高人民法院《关于审理非法出版物刑事案件具体应用法律若干问题的解释》第 10 条第 2 款规定：“组织播放淫秽的电影、录像等音像制品达十五至三十场次以上或者造成恶劣社会影响的，依照刑法第三百六十四条第二款的规定，以组织播放淫秽音像制品罪定罪处罚。”根据最高人民检察院、公安部《关于公安机关管辖的刑事案件立案追诉标准的规定（一）》第 85 条的规定：“组织播放淫秽的电影、录像等音像制品，涉嫌下列情形之一的，应予立案追诉：（一）组织播放十五至三十场次以上的；（二）造成恶劣社会影响的。”

3. 主体要件。组织播放淫秽音像制品罪侵犯的主体是一般主体，凡达到刑事责任年龄、具有刑事责任能力的自然人只要实施了组织、播放淫秽电影、录像等淫秽音像制品的，都可以构成本罪。单位如果组织播放淫秽电影、录像等淫秽音像制品的，也可以构成本罪，应由单位及其主管人员和其他直接责任人员承担刑事责任。

4. 主观要件。组织播放淫秽音像制品罪的主观方面表现为故意，过失不构成本罪，即明知是淫秽的电影、录像等淫秽音像制品而故意予以组织播放的。本罪不能以牟利为目的，如果组织播放淫秽电影、录像等淫秽音像制品是以营利为目的，则构成刑法第 363 条所规定的制作、复制、出版、贩卖、传播淫秽物品牟利罪，而不是本罪。

根据刑法第 364 条第 2 款、第 3 款的规定：犯本罪，处三年以下有期徒刑、拘役或者管制，并处罚金；情节严重的，处三年以上十年以下有期徒刑，并处罚金。制作、复制淫秽的电影、录像等音像制品组织播放的，依照第 2 款的规定从重处罚。

【疑难指导】

一、组织播放淫秽音像制品罪与制作、复制、出版、贩卖、传播淫秽物品牟利罪的区分

组织播放淫秽音像制品罪与制作、复制、出版、贩卖、传播淫秽物品牟利罪在以下方面存在区别：

（一）淫秽物品范围不同

组织播放淫秽音像制品罪的淫秽物品范围仅限于淫秽的电影、录像等音像制品。制作、复制、出版、贩卖、传播淫秽物品牟利罪的淫秽物品范围则包括所有淫秽物品。

（二）是否以牟利为目的

组织播放淫秽音像制品罪与制作、复制、出版、贩卖、传播淫秽物品牟利罪两罪最大的区别就在于主观上是否以牟利为目的。组织播放淫秽音像制品罪不以牟利作为构成要件，而制作、复制、出版、贩卖、传播淫秽物品牟利罪必须是以牟利为目的。

（三）行为方式不同

组织播放淫秽音像制品罪要求具备组织播放行为才能构成犯罪。制作、复制、出版、贩卖、传播淫秽物品牟利罪要求行为人具备制作、复制、出版、贩卖、传播行为。

二、组织播放淫秽音像制品罪与传播淫秽物品罪的区分

组织播放淫秽音像制品实质上也是传播淫秽物品的一种形式，只是因为其具有更严重的社会危害性，单独规定为犯罪。两罪之间的主要区别是：

（一）传播的内容不同

组织播放淫秽音像制品罪规定的淫秽物品的范围只是淫秽电影、录像等音像制品，是直接播放淫秽内容。而传播淫秽物品罪既可以传播淫秽的内容，也可以传播含有淫秽内容的淫秽书刊、照片、录像、音视频等载体。

（二）客观方面表现不同

组织播放淫秽音像制品罪的犯罪行为方式要求具有组织播放的行为，即必须有召集多人观看、收听的行为。而传播淫秽物品罪并没有这一要求，如果行为人

在公开的场合自己观看而没有组织他人，导致他人围观，也有可能构成传播淫秽物品罪。传播淫秽物品罪犯罪行为方式较为多样，它包括出借、出租、购买、传阅淫秽物品等。

（三）犯罪标准不同

传播淫秽物品罪根据刑法的规定，只有在情节严重的情况下，才构成犯罪。而组织播放淫秽音像制品罪是行为犯，只要行为人组织实施了播放淫秽音像制品的行为，原则上就构成本罪，并没有情节严重这一构罪条件限制，情节严重只是作为第二档处刑的条件。

三、组织播放淫秽音像制品罪与组织淫秽表演罪的区分

组织播放淫秽音像制品罪与组织淫秽表演罪两罪的犯罪客体、犯罪主体具有一致之处，主观上都表现为直接故意，在客观上都有组织行为，两罪具有很大的相似性。但两罪的区别亦是明显的，主要区别是组织内容不同。组织播放淫秽音像制品罪组织的内容是播放淫秽音像制品，具体是指安排、策划、指挥他人播放或收看淫秽音像制品，行为人扮演的是"播放"的组织者的角色，而且，在组织播放淫秽音像制品罪中，若没有组织行为，播放淫秽音像制品的行为仍可构成传播淫秽物品牟利罪或传播淫秽物品罪。组织淫秽表演罪组织的内容是淫秽表演，属于现场表演，并且，在组织淫秽表演罪中，如果没有组织行为，仅淫秽表演行为本身不构成犯罪。

在司法实践中，行为人在组织进行淫秽表演的同时，为了增强演出效果，往往配之以音乐、灯光或画面，而这些画面、音乐往往属于淫秽音像制品，因此，行为人在构成组织淫秽表演罪的同时，又构成组织播放淫秽音像制品罪。由于两个行为之间具有目的行为与手段行为的牵连关系，构成牵连犯，依照牵连犯处断原则，应从一重罪处断，但两罪的法定刑幅度完全相同，这种情况下宜以目的行为构成的犯罪，即以组织淫秽表演罪定罪并从重处断，并可考虑适用组织淫秽表演罪"情节严重"情形的法定刑幅度。

【办案依据】

一、刑法规定

第三百六十四条第二款 组织播放淫秽的电影、录像等音像制品的，处三年以下有期徒刑、拘役或者管制，并处罚金；情节严重的，处三年以上十年以下有期徒刑，并处罚金。

第三款 制作、复制淫秽的电影、录像等音像制品组织播放的，依照第二款的规定从重处罚。

第三百六十六条 单位犯本节第三百六十三条、第三百六十四条、第三百六十五条规定之罪的，对单位判处罚金，并对其直接负责的主管人员和其他直接责任人员，依照各该条的规定处罚。

二、司法解释

《最高人民法院关于审理非法出版物刑事案件具体应用法律若干问题的解释》（1998年12月17日，法释〔1998〕30号）（节选）

第十条 向他人传播淫秽的书刊、影片、音像、图片等出版物达三百至六百人次以上或者造成恶劣社会影响的，属于“情节严重”，依照刑法第三百六十四条第一款的规定，以传播淫秽物品罪定罪处罚。

组织播放淫秽的电影、录像等音像制品达十五至三十场次以上或者造成恶劣社会影响的，依照刑法第三百六十四条第二款的规定，以组织播放淫秽音像制品罪定罪处罚。

第十八条 各省、自治区、直辖市高级人民法院可以根据本地的情况和社会治安状况，在本解释第八条、第十条、第十二条、第十三条规定的有关数额、数量标准的幅度内，确定本地执行的具体标准，并报最高人民法院备案。

三、司法文件

《最高人民检察院、公安部关于公安机关管辖的刑事案件立案追诉标准的规定（一）》（2008年6月25日，公通字〔2008〕36号）（节选）

第八十五条 **【组织播放淫秽音像制品案（刑法第三百六十四条第二款）】** 组织播放淫秽的电影、录像等音像制品，涉嫌下列情形之一的，应予立案追诉：

（一）组织播放十五至三十场次以上的；

（二）造成恶劣社会影响的。

第五章　组织淫秽表演罪

【立案追诉标准】

组织淫秽表演案（刑法第 365 条）

以策划、招募、强迫、雇用、引诱、提供场地、提供资金等手段，组织进行淫秽表演，涉嫌下列情形之一的，应予立案追诉：

（一）组织表演者进行裸体表演的；

（二）组织表演者利用性器官进行诲淫性表演的；

（三）组织表演者半裸体或者变相裸体表演并通过语言、动作具体描绘性行为的；

（四）其他组织进行淫秽表演应予追究刑事责任的情形。

《最高人民检察院、公安部关于公安机关管辖的刑事案件立案追诉标准的规定（一）》（2008 年 6 月 25 日，公通字〔2008〕36 号）

【犯罪构成及刑事责任】

组织淫秽表演罪，是指组织进行淫秽表演的行为。构成本罪需要具备以下四个要件：

1. 客体要件。组织淫秽表演罪侵犯的客体，是社会主义道德风尚和社会治安秩序。在社会上组织淫秽表演对于人民的身心健康造成危害，也极易诱发违法犯罪活动。依法打击组织淫秽表演的犯罪行为，对于维护社会治安，保护人民的身心健康，促进精神文明，无疑具有重要意义。

2. 客观要件。组织淫秽表演罪客观方面表现为行为人组织他人当众进行色情淫荡、挑动人们性欲的形体或者动作表演的行为。组织他人，表现为招揽安排表演人员、时间、场次、地点，编排动作节目等。当众进行，一般是指三人以上。淫秽表演，是指露骨地、公开地进行色情淫荡、挑动人们性欲的形体、动作表演，如裸体展露、裸体表现性情欲、性欲的各种形态、动作、模拟性动作等。

“情节严重”主要是指多次地、经常地组织淫秽表演；虽然次数不多，但被传播的对象人数众多，造成严重后果；在未成年人中传播，造成严重后果等。

根据最高人民检察院、公安部《关于公安机关管辖的刑事案件立案追诉标准的规定（一）》第86条规定：“以策划、招募、强迫、雇用、引诱、提供场地、提供资金等手段，组织进行淫秽表演，涉嫌下列情形之一的，应予立案追诉：（一）组织表演者进行裸体表演的；（二）组织表演者利用性器官进行诲淫性表演的；（三）组织表演者半裸体或者变相裸体表演并通过语言、动作具体描绘性行为的；（四）其他组织进行淫秽表演应予追究刑事责任的情形。”

3. 主体要件。组织淫秽表演罪的主体是一般主体，凡达到刑事责任年龄、具有刑事责任能力的自然人只要实施了组织淫秽表演的行为，都构成本罪的主体。单位组织淫秽表演的，其承担刑事责任的主体除单位外，还有其直接负责的主管人员以及其他的直接责任人员。本罪的主体是淫秽表演的组织者，而非表演者，在实践中一般是文化娱乐场所、饮食服务行业的经营者。娱乐场所的经营者或商事活动的承办者，明知演出团队具有淫秽节目而邀请或接受演出要求，并在其安排的场所、时间内，面向不特定多数人进行淫秽表演，应以本罪认定。

4. 主观要件。组织淫秽表演罪在主观方面表现为故意。一般以牟利为目的，但是否具有牟利的目的，不影响本罪的构成。所谓故意，即明知淫秽表演是国家法律明令禁止的，仍然在社会上传播。实践中多为招揽顾客，进行营利活动。不论是否以营利为目的，只要实施了组织淫秽表演的行为，即构成本罪。过失不构成本罪，如演出的组织者只追求经济利益，疏忽了对演职员工的道德、法律教育，以致个别演员为取悦观众而表演了淫秽动作；或者并不明知是淫秽表演团队，而为其安排演出场所、时间等，造成淫秽表演这一危害社会结果的发生。但是由最初的过失发展为故意地放纵，造成淫秽表演在社会上重复进行或在同一场所的不同时间内重复进行，则可以本罪追究组织者的刑事责任。

根据刑法第 365 条的规定：犯本罪，处三年以下有期徒刑、拘役或者管制，并处罚金；情节严重的，处三年以上十年以下有期徒刑，并处罚金。

【疑难指导】

一、组织淫秽表演罪与组织卖淫罪的区分

组织卖淫罪是指以招募、雇用、强迫、引诱、容留等方式，纠集、控制多人从事卖淫活动的行为。组织淫秽表演罪与组织卖淫罪中都存在组织者，淫秽表演强调演员与观众，具有单向性特点。卖淫则更强调双方的互动，具有双向性特点。此外，淫秽表演并不强调以牟利为目的，而卖淫则往往是以牟利为目的的。

在司法实务中，会出现在卖淫过程中以淫秽表演助兴，或者淫秽表演结束后演员直接与观众发生性关系的情况。在这种情况下，由于卖淫足以包含淫秽表演的罪质，虽然被组织人实施了表演和卖淫两个行为，但组织卖淫罪足以吸收组织淫秽表演罪，成立吸收犯，宜认定为一个组织卖淫罪。

二、组织淫秽表演罪与制作淫秽物品牟利罪的区分

制作淫秽物品，是指对淫秽物品一种创造性的生产过程，从而使淫秽物品从无到有或者使原有的淫秽物品变为新的淫秽物品的行为。组织淫秽表演罪与制作淫秽物品牟利罪最直观的区别在于犯罪结果不相同。前者强调实时、即时的表演行为，后者则强调必须有一个载体，如音频、视频、相片、书籍等。

在组织淫秽表演的过程中，常常会配有符合其他犯罪构成的行为存在。如行为人在组织淫秽表演的同时，又配以淫秽的音乐，或者在舞台后方打出淫秽的影像来做背景，或者在淫秽表演的同时，将其录制下来用以后期大范围传播，像这种情况，行为人具有组织淫秽表演以及组织播放淫秽影像制品和制作、传播淫秽物品三个行为，应对三个行为分别加以刑法评价。但组织淫秽表演的同时又播放淫秽影像制品的，应认定两个行为之间是手段和目的的牵连关系，在论罚时，择一重罪评价即可。而对于之后制作、传播的行为，与前行为并无牵连关系，不存在手段行为与目的行为的区别，所以已构成纯正的两罪，即将后行为认定为制作、传播淫秽物品牟利罪，与前罪并罚。

三、组织淫秽表演罪与组织播放淫秽音像制品罪的区分

组织淫秽表演罪与组织播放淫秽音像制品罪两罪的犯罪客体、犯罪主体具有一致之处，主观上都表现为直接故意，在客观上都有组织行为，两罪具有很大的相似性。但是两罪的区别亦是明显的，主要区别是组织内容不同。组织淫秽表演罪组织的内容是淫秽表演，属于现场表演。而组织播放淫秽音像制品罪组织的内容是播放淫秽音像制品，具体是指安排、策划、指挥他人播放或收看淫秽音像制品，行为人扮演的是“播放”的组织者的角色，而且，在组织卖淫罪中，如果没有组织行为，仅淫秽表演行为本身不构成犯罪；而在组织播放淫秽音像制品罪中，如果没有组织行为，播放淫秽音像制品的行为仍可构成传播淫秽物品牟利罪或传播淫秽物品罪。

在司法实务中，行为人在组织进行淫秽表演的同时，为了增强演出效果，往往配之以音乐、灯光或画面，而这些画面、音乐往往属于淫秽音像制品，因此，行为人在构成组织淫秽表演的同时，又构成组织播放淫秽音像制品罪，由于两个行为之间具有目的行为与手段行为的牵连关系，构成牵连犯，依照牵连犯处断原则，应从一重罪处断，但两罪的法定刑幅度完全相同，这种情况下宜以目的行为构成的犯罪，即以组织淫秽表演罪定罪并从重处断，并可考虑适用组织淫秽表演罪“情节严重”情形的法定刑幅度。

四、组织淫秽表演罪与聚众淫乱罪的区分

组织淫秽表演罪与聚众淫乱罪都具有一定的集群特征，在客观方面都表现为多人在一定的空间和区域内进行淫乱活动，也都存在组织者和首要分子，因而具有形式上的相似性。两罪的区别在于：

（一）犯罪目的不同

组织淫秽表演罪中被组织者进行淫秽活动的目的在于表演，或者更确切地说，行为人将这些表演者组织起来，意在让他们进行淫秽表演，并由此决定了这种行为的公开性，即让组织内部以外的其他人能够看到、听到，且行为人主观上一般具有牟利的目的。而聚众淫乱罪尽管可以发生于公开场合，但聚众淫乱的行为并不在于进行表演供他人欣赏，而在于行为人以及参加淫乱活动的人自己的某种精神上的满足，以填补其精神空虚，不具有牟利的目的。

（二）客观行为不同

组织淫秽表演罪的重点在于表演，是通过演员各种性挑逗和性刺激姿势来传达给观众淫秽信息，满足观众不正常的性欲望，其客观方面强调的是单方面的表演，如脱衣舞、裸体舞表演等。而聚众淫乱罪在客观行为上主要表现为多人的互动式的淫乱活动，往往包含双方性器官的直接接触，通常不存在演员和观众这样的说法。虽然聚众淫乱罪中淫乱行为常伴有脱衣、裸体行为，但这种行为主要在于为淫乱服务，行为内容主要是男女性交以及其他有关淫秽下流的行为。

（三）处罚对象不同

组织淫秽表演罪只对组织者作刑事处罚，给予其相应的刑事处罚，对于表演者以及观众一般不作刑法评价，适用一般的治安管理处罚法。聚众淫乱罪处罚不仅处罚组织者，还处罚多次参与者。[①] 另外，在组织淫乱罪中，组织者往往并不直接参与淫秽表演；而在聚众淫乱罪中，首要分子一般直接参与淫乱活动。

在实际的表演中，有可能存在组织聚众淫乱来作为淫秽表演的内容，如在舞台上表演群交。在这种情况下，应分别予以认定。对于组织者，应认定其构成组织淫秽表演罪。对于表演者，则应认定其构成聚众淫乱罪。如果组织者本身也参与表演，则应当认定其同时构成组织淫秽表演罪和聚众淫乱罪，进行数罪并罚。此时不认为这种情况属于想象竞合犯。想象竞合犯是一行为而触犯数罪名，但在组织聚众淫乱来作为淫秽表演内容的这种情形中，行为人在参与聚众淫乱之前或之后，显然还有独立的组织行为，应当将组织行为和参与聚众淫乱行为认定为两个行为，以认定数罪为宜。

【办案依据】

一、刑法规定

第三百六十五条 组织进行淫秽表演的，处三年以下有期徒刑、拘役或者管制，并处罚金；情节严重的，处三年以上十年以下有期徒刑，并处罚金。

---

① 谢向英：《彻查刑法中的“聚众”与“淫乱”这两组词群》，华东政法大学2013年硕士学位论文。

第三百六十六条 单位犯本节第三百六十三条、第三百六十四条、第三百六十五条规定之罪的，对单位判处罚金，并对其直接负责的主管人员和其他直接责任人员，依照各该条的规定处罚。

第三百六十七条 本法所称淫秽物品，是指具体描绘性行为或者露骨宣扬色情的诲淫性的书刊、影片、录像带、录音带、图片及其他淫秽物品。

有关人体生理、医学知识的科学著作不是淫秽物品。

包含有色情内容的有艺术价值的文学、艺术作品不视为淫秽物品。

二、司法文件

《最高人民检察院、公安部关于公安机关管辖的刑事案件立案追诉标准的规定（一）》（2008年6月25日，公通字〔2008〕36号）（节选）

第八十六条 【组织淫秽表演案（刑法第三百六十五条）】 以策划、招募、强迫、雇用、引诱、提供场地、提供资金等手段，组织进行淫秽表演，涉嫌下列情形之一的，应予立案追诉：

（一）组织表演者进行裸体表演的；

（二）组织表演者利用性器官进行诲淫性表演的；

（三）组织表演者半裸体或者变相裸体表演并通过语言、动作具体描绘性行为的；

（四）其他组织进行淫秽表演应予追究刑事责任的情形。

主要参考文献

一、著作类

1. 许永安：《中华人民共和国刑法修正案（十一）解读》，中国法制出版社2021年版。

2. 高铭暄、马克昌：《刑法学》，北京大学出版社、高等教育出版社2016年版。

3. 张明楷：《刑法学》，法律出版社2016年版。

4. 徐宏、李春雷：《毒品犯罪研究》，知识产权出版社2016年版。

5. 刘宪权：《刑法学》，上海人民出版社2016年版。

6. 黎宏：《刑法学总论》，法律出版社2016年版。

7. 张军：《刑法（分则）及配套规定新释新解（下）》，人民法院出版社2016年版。

8. 全国人大常委会法制工作委员会刑法室编著：《中华人民共和国刑法解读》，中国法制出版社2015年版。

9. 臧铁伟：《中华人民共和国刑法修正案（九）解读》，中国法制出版社2015年版。

10. ［日］穗积陈重：《法典论》，李求轶译，商务印书馆2014年版。

11. 陈兴良：《规范刑法学》，中国人民大学出版社2013年版。

12. 黎宏：《刑法学》，法律出版社2012年版。

13. 高贵君：《毒品犯罪审判理论与实务》，人民法院出版社2009年版。

14. 陈兴良：《判例刑法学（下）》，中国人民大学出版社2009年版。

15. 全国人民代表大会常务委员会法制工作委员会编：《中华人民共和国禁毒

法释义》，法律出版社 2008 年版。

16. 高巍：《贩卖毒品罪研究》，中国人民公安大学出版社 2007 年版。

17. 周道鸾、张军：《刑法罪名解释：对最高人民法院和最高人民检察院关于罪名司法解释的理解与适用》，人民法院出版社 2007 年版。

18. 杨忠民：《查办毒品犯罪案件实用指南》，中国人民公安大学出版社 2007 年版。

19. 王作富：《刑法分则实务研究》，中国方正出版社 2006 年版。

20. 高铭暄、马克昌：《中国刑法解释》（下卷），中国社会科学出版社 2005 年版。

21. 张明楷：《刑法分则的解释原理》，中国人民大学出版社 2004 年版。

22. 邵沙平：《控制洗钱及相关犯罪法律问题研究》，人民法院出版社 2003 年版。

23. 周道鸾、张军：《刑法罪名精释》，人民法院出版社 2003 年版。

24. 周光权：《刑法各论讲义》，清华大学出版社 2003 年版。

25. 郑蜀饶：《毒品犯罪的法律适用》，人民法院出版社 2001 年版。

26. 蔺剑：《毒品犯罪的定罪与量刑》，人民法院出版社 2000 年版。

27. 高铭暄、马克昌：《刑法学》，北京大学出版社 2000 年版。

28. 赵玉亮：《新罪行各论》，群众出版社 1996 年版。

29. 何秉松：《刑法教科书》，中国法制出版社 1994 年版。

30. 娄云生：《刑法新罪名集解》，中国检察出版社 1994 年版。

31. 桑红华：《毒品犯罪》，警官教育出版社 1993 年版。

32. 宣炳昭：《特别刑法罪刑论》，中国政法大学出版社 1993 年版。

二、论文类

1. 董明毕：《容留他人吸毒罪中的“他人”之解析辨析》，载中国禁毒网，http：//www.nncc626.com/2017-08/24/c_129688105.htm，2021 年 10 月 6 日访问。

2. 郭旨龙、肖雅菁：《“行政处罚后又实施”入罪的限缩性司法适用》，载《江西社会科学》2020 年第 8 期。

3. 张涛、刘畅：《大麻种植和加工风险问题研究》，载《云南警官学院学报》

2020 年第 1 期。

4. 汪琪:《非法持有毒品罪主观问题研究》, 华东政法大学 2019 年硕士学位论文。

5. 顾一杰:《免予刑事处罚研究》, 华东政法大学 2019 年硕士学位论文。

6. 张栩宁:《论贩卖、运输、制造毒品罪的“未得逞”形态》, 西南政法大学 2019 年硕士学位论文。

7. 胡冬阳:《犯罪定量因素配置研究》, 西南政法大学 2019 年博士学位论文。

8. 秦宗川、陈小艺:《诱惑侦查下贩卖毒品罪既遂标准二阶论》, 载《贵州警察学院学报》2019 年第 6 期。

9. 叶小琴:《容留他人吸毒行为定罪规则的实证研究》, 载《法学》2019 年第 12 期。

10. 任立国:《运输毒品罪司法适用疑难问题研究》, 延边大学 2019 年硕士学位论文。

11. 肖卓然:《论制度物品相关行为的刑法规制》, 湘潭大学 2017 年硕士学位论文。

12. 陈洁:《论掩饰、隐瞒犯罪所得(收益)罪》, 苏州大学 2017 年硕士学位论文。

13. 商浩文:《预备行为实行化的罪名体系与司法限缩》, 载《法学评论》2017 年第 6 期。

14. 姜昊昂、温清:《惩治网络“烟馆”的困境与出路》, 载《尊重司法规律与刑事法律适用研究(下)——全国法院第 27 界学术讨论会获奖论文集》。

15. 刘金林、刘明霄:《群成员“犯事儿”, 群主要担责吗?》, 载《检察日报》2017 年 9 月 19 日。

16. 赵远:《洗钱罪之“上游犯罪”的范围》, 载《法学》2017 年第 11 期。

17. 张指铭:《论推定在刑事诉讼中的适用》, 中国人民公安大学 2017 年硕士学位论文。

18. 叶晓颖、马岩、方文军、李静然:《〈关于审理毒品犯罪案件适用法律若干问题的解释〉的理解与适用》载《人民司法(应用)》2016 年第 13 期。

19. 阎二鹏：《预备行为实行化的法教义学审视与重构——基于〈中华人民共和国刑法修正案（九）的思考〉》，载《法商研究》2016 年第 5 期。

20. 李静然：《居间介绍买卖毒品的认定与处罚》，载《人民司法》2016 年第 17 期。

21. 薛正俭：《容留他人吸毒罪之“场所”应作广义理解》，载《检察日报》2015 年 11 月 23 日。

22. 董文辉：《废除部分死刑应注意与相关犯罪是否协调》，载《检察日报》2015 年 5 月 13 日。

23. 陈兴良：《减少死刑的立法路线图》，载《政治与法律》2015 年第 7 期。

24. 高贵君等：《〈毒品犯罪武汉会议纪要〉的理解与适用》，载《人民司法》2015 年第 13 期。

25. 古加锦：《非法持有毒品罪相关司法认定疑难问题研析》，载《江苏警察学院学报》2015 年第 3 期。

26. 莫关耀、杜敏菊：《容留他人吸毒罪的重构》，载《云南大学学报（法学版）》2015 年第 6 期。

27. 张坤淑：《毒品犯罪居间介绍行为定性》，载《法制博览》2014 年第 6 期。

28. 王园：《贩卖毒品行为界定中的若干疑难问题》，载《江苏警官学院学报》2014 年第 29 期。

29. 蔡其颖：《无害的控制下交付的可罚性问题探析》，载《中山大学研究生学刊》2014 年第 4 期。

30. 李云：《破解非法种植毒品原植物犯罪惩治难题》，载《中国检察官》2014 年第 12 期。

31. 胡剑锋：《“行政处罚后又实施”入罪的反思及限缩》，载《政治与法律》2014 年第 8 期。

32. 李静然：《非法持有毒品罪的司法疑难问题探析》，载《法律适用》2014 年第 9 期。

33. 陈永生、蔡其颖：《控制下交付的历史沿革探析》，载《山东警察学院学报》2013 年第 3 期。

34. 聂鹏、张梨、李文君：《制毒物品与易制毒化学品：禁毒学两个基本概念辨析》，载《北京警察学院学报》2013 年第 6 期。

35. 张洪成：《强迫他人吸毒罪争议问题探讨》，载《西部法学评论》2012 年第 1 期。

36. 刘夏：《论贩卖毒品罪的未遂与中止》，载《刑法论丛》2012 年第 1 期。

37. 陈惊春：《控制下交付案件中犯罪既遂与未遂的认定——以贩卖毒品罪为研究对象》，载《法学论坛》2012 年第 3 期。

38. 方勇：《建国初期禁毒法制研究（1950－1952）》，西南政法大学 2011 年博士学位论文。

39. 关振海、张永生：《网络吸毒犯罪的认定与处罚》，载《中国检察官》2011 年第 12 期。

40. 张明楷：《“风险社会”若干刑法理论反思》，载《法商研究》2011 年第 5 期。

41. 谌彦辉：《我国唯一合法罂粟种植基地》，载《凤凰周刊》2021 年第 28 期。

42. 张洪成：《毒品犯罪争议问题研究》，武汉大学 2010 年博士学位论文。

43. 缑泽昆：《论淫秽电子信息不属于刑法上的淫秽物品》，载《云南大学学报》2009 年第 6 期。

44. 刘岚：《依法打击洗钱犯罪切实履行国际公约》，载《人民法院报》2009 年 11 月 11 日。

45. 陈兴良：《协助他人掩饰毒品犯罪所得行为之定性研究——以汪某洗钱案为例的分析》，载《北方法学》2009 年第 2 期。

46. 杜文俊、陈洪兵：《容留行为的中立性》，载《国家检察官学院学报》2009 年第 6 期。

47. 时延安、韩晓雪：《出租车司机容留他人在车上吸毒是否应追究刑事责任》，载《人民检察》2008 年第 6 期。

48. 黄华生：《论掩饰、隐瞒犯罪所得、犯罪所得收益罪对洗钱罪的补漏》，载《江西科技师范学院学报》2008 年第 1 期。

49. 黄维智:《控制下交付法律问题研究》，载《社会科学研究》2007 年第 2 期。

50. 黄太云:《〈刑法修正案（六）〉的理解与适用（下）》，载《人民检察》2006 年第 8 期（上）。

51. 周建华:《论毒品犯罪》，安徽大学 2005 年硕士学位论文。

52. 梅传强、徐艳:《毒品犯罪司法实践中的疑难问题探究》，载《河南司法警官职业学院学报》2005 年第 2 期。

53. 曹坚:《贩卖、运输毒品罪的罪名、罪数及既未遂形态研究》，载《江苏警官学院学报》2003 年第 1 期。

54. 陈华、顾文:《从一起案件谈认定容留类犯罪的问题》，载《上海政法学院学报》2003 年第 18 期。

55. 曾粤兴、贾凌:《走私、贩卖、运输、制造毒品罪形态研究》，载《公安大学学报》2002 年第 2 期。

56. 王小青:《论洗钱罪与赃物罪》，载《广东商学院学报》2001 年第 3 期。

57. 邢曼媛:《试论我国刑法中的暴力手段》，载《中国刑事法杂志》2000 年第 3 期。

图书在版编目（CIP）数据

妨害社会管理秩序罪立案追诉标准与疑难指导：走私、贩卖、运输、制造毒品罪·制作、贩卖、传播淫秽物品罪／缪树权，张洪江著；国家检察官学院职务犯罪研究所编．—北京：中国法制出版社，2022.7

刑法常见罪名立案追诉标准与疑难指导／缪树权主编

ISBN 978-7-5216-2766-4

Ⅰ．①妨…　Ⅱ．①缪…　②张…　③国…　Ⅲ．①妨害社会管理秩序罪-研究-中国　Ⅳ．①D924.365

中国版本图书馆 CIP 数据核字（2022）第 121812 号

策划编辑：陈兴　谢雯　　责任编辑：谢雯　　封面设计：周黎明

妨害社会管理秩序罪立案追诉标准与疑难指导：走私、贩卖、运输、制造毒品罪·制作、贩卖、传播淫秽物品罪

FANGHAI SHEHUI GUANLI ZHIXUZUI LI'AN ZHUISU BIAOZHUN YU YINAN ZHIDAO：ZOUSI、FANMAI、YUNSHU、ZHIZAO DUPINZUI · ZHIZUO、FANMAI、CHUANBO YINHUI WUPINZUI

著者/缪树权　张洪江

编者/国家检察官学院职务犯罪研究所

经销/新华书店

印刷/三河市紫恒印装有限公司

开本/730 毫米×1030 毫米　16 开　　印张/ 18.75　字数/ 245 千

版次/2022 年 7 月第 1 版　　2022 年 7 月第 1 次印刷

中国法制出版社出版

书号 ISBN 978-7-5216-2766-4　　定价：75.00 元

北京市西城区西便门西里甲 16 号西便门办公区

邮政编码：100053　　传真：010-63141600

网址：http：//www.zgfzs.com　　**编辑部电话：010-63141802**

市场营销部电话：010-63141612　　**印务部电话：010-63141606**

（如有印装质量问题，请与本社印务部联系。）